高等职业院校汽车类规划教材
编审委员会

编写指导专家 孙敬华
教材审定专家 李 雪
主　　　任 姚道如
副　主　任 汪 锐　余承辉　安宗权　何其宝　宋晓敏
委　　　员（以姓氏笔画为序）

马　玲　王云霞　王治平　王爱国　凤鹏飞
刘荣富　江建刚　杜兰萍　杜淑琳　吴彩林
余永虎　汪永华　张信群　张善智　陈之林
陈传胜　金　明　段　伟　姜继文　娄　洁
柴宏钦　高　飞　高光辉　郭　微　黄道业
程　玉　程师苏　谢金忠　解　云　满维龙
慕　灿　戴　崇

普通高等学校"十二五"省级规划教材
高等职业院校汽车类规划教材

汽车电气系统检修

主　编　安宗权　王爱国
副主编　王　波　徐敬广　张秋华　黄昭明
编写人员（以姓氏笔画为序）
　　　　王　利　王　波　王爱国　安宗权
　　　　李晓莉　张秋华　徐敬广　黄昭明
　　　　龚　博

中国科学技术大学出版社

内容简介

现代汽车正向着安全、舒适、节能的方向发展,先进的电气系统装置已成为汽车的标准配置。本书采用项目式教学方案,将汽车电气系统装置的工作原理、结构与检修方法按照学生的认知规律贯穿于整个项目的实施中,达到提高学生修车素养与技能的要求。

本书主要内容包括汽车电路基础,蓄电池的检查与维护,充电系统的检修,起动系统的检修,点火系统的检修,照明、信号、仪表、报警电路的检修,电动刮水器和清洗器的检修,电动车窗玻璃升降器的检修,拆画分析汽车系统电路图等九个部分。

本书适合高职院校汽车类各专业学生使用,也可作为汽车售后维修服务专业技术人员的培训教材。

图书在版编目(CIP)数据

汽车电气系统检修/安宗权,王爱国主编. —合肥:中国科学技术大学出版社,2017.1
(普通高等学校"十二五"省级规划教材)
ISBN 978-7-312-03978-2

Ⅰ.汽… Ⅱ.①安… ②王… Ⅲ.汽车—电气系统—检修—高等职业教育—教材 Ⅳ.U472.41

中国版本图书馆 CIP 数据核字(2016)第 116294 号

出版	中国科学技术大学出版社 安徽省合肥市金寨路 96 号,230026 网址:http://press.ustc.edu.cn
印刷	安徽省瑞隆印务有限公司
发行	中国科学技术大学出版社
经销	全国新华书店
开本	787 mm×1092 mm 1/16
印张	21
字数	551 千
版次	2017 年 1 月第 1 版
印次	2017 年 1 月第 1 次印刷
定价	45.00 元

序

安徽省示范性高等职业院校合作委员会（Cooperative Commission of Vocational Colleges Under Model Construction in Anhui Province），简称"A联盟"，由安徽省教育厅牵头组建，以国家示范、省示范高等职业院校为主体，坚持"交流、合作、开放、引领"的理念，连接政府、学校与社会，以实现优势互补、互惠互利、资源共享，构建安徽省示范院校交流与合作的平台，引领和深化安徽省高等职业教育的改革与发展。

"A联盟"汽车类专业建设协作组（皖高示范合〔2012〕5号）是安徽省示范性高等职业院校合作委员会中的一个专业指导组，在"A联盟"指导下负责安徽省高职汽车类专业教学的研究和指导。组长由安徽职业技术学院姚道如教授担任，副组长分别由安徽水利水电职业技术学院余承辉教授、芜湖职业技术学院安宗权副教授、六安职业技术学院何其宝副教授担任，秘书长由安徽汽车职业技术学院宋晓敏主任担任。关于汽车专业课程建设，"A联盟"多次召开会议讨论，并根据《高等职业学校专业教学标准（试行）》制定了汽车类专业课程体系，成立了教材编审委员会，编写系列教材。此套教材具有下列特色：

1. 为安徽省示范性高等职业院校合作委员会规划教材。

教材的研究、开发、推广及应用是以"A联盟"为平台的，主编和参编人员均为"A联盟"一线骨干教师。

2. 以标准为准绳。

教材以教育部职业教育与成人教育司最新发布的《高等职业学校专业教学标准（试行）》为准绳，以汽车行业标准为依据，并结合安徽省实际情况展开编写。

3. 体现校企合作。

参与教材编写的企业人员为奇瑞汽车股份有限公司、江淮汽车股份有限公司及安徽汽车贸易公司等企业的技术骨干。

4. 紧跟产业升级。

将新工艺、新结构、新技术、新管理等引入教材，贴近汽车企业生产、工艺、维修、销售等实际情况。

5. 编写理念新，具有"教、学、做"的可操作性。

教材根据相应课程特点，采用适合的编写模式编写：专业及核心课程采用项目或任务驱动等模式编写，而公共基础课程采用章节形式编写。在编写过程中充分考虑实际教学中"教、学、做"的可操作性。

6. 体现中、高职衔接。

教材内容选取、专业能力培养、方法能力培养、社会能力培养以及评价标准体现中、高职衔接的发展方向。

该套教材的出版将服务高职院校汽车类专业教育教学改革,促进汽车类专业高端技能人才的培养。

安徽省示范性高等职业院校合作委员会汽车专业协作组

2013 年 6 月 11 日

前言

在高职汽车类专业教育的长期实践中,特别是在高职示范院校和示范专业的创建过程中,各方逐步达成了共识:应该充分借鉴发达国家先进的职业教育思想和理念,结合我国具体情况来建设高职汽车教育的课程体系。对此,我们在汽车专业教学中借鉴德国基于建构主义的学习理论和关于"学习领域"的课程开发方法,尝试以学生为主体,通过以能力、实践和客户为导向的教学方法和手段,设计"行动导向"的教学情境,并将汽车维修资格认证标准融入到专业课程的评价体系中。

"汽车电气系统检修"是高职高专院校汽车类专业的必修课程,更是汽车检测与维修技术专业的核心课程。现代汽车正向着安全、舒适、节能的方向发展,为达到智能化、人性化的要求,以微机控制技术为核心的电子控制装置占整车电子部件的比例越来越高。掌握上述技术对于高职院校的学生来说是一项严峻的考验。编写本书的目的是让学生系统地掌握汽车电气系统的技术与理论,掌握现代汽车电气系统的结构与检测维修方法。

在编写本书时,我们紧紧围绕高素质汽车技术技能型人才的培养目标,根据高职汽车专业毕业生主要就业岗位的职业能力与素质要求,以"学生主体、就业导向、能力本位、理实一体"为指导思想,以提升学生职业能力、职业素养为目标,阐述了汽车电气系统的原理、结构与检测维修技术。本书具有如下一些特点:

(1) 教材内容的选取体现了建构主义教育理念,突破狭隘的汽车类专业界限,扩大涉猎范围,强调相关内容之间的衔接和综合应用。

(2) 教学任务设计突出职业素养和能力培养,采用模块化教学,注重实践环节的考核,强化实践教学的职业性和开放性。

(3) 按照职业岗位的技能要求和国家汽车修理工职业资格鉴定标准设计实训项目,强化基本技能和核心技能的培养,并突出基于工作过程的真实要求,保证学生一专多能教学目标的实现。

(4) 追踪最新汽车技术、政策和行业标准。

具体主要内容包括汽车电路基础,蓄电池的检查与维护,充电系统的检修,起动系统的检修,点火系统的检修,照明、信号、仪表、报警电路的检修,电动刮水器和清洗器的检修,电动车窗玻璃升降器的检修,拆画分析汽车系统电路图九个部分。

本书由芜湖职业技术学院安宗权、安徽机电职业技术学院王爱国担任主编,安徽机电职业技术学院王波、安徽电子信息职业技术学院徐敬广、芜湖职业技术学院张秋华、河海大学文天学院黄昭明担任副主编,安徽工贸职业技术学院龚博、宣城职业技术学院王利、阜阳职业技术学院李晓莉参与了编写工作。其中,项目一由安宗权编写,项目二由龚博编写,项目三由黄昭明、李晓莉编写,项目四、项目六由王波编写,项目五由徐敬广编写,项目七由王利、徐敬广编写,项目八由王爱国编写,项目九由张秋华、安宗权编写。

  由于编写水平有限,加之时间仓促,书中难免存在错误和不当之处,敬请广大读者批评指正。

编 者

目 录

序 ………………………………………………………………………… （Ⅰ）

前言 ……………………………………………………………………… （Ⅲ）

项目一　汽车电路基础 …………………………………………………（ 1 ）

项目二　蓄电池的检测与充电 …………………………………………（ 22 ）

项目三　充电系统的检修 ………………………………………………（ 42 ）

项目四　起动系统的检修 ………………………………………………（ 89 ）

项目五　点火系统的检修 ………………………………………………（120）

项目六　照明、信号、仪表、报警电路的检修 ………………………（161）

项目七　电动刮水器和清洗器的检修 …………………………………（219）

项目八　电动车窗玻璃升降器的检修 …………………………………（238）

项目九　拆画分析汽车系统电路图 ……………………………………（254）

参考文献 …………………………………………………………………（325）

汽车电路基础

项目描述

现代汽车电气系统的故障需要用专业的检测方法和维修设备进行规范化的检测和维修。明确汽车电气系统工作原理、电路组成特点,正确的诊断思路和诊断维修设备的熟练使用对机电维修工在工作中提高故障点查找的准确性及缩短排查故障时间都有着至关重要的作用。任何先进、专业的检查设备都应在正确的维修思路指导下合理选择、使用,才能发挥其高效性和精确性。现代汽车技术中电子控制技术的广泛应用,使得汽车电气系统越来越复杂。只有充分掌握汽车电路的基础,合理运用各种汽车电路故障诊断方法,才能有效地进行电气系统的故障诊断和维修。

在汽车电气系统的故障检修中,应遵循咨询、计划、决策、实施、检查和评估6步法。咨询——根据故障案例,查阅相关的维修技术资料;计划——针对故障现象制定相应的工作计划和可行性方案;决策——对可行性方案进行论证;实施——对故障进行检修;检查——对所排除故障进行检查确认;评估——对工作进行总结,对故障现象进行深度分析。

项目要求

1. 知识要求

① 掌握汽车电气设备的组成与特点。
② 掌握常用的汽车电气与电路故障的诊断方法。
重点掌握内容:汽车电气与电路故障的诊断方法。

2. 能力要求

① 能正确认识汽车上的常用电气设备。
② 能正确使用电气设备常用的检测仪表和工具。

相关知识

一、汽车电气设备的组成与特点

汽车电气与电子设备是汽车的重要组成部分,其工作性能的优劣直接影响汽车的动力性、经济性、安全性、可靠性、舒适性等。汽车的种类繁多,但电气系统的组成和设计都遵循一定的规律。

(一)汽车电气设备的主要组成

1. 电源系统

汽车电源系统为双电源,包括蓄电池和发电机。发电机是汽车上的主要电源,蓄电池是辅助电源。当发电机工作时,由发电机向全车用电设备供电,同时给蓄电池充电。蓄电池的作用是起动发动机时向起动机供电,同时当发电机不工作时向用电设备供电。

2. 用电设备

汽车上的用电设备包括起动机,照明与信号系统,仪表、报警与电子显示系统,点火系统,辅助电气系统及电子控制部分等。

① 起动机。起动机用于起动发动机。

② 照明与信号系统。照明装置包括车内外各种照明灯。信号装置包括电喇叭、闪光器、蜂鸣器及各种信号灯,提供安全行车所必需的信号。

③ 仪表、报警与电子显示系统。仪表包括发动机转速表、车速里程表、燃油表、水温表、机油压力表等。报警及电子显示装置用来监控汽车各系统的工况。

④ 点火系统。点火系统用于点燃发动机气缸内的可燃混合气。

⑤ 辅助电气系统。辅助电气系统包括电动刮水器、风窗洗涤器、空调、中控门锁、电动车窗和电动座椅等。

⑥ 电子控制部分。电子控制部分包括电子控制燃油喷射装置、点火装置、自动变速器和防抱死制动装置等。

3. 配电装置

配电装置包括中央接线盒、电路开关、保险装置、插接器和导线等。

(二)汽车电气设备的特点

现代汽车种类繁多,电气设备的数量不等,功能各异,但电路都具备一定的特点,了解这些特点对汽车电路的分析和故障的检修是很有帮助的。

1. 低压

汽车电气系统的额定电压主要有 12 V 和 24 V 两种,汽油车普遍采用 12 V 电源,柴油车采用 24 V 电源。汽车运行中,12 V 电源系统电压为 14 V,24 V 电源系统电压为 28 V。

2. 直流

由于起动机由蓄电池供电,而向蓄电池充电时需使用直流电源,所以汽车电源必须是直流电源。

3. 单线制

单线制是利用发动机、底盘、车身等金属机体作为各种用电设备的公共线,电源到用电设备只需设一根导线。任何电路中的电流都是从电源正极出发,经导线流入用电设备后,通过发动机等金属机体流回电源负极形成回路。由于单线制节省导线、线路清晰简明、安装检修方便,并且用电设备不需与车体绝缘,因此现代汽车广泛采用单线制。

4. 负极搭铁

采用单线制时,蓄电池的一个电极必须接到车架上,俗称"搭铁"。若将蓄电池的负极接到车架上,则称为"负极搭铁"。目前世界各国生产的汽车基本上都采用"负极搭铁"形式。

5. 双电源

汽车上有蓄电池和发电机两个供电电源。蓄电池是辅助电源,在发电机未运转时向有关电气设备供电;发电机是主电源,当发电机运转到一定转速后,开始向所有电气设备供电,同时给蓄电池充电。

6. 用电设备并联

汽车上各种用电设备和电源都采用并联方式连接,各用电设备由各自串联在其支路中的专用开关控制,互不产生干扰。

二、汽车电气和电路故障的基本诊断方法

随着现代汽车中电子设备的增多,汽车电路及电气方面的故障愈显复杂。发生故障后,选用合适的诊断方法是顺利排除故障的关键。为此,下面介绍几种汽车电路、电气故障常用的诊断方法。

(一)观察法

电路、电气出现故障后,对导线和电气元件可能产生的高温、冒烟,甚至电火花、焦煳气味等,靠观察和嗅觉(闻气味)来发现较为浅显的故障部位。

(二)触摸法

用手触摸电气元件表面,根据温度的高低进行故障诊断。电气元件正常工作时,应有合适的工作温度,若温度过高或过低,意味着有故障。例如,起动机运转无力,若为蓄电池极桩与导线接触不良的故障,触摸时将有烫手感觉。

(三)试灯法

用试灯将已经出现问题或怀疑有问题的电路连接起来,通过观察试灯的亮、不亮或亮的程度,来确诊某段电路有无故障。

(四)短路法

当低压电路断路时,用跨接线或螺丝刀等将某一线路或元件短路,来检验和确定故障部位。如制动灯不亮时,可在踏下制动踏板后,用螺丝刀将制动灯开关两接柱连接起来检验制动灯开关是否良好。对于现代汽车电子设备而言,应慎用短路法来诊断故障,以防止短路时瞬间电流过大而损坏电子设备。

(五)断路法

汽车电气设备发生短路(搭铁)故障时,可用断路法判断,即将怀疑有短路故障的电路断

开,观察电气设备中短路故障是否还存在,以此来判断电路短路的部位。

(六)机件更换法

对于难以诊断且涉及面大的故障,可利用更换机件的方法来确定或缩小故障范围。

(七)仪表检测法

利用万用表等设备,对电气元件及线路进行检测,来确定电路故障。对现代汽车上越来越多的电子设备来说,仪表检测法有省时、省力和诊断准确的优点,但要求操作者必须具备熟练应用万用表的技能,并能准确把握汽车电气元件的原理、电路组成等。

三、汽车电气设备维修中常用的检测仪表和工具

(一)通导性测试笔

通导性测试笔又称自供电试灯,用于测试某一电路是否具有完整的支路或是否具有通导性。这种测试笔的手柄内装有1节干电池和1个灯泡,一端是探针,另一端带有导线和鳄鱼嘴夹子。将其与某一电路串联时,干电池将电流送入整条电路,如果电路是完整的,灯泡就会亮起。这是一种快速检测工具,但不能代替欧姆表。通导性测试笔的外形及电路如图1.1所示。

> **注意**
> 与欧姆表一样,通导性测试笔不应接在一个带电的电路中,否则测试笔中的灯泡会被烧坏。

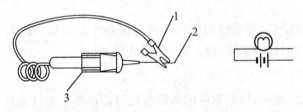

图 1.1 通导性测试笔外形及电路
1. 鳄鱼夹;2. 探针;3. 手柄中的电池

(二)试灯

12 V试灯用于测量电路中是否存在电压。它看起来与通导性测试笔很相似,但它没有内部电池,而且其灯泡为12 V的。当试灯一头接地,另一头探针触到带电压的导体时,灯泡就会发亮。与通导性测试笔一样,试灯不能取代电压表,因为它只能显示是否有电压,不能显示电压的高低。试灯的外形及电路如图1.2所示。

(三)跨接导线

跨接导线有时可作为故障诊断的辅助工具,用于跨过某段被怀疑已断开的导线,而直接向某一部件提供电的通路,也可用于不依赖于电路中的开关或导线而向电路中加上电池电压。它可配上与通导性测试笔相同的探针和夹子,也可设计为各种特殊形式。跨接导线的形式如图1.3所示。

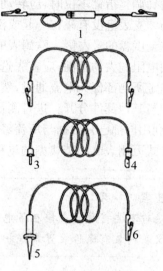

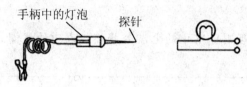

图 1.2 试灯外形及电路

图 1.3 跨接导线的形式
1. 带直列式熔断器的鳄鱼夹；2、6. 鳄鱼夹；
3. 针形端子；4. 接片端子；5. 探针

> **注意**
> 要定期用欧姆表对跨接导线本身进行通导性的测试。导线自身接头产生的电阻将影响故障诊断的正确性。

（四）指针式万用表

指针式万用表利用一个在所测数值相关刻度上摆动的弹簧指针来显示所测数据。测量数据实际上是与电表内的已知数据相对照，并反映在表盘上。使用者要按所设定的量程，判定并读出仪表上的示值。指针式万用表的外形如图 1.4 所示。

指针式万用表可用于测量电压、电阻和电流。

1. 电压测量

进行电压测量时，所测电路必须通电，仪表的表笔应并联于所测部件的两端。一般指针式万用表电压挡的量程挡位为 2 V、20 V 和 200 V。

2. 电阻测量

使用电阻挡测试电路电阻之前，必须将其校准到 0 Ω 的位置，这样才能得到准确的读数，称为调零。每一次变换量程挡位都要重新校准，否则读数可能出现误差。指针式欧姆表调零时，两表笔互相接触，仪表的指针应移向表盘

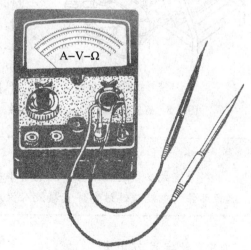

图 1.4 指针式万用表外形

右侧。精确调整指针零位时,应转动零点调节旋钮直到指针与刻度盘上的零点对齐。当测量仪表的2支表笔没有碰在一起或没有与所测电路连接时,表上所示应为无穷大电阻,指针应停留在刻度盘的最左侧。欧姆表的各种不同量程挡可用于大范围电阻值的测量。如果不知道所测电阻的大约范围,应首先选择较高量程挡,然后再向低量程挡转换。测量电阻时,要首先确定所测部件无电流通过,然后再将仪表与所测元件的两端连接,同时还要使该部件在电路中与其他部件分开。进行测量时,表内的电池向所测部件提供电压,使电流通过该部件,仪表利用内部已知数据与所流经的电流进行比较,这样,该部件的电阻就显示在仪表上了。指针式万用表欧姆挡典型的量程挡为200 Ω、20 kΩ、200 kΩ和2000 kΩ。

> **注意**
> 绝对不要将欧姆表接在带电的电路中,否则电路中的电流会损坏仪表中的线圈。某些仪表内装有保险装置来保护仪表。

3. 电流测量

安培表用于测量流过某一电路的电流量。有2种安培表常用于汽车故障诊断,即内分流式安培表和感应式安培表。内分流式安培表用于小电流的测量,测量时串联于所测电路中。一般来讲,这种仪表只能承受10 A或更小的电流。万用表即属内分流式安培表。感应式安培表用于较大电流的测量,如起动和充电系统的测试。

当内分流式安培表与所测电路串联时,电流将通过表内的一个固定电阻,另外一条电阻较高的电路与上述电阻并联,电流的大小就通过该电路显示在仪表上。这类安培表对于小电流量的测量十分精确,特别是测量电子电路。内分流式安培表和万用表的最大读数一般是10 A。

感应式安培表使用3条接线来获得流经电路的电流。2根带有夹子的粗线连接电池的正、负极,为仪表提供电源,第3根线的夹子上带有一个铁心,测量时将铁心夹在被测的导体上。当电流流过导体时,铁心周围的磁力线在夹子的铁心中产生感应电流,将感应电流按比例显示在仪表刻度盘上就是待测电流的数值。这类仪表不适用于小电流量的测量,因为它不是用来精确测量低于10 A电流的仪器。感应式安培表如图1.5所示。

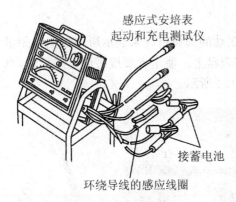

图1.5 感应式安培表

> **注意**
> 内分流式安培表必须与所测电路串联,绝对不能与所测部件并联,否则将使原应流经部件的电流绕过该部件直接流入仪表,过高的电流会烧坏仪表和电路。

(五) 数字式万用表

数字式万用表(DMM)在许多方面都优于绝大多数型号的模拟表,其中最主要的方面是它更准确。影响模拟表精确度的因素不单是内部电路,指针也会因从不同的角度观察仪表而发生偏置,而数字式万用表却不必因此为读数不准而担心,它有一个可直接读数的显示装置。数字式万用表具有使测试精确的电子电路,其准确度超过 0.1%,远远超过模拟表。数字式万用表已普遍用于电气诊断和检测,尤其是电气系统的检测。

当数字式万用表的正导线带电而负导线接地时,它即在读数前显示一个"+"符号。如果两极导线相反,读数前将会出现"一"符号,以示相反极性。

大部分高质量的数字式仪表是由表内以干电池为电源的内部电路提供已知数据,如果电池电力不足,就将影响读数的精确度。因此,要经常检查表内电池电量以确保数据的准确性。大部分数字式仪表都有一个电池标志,用来显示电池的电量状况。

电压表具有极敏性,它可显示正电压和负电压。数字式电表用"+"或"一"来表示正电压或负电压。电压表有几个供选择的挡位,各挡的量程不同读数有所不同。所选择的量程挡应以得到最精确读数为准。一般数字式仪表的量程挡位有 DC(直流)200 mV、2000 mV、20 V、200 V、1000 V 和 AC(交流)750 V。

数字式欧姆表调零时,同样使两表笔互相接触。如果显示屏上显示不为零,则说明表内电池可能电力不足,需要更换电池才能使用。当测量仪表的 2 支表笔没有碰在一起或没有与所测电路连接时,表上所示应为无穷大。数字式仪表在显示屏的最左侧显示"1"或"+1"。同样,测量电阻时,要首先确定所测部件没有电流通过,然后再将仪表与所测部件的两端连接,同时还要使该部件在电路中与其他部件分开。进行测量时,表内的电池向所测部件提供电压,使电流通过该部件,仪表利用内部已知数据与所流经的电流进行比较,根据比较结果测算出相应电阻值显示在仪表显示装置上。

项目实施

一、项目要求

① 通过本项目的实施,掌握各种检测仪表和工具在汽车电气系统故障诊断中的规范使用。

② 实施本项目应具备跨接导线、通导性测试笔、试灯、万用表等工具。

二、实施步骤

(一)跨接导线的使用

跨接导线是一种简单、有效的测试工具,它可以使电流"绕过"被怀疑开路或断路的电路部分,从而使电路形成回路,进行通导性测试。如果连接跨接导线后电路工作正常,则表示所跨过的部位存在开路(断路)故障。跨接导线只能用于旁通电路的非电阻性部件,如开关、插接器和导线等,切勿将跨接导线直接跨接在用电负载的两端,这样做可能会烧坏其他相关电路元件。跨接导线的使用如图 1.6 所示,其中 a、b、d 是正确的使用方法,c 是错误的使用方法。

> **思考**
> 为何将跨接导线跨接在用电设备的两端,会造成烧坏其他相关电路元件的后果?结合汽车电路负极搭铁的特点,说说在检修汽车电路时需要注意些什么。

(二)通导性测试笔的使用

通导性测试笔(有源试灯)用于通导性检查。通导性测试笔仅用于无源电路。首先断开蓄电池或拆卸所测电路的熔断器,在应该导通的电路上选择两点,将通导性测试笔的两条引线连接至两点,如果电路导通,则通导性测试笔电路应形成回路,灯泡会点亮。通导性测试笔的使用如图1.7所示。

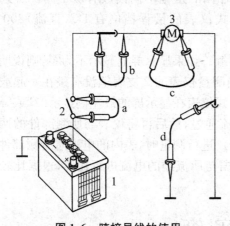

图1.6 跨接导线的使用
1.蓄电池;2.开关;3.电动机

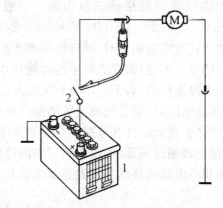

图1.7 通导性测试笔的使用
1.蓄电池;2.开关

(三)试灯的使用

试灯用于测试所检测点是否有电压,使用方法是将试灯的一条端子接地,用另一条端子沿电路接触不同的点,检测是否有电压,如果试灯点亮,表明检测点有电压。试灯的使用如图1.8所示。

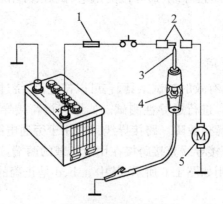

图1.8 试灯的使用
1.熔断器;2.连接器;3.探针;4.测试灯;5.电动机

（四）数字万用表的使用

1. 电压的测量

① 将万用表的测试导线按图 1.9 所示插入相应插孔(红表笔插入 V/Ω 插孔,黑表笔插入 COM 插孔)。

② 将万用表的功能选择开关置于电压测量挡位,并根据待测量电压的类型选择直流或交流位置(DC/AC 开关选择)。

③ 根据待测电压的大小选择量程(通过 RANGE 开关选择)。

④ 将万用表的测试导线接入待测电路,黑表笔接地,红表笔接信号线。

⑤ 闭合待测试电路,观察万用表显示区域的电压读数。

⑥ 按下 HOLD 按钮,锁定测量结果,并与标准值进行对比。

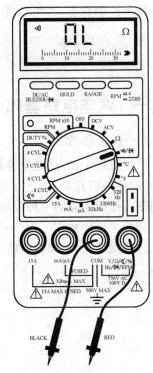

图 1.9 数字万用表

2. 电阻的测量

① 将万用表的测试导线按图 1.9 所示插入相应插孔(红表笔插入 V/Ω 插孔,黑表笔插入 COM 插孔)。

② 将万用表的功能选择开关置于电阻测量挡位,此时若不设置量程,万用表为自动量程状态。

③ 若需进行量程设置可按下 RANGE 控制键,进入手动量程设置模式,此后再按下一次控制键,量程范围将更换一次。若想返回自动量程,按下该键 2 s 后松开,即可返回。

④ 手动量程的选择范围:0～320 Ω、0～3.2 kΩ、0～32 kΩ、0～320 kΩ、0～3.2 MΩ、0～32 MΩ。

⑤ 用万用表的测试导线接入待测元件,黑表笔和红表笔分别连接待测元件的接线端子。

⑥ 观察万用表显示区域的数据显示。

⑦ 按下控制区域的 HOLD 按钮,锁定测量结果,与标准值进行对比。

3. 电路通导性测试

① 将万用表的测试导线按图 1.9 所示插入相应插孔(红表笔插入 V/Ω 插孔,黑表笔插入 COM 插孔)。

② 将万用表的功能选择开关置于电路导通/二极管测试挡位。

③ 将万用表的两测试导线接入被测试电路。

④ 若万用表的蜂鸣器发出报警声,表明所测电路没有断路情况。

4. 二极管的测量

① 将万用表的测试导线按图 1.9 所示插入相应插孔(红表笔插入 V/Ω 插孔,黑表笔插入 COM 插孔)。

② 将万用表的功能选择开关置于电路导通/二极管测试挡位。

③ 用万用表的两测试表笔接被测试二极管的2个管脚。

④ 将万用表的两测试表笔对调后再接被测试二极管的2个管脚。

⑤ 在③、④两种测试情况下,若一次测试的结果呈高阻状态,另一次测试结果呈低阻状态,则表明二极管性能良好;若两次测试结果都呈低阻状态,表明二极管已击穿;若两次测试结果都呈高阻状态,表明二极管已烧坏。

拓展知识

一、汽车电路基础元件

(一)电路开关

汽车电路中,各用电设备都设有单独的控制开关,如灯光开关、灯光组合开关、雨刮器开关、转向信号灯开关、危急报警开关、倒车灯开关、制动灯开关、喇叭开关、空调开关等。开关是切断或接通电路的一种控制装置。其动作可以手控,也可以根据电路或车辆所处状况自控。开关的作用如图1.10和图1.11所示。开关分常开和常闭2种形式。常开是指开关在常态位置或静止位置时,电路是不通的;常闭是指开关在常态位置或静止位置时,电路是接通的。

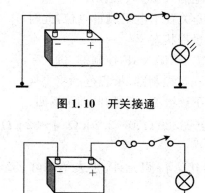

图1.10 开关接通

图1.11 开关断开

开关在电路图中的表示方法有多种,常见的有结构图表示法、表格表示法和图形符号表示法等。以点火开关为例介绍汽车中电路开关的表示方法,如图1.12所示。点火开关的功能主要有锁住方向盘转轴(LOCK挡)、接通仪表指示灯(ON或IG挡)、起动发动机(ST或START挡)、给附件供电(ACC挡,主要是收放机专用)、预热发动机(HEAT挡)。其中起动、预热挡工作时消耗电流很大,开关不宜接通过久,所以这2个挡位在操作时必须用手克服弹簧力,扳住钥匙,一松手就弹回点火挡,不能自行定位。其他挡位均可自行定位。

(二)电路保护装置

当电路中的电流超过规定的数值时,汽车电路保护装置能够自动切断电路,从而保护电气设备和防止烧坏电路连接导线,并把故障限制在最小范围内。汽车上的电路保护装置主要有熔断器、易熔线、电路断路器和继电器。

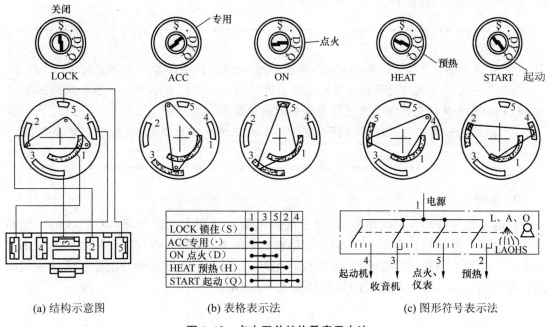

图 1.12 点火开关结构及表示方法

1. 熔断器

熔断器俗称保险。熔断器是插接式装置,通过超过额定电流值就熔断(烧毁)的导体将两个端子相连接。在将电路故障修复后必须更换熔断器。

有4种基本类型的熔断器:管式熔断器、大电流(大功率)熔断器、标准片式熔断器和微型片式熔断器。熔断器的类型如图 1.13 所示,熔断器的电路符号如图 1.14 所示。片式熔断器的应用最为广泛,并具有规定的安培值和颜色编码。熔断器上一定标明有额定的安培值和电压值。熔断器外壳体上的2个小孔可以使修理工很方便地检查电压降、工作电压或通导性。

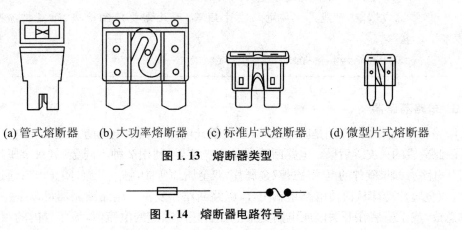

(a) 管式熔断器　(b) 大功率熔断器　(c) 标准片式熔断器　(d) 微型片式熔断器

图 1.13 熔断器类型

图 1.14 熔断器电路符号

熔断器的构造原理是:当电流超过一定的程度后,金属线将熔断或烧毁,以将电路断开。电路断开后将使电路导线和部件免受过大电流的损害。

熔断器按照承载安培值的能力分类。举例来说,一个 10 A 的熔断器在电路电流超过 10 A 至一定时间后将断开。

> **注意**
> ① 熔断器熔断后,必须真正找到故障原因,彻底排除故障后方可恢复电路。
> ② 一定不要使用更高额定值的熔断器进行更换。一定要参阅维修手册或用户手册,以确认更换的电路保护装置符合确切的规格规定。
> ③ 熔断器支架与熔断器接触不良会产生电压降和发热现象,安装时一定要保证接触良好。

2. 易熔线

易熔线是一种大容量的熔断器,用于保护电源电路和大电流电路。易熔线的安装位置接近电源。易熔线通常用于在不宜采用保险或电路断路器的情况下保护较大范围的车辆电路。若发生过载,易熔线较细的导线将熔断,以在发生损坏前断开电路。易熔线的电路符号如图 1.15 所示,易熔线的结构如图 1.16 所示。

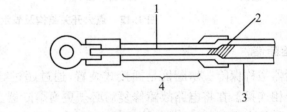

图 1.15 易熔线电路符号　　　　图 1.16 易熔线结构
1. 细导线;2. 接合片;3. 电路导体;4. 电路过载细导线熔断

> **注意**
> ① 绝对不允许换用比规定容量大的易熔线。
> ② 易熔线熔断,可能是主要电路发生短路,因此需要仔细检查,彻底排除隐患后方可恢复电路。
> ③ 易熔线不能和其他导线绞合在一起。

3. 电路断路器

断路器在电路中的作用是防止过载,通过断开电路和截断电流防止导线和电气设备过热以及由此造成的火灾等后果。电路断路器是机械装置,利用 2 种不同金属(双金属片)的热效应断开电路。如果额外的电流流过双金属片,双金属片弯曲,触点开路,阻止电流通过,当无电流时,双金属片冷却从而使电路重新闭合,电路断路器复位。电路断路器可以是一个单独插接的总成,或是安装在开关内或电刷支架上。若超出额定的电流值,该装置内的一组触点将瞬时断开电路。与熔断器不同,每次断开后,不必更换电路断路器。但是,在每次发生电路断开后,一定要查清造成电路过载或短路的原因并进行修理,否则还将会造成电路损坏。

一般来说,有 2 种类型的电路断路器:循环式和非循环式。

① 循环式电路断路器。循环式电路断路器配备有一个由 2 种具有不同热膨胀系数的金属构成的双金属片，在受热后 2 种金属的膨胀率不同。当超过一定量的电流流过双金属片时，因为热量的积累，高膨胀率的金属将产生弯曲，并造成触点断开。因断开电路，没有电流流过，该金属将冷却并收缩，直到触点将电路再次接通。在实际过程中，触点断开的速度是很快的。若持续存在过载，电路断路器将反复循环（断开、闭合），直到该情况得到纠正。循环式电路断路器的结构如图 1.17 所示。

② 非循环式电路断路器。非循环式电路断路器采用由线圈缠绕的双金属片，即使在触点断开的情况下，该部件也保持为一个大电阻电流通路。在该电路的电源被断开前，线圈所产生的热量使双金属片不能冷却至足以闭合触点的程度。在断开电源后，双金属片冷却，电路恢复接通。对于非循环式电路断路器来说，一旦断路器断开电路，则必须断开该电路的电源，才能重新设置断路器。非循环式电路断路器不能用于重要的电路，例如前大灯，因为瞬间的短路将切断该电路的电压，直到断路器能够重新设置，这样便会造成在夜间突然失去前大灯的照明而可能产生灾难性后果。非循环式电路断路器的结构如图 1.18 所示。

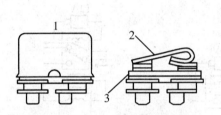

图 1.17　循环式电路断路器结构
1. 外形；2. 双金属片；3. 触点

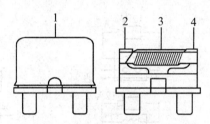

图 1.18　非循环式电路断路器结构
1. 外形；2. 触点；3. 线圈；4. 双金属片

4. 继电器

在汽车中，有许多地方应用了继电器，例如燃油泵、喇叭和起动系统等。继电器是一个电气开关，其作用是用一个小电流控制一个大电流，从而可以减小控制开关的电流负荷，减少烧蚀现象的产生。继电器结构简图如图 1.19 所示，包括一个控制电路、一个电磁铁、一个电枢和一组触点等。继电器的电路符号如图 1.20 所示。

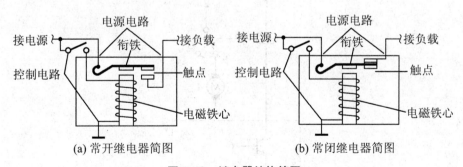

图 1.19　继电器结构简图

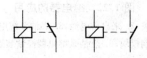

图 1.20　继电器电路符号

汽车上的继电器很多,常见的主要有3类,其动作状态如图1.21所示。第1类继电器平时触点是断开的,继电器动作后触点接通;第2类继电器平时触点是闭合的,继电器动作后触点断开;第3类继电器平时动断触点接通,动合触点断开,继电器动作后变成相反状态。

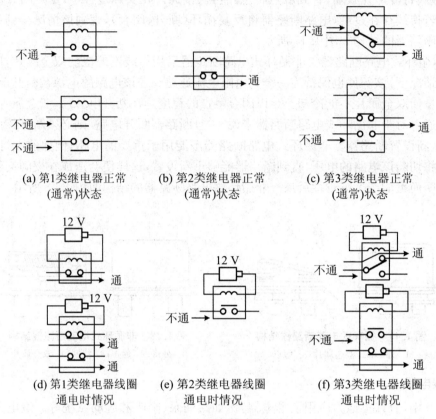

图1.21 继电器动作状态

继电器的应用如图1.22所示。

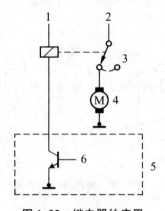

图1.22 继电器的应用

1.来自点火开关;2.来自蓄电池;3.燃油泵继电器;4.燃油泵电机;
5.动力系统控制模块;6.燃油泵继电器控制装置

（三）插接器

插接器就是通常所说的插头和插座，用于导线与导线间或线束与线束间的连接。为了防止插接器在汽车行驶过程中脱开，所有的插接器均采用了闭锁装置。

1. 插接器的识别方法

插接器的符号和实物示意图如图1.23所示。

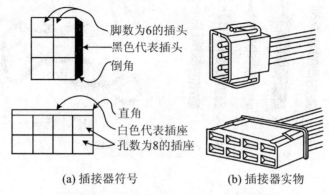

图 1.23 插接器的符号和实物示意图

2. 插接器的连接方法

接合插接器时，应把插接器的导向槽重叠在一起，使插头和插座对准，然后平行插入即可十分牢固地连接在一起。插接器连接后，其导线的连接如图1.24所示。

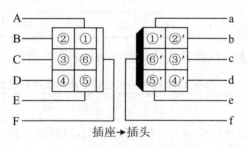

图 1.24 插接器连接方法

3. 插接器的拆卸方法

要拆开插接器，首先要解除闭锁，然后把插接器拉开即可，不允许在未解除闭锁的情况下用力拉导线，这样会损坏闭锁装置或连接导线。插接器的拆卸方法如图1.25所示。

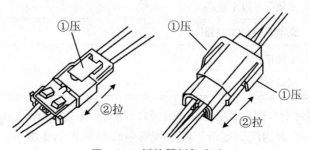

图 1.25 插接器拆卸方法

(四)导线

汽车用导线有高压导线和低压导线2种,均采用铜质多芯软线,具有较好的抗折性,不容易因反复振动而折断,如图1.26所示。

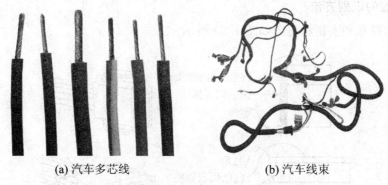

(a) 汽车多芯线　　　　　　　　(b) 汽车线束

图1.26　汽车多芯线与汽车线束

1. 低压导线

① 导线截面积。导线截面积主要根据其工作电流选择,但对于一些工作电流较小的电气,为保证机械强度,导线截面积应不小于 0.5 mm^2。各种低压导线标称截面积所允许的负载电流值如表1.1所示。

表1.1　低压导线标称截面积所允许的负载电流值

导线标称截面积(mm^2)	1.0	1.5	2.5	3.0	4.0	6.0	10	13
允许电流值(A)	11	14	20	22	25	35	50	60

汽车12 V电气系统主要线路导线标称截面积如表1.2所示。

表1.2　汽车12 V电气系统主要线路导线标称截面积

标称截面积(mm^2)	用　途
0.5	尾灯、顶灯、指示灯、仪表灯、牌照灯、刮水器、时钟、燃油表、水温表、油压表等电路
0.8	转向信号灯、制动灯、停车灯、断电器等电路
1.0	前照灯、电喇叭(3 A以下)电路
1.5	前照灯、电喇叭(3 A以上)电路
1.5~4.0	其他5 A以上电路
4~6	柴油车电热塞电路
6~25	电源电路
16~95	起动电路

② 导线颜色。各国汽车厂商在电路图上多以字母(英文字母)表示导线颜色及条纹颜色。主要国家以及一些大的汽车制造厂商导线颜色代号如表1.3所示。

表1.3　汽车导线颜色代号

	中	英	美	德	日	帕萨特	宝马	本田现代
黑	B	Black	BLK	SW	B	BK	SW	BLK
白	W	White	WHT	WS	W	WT	WS	WHT
红	R	Red	RED	RT	R	RD	RT	RED
绿	G	Green	GRN	GN	G	GN	GN	GRN
深绿		DarkGreen	DKGRN			DKGN		
淡绿		LightGreen	LTGRN		Lg	LTGN		LTGRN
黄	Y	Yellow	YEL		Y	YL	GE	YEL
蓝	Bl	Blue	BLU	BL	L	BU	BL	BLU
淡蓝		LightBlue	LTBLU		Sb	LTBU		LTBLU
深蓝		DarkBlue	DKBLU			DKBU		
粉红	P	Pink	PNK		P	PK	RS	PNK
紫	V	Violet	PPL	VI	PU	PL	VI	PUR
橙	O	Orange	ORN		Or	OG	OR	ORN
灰	Gr	Grey	GRY		Gr	GY	GR	GRY
棕	Br	Brown	BRN	BK	Br	BN	BR	BRN
棕褐		Tan	TAN			TN		
无色		Clear	CLR			CR		

　　导线颜色要易于区别,导线上采用条纹标志要对比强烈,双色线的主色所占比例大些,辅色所占比例小些,主色条纹与辅色条纹沿圆周表面比例为3∶1～5∶1。双色线标注第一色为主色,第二色为辅色。我国规定汽车导线颜色的选用程序如表1.4所示。

表1.4　我国汽车导线颜色的选用程序

选用程序	1	2	3	4	5	6
导线颜色	B	BW	BY	BR		
	W	WR	WB	WB	WY	WG
	R	RW	RB	RY	RG	RBl
	G	GW	GR	GY	GB	GBl
	Y	YR	YB	YG	YB	Yw
	Br	BrW	BrR	BrY	BrB	
	Bl	BlW	BlR	BlY	BlB	BlO
	Gr	GR	GrY	GrBl	GrB	GrO

　　③ 线束。汽车用导线除蓄电池导线、高压线和起动机导线外,均用绝缘材料缠绕包扎成束,以避免水、油的浸蚀和磨损。线束布线过程中不允许拉得太紧;线束穿过洞口或锐角处时应有套管保护;线束位置确定后,应用卡簧或绊钉固定。汽车线束如图1.26所示。

2. 高压导线

汽车点火线圈至火花塞之间的电路使用高压导线,高压导线分为普通铜芯高压导线和高压阻尼点火导线,带阻尼的高压导线可抑制和衰减点火系产生的高频电磁波,减少对电控装置和无线设备的干扰。

三、汽车电路常用电子元器件

(一) 电阻

当电路中不需要最大电流或电压时,可利用电阻来进行限制。电阻产生电压降并将电能转化成热能。电阻将电能转化为热能的功能在汽车上的许多地方都有应用,如后窗除霜装置、加热器和点烟器等。灯泡中的灯丝也会产生热,但它主要是起照明作用。

1. 定值电阻

定值电阻的电阻值是固定的,并以 Ω 为单位标定。它主要用于降低电路中的电压或限制电流。定值电阻可根据其用途装在某一部件里或接在电路中。

电阻线用于向已知负载提供预定电压。电阻线的规格以每英尺多少 Ω 来表示,电阻线的长度对整个系统的工作十分重要。电流通过电阻线时,电压大小会因电阻而降低。可根据检测出的电压降的情况,来执行预先设定的反应措施。其典型应用是车灯故障警告系统。

> **注意**
> 电阻线和易熔线十分相似,都是连接于导线之间,但是不要错误地用电阻线代替易熔线。电阻线一般比易熔线长,并标有"电阻—不可切断或并接"(RESISTOR — DO NOT CUT OR SPLICE)字样。

2. 步进电阻

步进电阻具有 2 个或 2 个以上供选择的固定电阻值。将导线连接到电阻器上不同的抽头接线端,就可获得几种不同的电阻值。空调鼓风机上用的电阻就属于这一类。选择鼓风机风量控制钮,可增加或减少鼓风机串联电路中的电阻,减小或增加鼓风机的电流,从而改变风机风量。

3. 可变电阻

可变电阻利用 2 个或多个锥管和 1 个滑臂来获得一定范围内的电阻值。转柄电阻器是可变电阻的一种形式。仪表板的照明控制和收音机的音量控制都是可变电阻在汽车上应用的实例。转柄电阻器中,电流从电源进入电阻线圈,然后从线圈上的滑臂输出。另一种可变电阻叫电位器。它的工作原理与转柄电阻器相同,所不同的只是增加了第 3 条支路。电流通过电阻线圈接地。滑臂依其在电阻线圈上的位置产生一个介于源电压和零电压之间的输出电压。这类装置常用于电控系统检测某一机械部件的运动状况。

(二) 电容

电容可以吸收和储存电荷。电容是由 2 个或多个导体板,并在导体板之间填加非导电性介质制成。电容具有通交流隔直流的功能,其所产生的微小的直流电流有助于吸收峰值电压,防止击穿断开的触点。若用于音响设备,电容也可以起到"噪音"过滤器的作用。电容的单位为法拉(F)。电容的种类很多,可分为固定电容、可变电容和半可变(微调)电容等。常见电路中电容的外形及图形符号如图1.27所示。

> **注意**
> ① 电容在电路中所承受的电压不能超过其耐压值。在滤波电路中,其耐压值不能小于交流电压有效值的1.42倍。
> ② 使用电解电容时,要注意其正、负极性,不能接反。
> ③ 对于不同的电路,应选用不同类型的电容。谐振回路可选用云母、高频陶瓷等电容;隔直流可选用纸介、云母、电解、陶瓷等电容;旁路交流可选用涤纶、纸介、陶瓷、电解等电容;滤波电路可选用电解等电容。
> ④ 电容在装入电路前,需检查有无短路、断路和漏电现象,并核实其电容量。

(三)二极管

在电路中二极管具有单向导电性,只允许电流从一个方向流向另一个方向,从而阻止电流相反方向的流动。二极管可用来制作逻辑电路,这种电路只有在某些条件满足一定次序时才能起作用。例如点火开关钥匙警告蜂鸣器的电路,只有在点火开关在关闭(OFF)位置而且车门打开的情况下才能被接通。

二极管是一种半导体装置,用于在不希望电流流过的方向或路径上阻止电流流过。二极管通常用特殊加工的半导体硅制成,当施加正向电压(PN结正向偏置)时,二极管导通,二极管相当于导体(正向压降可忽略),电流流过该电路;当施加反向电压(PN结反向偏置)时,二极管截止,二极管相当于绝缘体,电流将被阻断。普通二极管的外形及图形符号如图1.28所示。

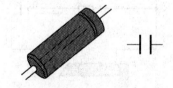
图1.27 电容器外形及图形符号

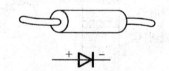
图1.28 普通二极管外形及图形符号

汽车上二极管很多,主要用于以下方面:
① 整流,即将交流变为直流。
② 电压调节。
③ 控制可能导致电路损坏的电压峰值和波动。
④ 仪表板指示灯。

(四)三极管

三极管又称为晶体管。三极管的3个极分别是基极、集电极和发射极。将一个微小的电流或电压施加在基极上,就可以控制流经其他两极较大的电流,这就意味着三极管可以当作放大器和开关来使用。基极非常薄,并且导电性与发射极和集电极相比较弱。一个非常小的基极发射极的电流可以控制一个非常大的集电极发射极电流。三极管的类型有 NPN 型和 PNP 型,汽车电路中最常使用的是 NPN 型三极管。

1. NPN 型

NPN 型三极管的结构及图形符号如图 1.29 所示。

NPN 型三极管的工作原理如图 1.30 所示。

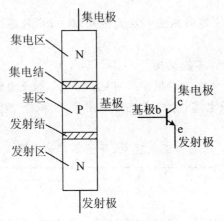
图 1.29 NPN 型三极管结构及图形符号

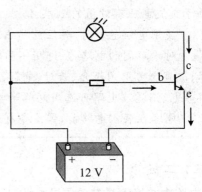
图 1.30 NPN 型三极管工作原理

2. PNP 型

PNP 型三极管的结构及图形符号如图 1.31 所示。

PNP 型三极管的工作原理如图 1.32 所示。

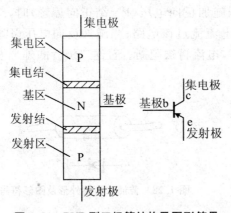
图 1.31 PNP 型三极管结构及图形符号

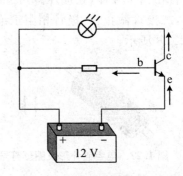
图 1.32 PNP 型三极管工作原理

项目小结

① 汽车电气设备的组成包括电源系统、用电设备和配电装置,汽车电气设备的特点是低压、直流、单线制、负极搭铁、2 个电源和用电设备并联。

② 汽车电气和电路故障的基本诊断方法有观察法、触摸法、试灯法、短路法、断路法、机件更换法、仪表检测法。(注意:短路法和机件更换法慎用。)

③ 汽车电气设备维修中常用的检测仪表和工具有通导性测试笔、试灯、跨接导线、指针

式万用表、数字式万用表。

④ 为保证检测结果的正确,必须按规范要求正确使用通导性测试笔、试灯、跨接导线、万用表等汽车电气设备故障诊断常用工具。

思考练习

1. 汽车电气设备由哪些部分组成?
2. 汽车电气设备具有哪些特点?
3. 开关在电路图中有哪些表示方法?
4. 汽车电气设备维修中常用的检测仪表和工具有哪些?
5. 如何正确使用通导性测试笔?
6. 如何正确使用试灯?
7. 如何正确使用跨接导线?
8. 如何正确使用万用表?

项目二

蓄电池的检测与充电

项目描述

蓄电池是汽车电源系统的组成部分之一,也是我们平时所称的"电瓶"。它放电时把化学能转化为电能,充电时将电能转化为化学能。当车辆准备起动时,蓄电池会供给起动机电能,然后由起动机带动发动机飞轮、曲轴转动。当发动机处于怠速或开启的用电设备较多时,蓄电池可以协助发电机向用电设备供电。而当发动机正常工作,发电机发电充足,蓄电池又可以储存电能时,蓄电池相当于一个大容量的电容器,可以保护汽车的用电设备。

1. 知识要求

① 掌握蓄电池的作用、结构及工作原理。
② 了解蓄电池的分类与型号。
③ 掌握蓄电池的常见故障与排除方法。
④ 了解蓄电池的正确使用与维护方法。
⑤ 了解蓄电池技术状况的检测内容与方法。

2. 能力要求

① 能正确使用蓄电池并对蓄电池进行充电。
② 能对蓄电池电解液密度进行测量。
③ 能正确进行蓄电池常见故障的检测与排除。

相关知识

一、蓄电池的作用、类型与安装位置

(一)蓄电池的作用

蓄电池是一种将化学能转化为电能的装置,属于可逆的直流电源。蓄电池、发电机与汽车用电设备都是并联的,其电路连接如图2.1所示,共同向用电设备供电。

在发电机正常工作时,用电设备所需要的电能主要由发电机供给,而蓄电池的作用是:

① 起动发动机时,向起动机和点火系统供电。

② 发动机低速运转、发电机电压较低或不发电时,蓄电池向用电设备供电,同时还向交流发电机磁场绕组供电。

③ 发动机中高速运转、发电机正常供电时,将发电机剩余电能转化为化学能储存起来。

④ 发电机过载时,与发电机一起向供电设备供电;电路中电压过高时,能够稳定电气系统电压以保护电子设备。

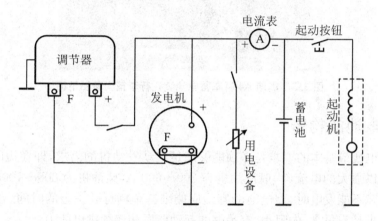

图 2.1 汽车电源系统电路示意图

（二）蓄电池的类型

蓄电池有多种类型,根据电解液的不同,可分为酸性蓄电池和碱性蓄电池两大类;根据加工工艺不同,可分成普通蓄电池、免维护蓄电池、玻璃纤维蓄电池和胶体蓄电池等;根据电极材料不同,可分成铅蓄电池和铁镍、铬镍蓄电池;根据用途不同,可分为汽车用蓄电池,电瓶车用蓄电池,电讯、航标用蓄电池等。目前,在汽车上使用最广泛的是起动型铅酸蓄电池,其电解液是稀硫酸溶液。起动型铅酸蓄电池虽然比能较低,但其内阻小、电压稳定,在短时间内能提供较大电流,且结构简单、原料丰富。

（三）蓄电池的安装位置

蓄电池在汽车上的安装位置根据车型和结构而定,原则上离起动机越近越好。大多数轿车的蓄电池装在发动机舱内(见图2.2),也有装在行李箱内(见图2.3),甚至装在后排乘客座椅下方的;货车蓄电池的安装位置以空载时质量平衡为原则,一般装在车架前部的左侧或右侧;而客车的蓄电池多装在车

图 2.2 蓄电池装在发动机舱内

厢内。

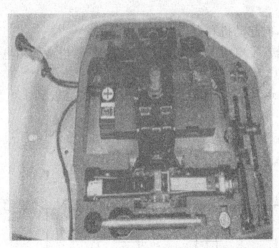

图 2.3 奥迪 A4 轿车蓄电池装在行李箱内备胎下面

三、蓄电池的构造

汽车用蓄电池最基本的要求是必须能够满足起动发动机的需求,即在短时间(5～10 s)内供给起动机以强大的电流(一般汽油机为 200～600 A,柴油机为 800～1000 A);其次,在发电机发生故障不能发电时,蓄电池的容量应能维持车辆行驶一定的时间。故对汽车用蓄电池的基本要求是容量大、内阻小、有足够的起动能力和连续供电能力。

下面以起动型铅酸蓄电池为例介绍其结构。起动型铅酸蓄电池由 3 只或 6 只单格电池串联而成,每只单格电池电压约为 2 V,串联成约为 6 V 或 12 V 的电压供汽车选用,如图 2.4 所示,它主要由极板、隔板、电解液、外壳、连接条和极柱等组成。

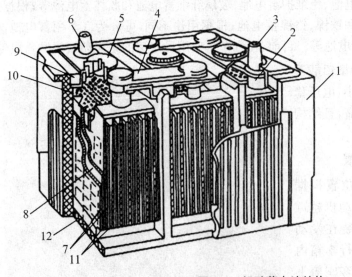
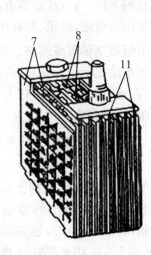

图 2.4 铅酸蓄电池结构

1. 蓄电池外壳;2. 电极衬套;3. 正极柱;4. 连接条;5. 加液孔螺塞;6. 负极柱;7. 负极板;
8. 隔板;9. 封料;10. 护板;11. 正极板;12. 肋条

（一）极板

极板是电池的基本部件，它的作用是接受充入的电能和向外释放电能。

极板由栅架和活性物质组成，分为正极板和负极板，正极板上的活性物质是棕红色的二氧化铅（PbO_2），负极板上的活性物质是青灰色的海绵状纯铅（Pb），如图2.5所示。

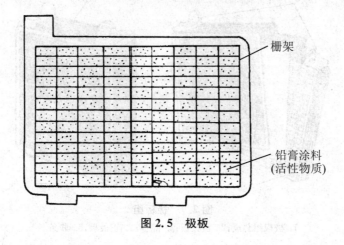

图 2.5 极板

1. 栅架

栅架用于容纳活性物质并使极板成型，一般由铅锑合金浇铸而成，如图2.6(a)所示。

铅锑合金中，一般加入6%~8.5%的锑以提高栅架的机械强度并改善其浇铸性能。但锑会加速氢的析出而使电解液的消耗加剧甚至会引起蓄电池自放电和栅架的膨胀、溃烂并缩短蓄电池的使用寿命，因此，栅架正逐渐向低锑甚至无锑的铅钙锡合金发展。

为了降低蓄电池的内阻，改善蓄电池的起动性能，有些铅蓄电池采用了放射形栅架，如图2.6(b)所示为奥迪轿车的蓄电池栅架结构。

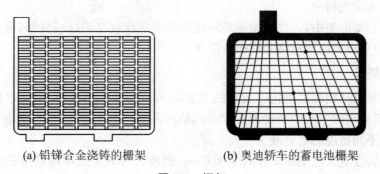

(a) 铅锑合金浇铸的栅架　　　(b) 奥迪轿车的蓄电池栅架

图 2.6 栅架

2. 活性物质

活性物质就是极板上的工作物质，为充、放电过程提供不可缺少的离子。正极板上的活性物质为棕红色的二氧化铅（PbO_2），负极板上的活性物质为青灰色的海绵状纯铅（Pb）。

将一片正极板和一片负极板浸入电解液中，可得到2.1 V左右的电动势。为增大蓄电池的容量，常将多片正、负极板分别并联，用横板焊接成正、负极板组。安装时，正、负极板组相互嵌合安装，中间插入隔板后装入蓄电池单格内便形成单格电池，如图2.7所示。

由于正极板活性物质比较疏松，且正极板处的化学反应比负极板处的化学反应剧烈，反应前后活性物质体积变化较大,为防止正极板拱曲和活性物质脱落,在每个单格电池中负极板的片数总比正极板多一片。

国产正极板的厚度为 2.2 mm,负极板的厚度为 1.8 mm。

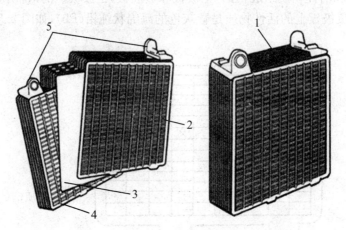

图 2.7 极板组
1. 极板组总成;2. 负极板;3. 隔板;4. 正极板;5. 联条

(二)隔板

为减小蓄电池的内阻和尺寸,蓄电池内部正、负极板应尽可能地靠近,为防止正、负极板短路,用隔板将其隔开。隔板的材料应具有多孔性,以便电解液渗透,并要求化学性能稳定,具有良好的耐酸性和抗氧化性。

隔板的材料有木质、微孔橡胶、微孔塑料、玻璃纤维和纸板等。

隔板的厚度一般不超过 1 mm。安装隔板时应将有沟槽的一面朝向正极板,这是因为正极板在充、放电过程中反应剧烈,沟槽能使电解液上下流动通畅,并使正极板上脱落的活性物质顺利地掉入壳底槽中。

在现代新型蓄电池中,一般将微孔塑料隔板制成袋状包在正极板外部,可进一步防止活性物质脱落,避免极板内部短路并使组装简化。

(三)电解液

电解液是蓄电池内部发生化学反应的主要物质,它由纯净硫酸和蒸馏水按一定的比例配制而成,也叫稀硫酸。水的密度为 $1\ g/cm^3$,硫酸的密度为 $1.84\ g/cm^3$,两者以不同的比例混合后可形成不同密度的电解液。

电解液的密度对蓄电池的工作有重要影响,密度大可减少结冰的危险并提高蓄电池的容量,但密度过大则会使黏度增加,反而降低蓄电池的容量,缩短使用寿命。汽车用铅蓄电池的电解液密度一般为 $1.24 \sim 1.30\ g/cm^3$,使用中电解液密度应根据地区、气候条件和制造厂家的要求而定,如表 2.1 所示。

表 2.1 电解液密度选用的地区差异性

气候条件	全充电 15 ℃时的密度(g/cm^3)	
	冬季	夏季
冬季温度低于 −40 ℃地区	1.310	1.250

续表

气候条件	全充电 15 ℃时的密度(g/cm³)	
	冬季	夏季
冬季温度高于－40 ℃地区	1.290	1.250
冬季温度高于－30 ℃地区	1.280	1.250
冬季温度高于－20 ℃地区	1.270	1.240
冬季温度高于 0 ℃地区	1.240	1.240

(四)外壳

蓄电池的电解液和极板组装在外壳内,外壳由电池槽和盖组成,壳体应耐酸、耐热、耐振动冲击。现在普遍采用的是塑料外壳,塑料外壳不仅耐酸、耐热、耐振动冲击,而且具有壳壁薄、质量轻、易于热封合、不会带进有害杂质、生产效率高等优点。

蓄电池每极板组所产生的电动势大约是 2 V,要想获得更高的电动势通常要使用多个极板组串联起来。因此在制造蓄电池外壳时,将一个电池壳体分成若干个单格,每个单格内安装一组极板。每个单格的底部制有凸筋,用来搁置极板组。凸筋之间的空隙可以积存极板的脱落物质,防止正、负极板短路。如图 2.8 所示。

极板装入外壳后,上部用与壳体相同材料的电池盖密封。在电池盖上对应每个单格的顶部都有一个加液孔,用于添加电解液和蒸馏水,也可用于检查电解液液面高度和测量电解液密度。加液孔平行旋入加液孔螺塞以防电解液溅出,螺塞上有通气孔可使蓄电池化学反应放出的气体(H_2 和 O_2)能随时逸出,防止外壳胀裂而发生事故。如图 2.9 所示。

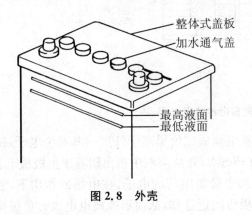

图 2.8 外壳

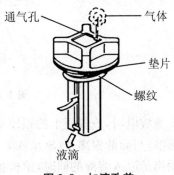

图 2.9 加液孔盖

三、蓄电池的工作原理

蓄电池的工作过程就是化学能与电能的转化过程。放电时将化学能转化为电能供用电设备使用,充电时则将电能转化为化学能储存起来。下面从蓄电池电动势的建立、放电过程和充电过程三个方面来介绍。

(一)电动势的建立

极板浸入电解液后,由于有少量的活性物质溶解于电解液中,产生电极电位,并且由于正、负极板的电极电位不同而形成蓄电池的电动势。在正极板处,少量的 PbO_2 溶入电解液中,与水生成 $Pb(OH)_4$,再分离成四价铅离子和氢氧根离子,即

$$PbO_2 + 2H_2O \rightarrow Pb(OH)_4$$
$$Pb(OH)_4 \rightarrow Pb^{4+} + 4OH^-$$

其中,溶液中的 Pb^{4+} 有沉附于极板的倾向,使极板呈正电位;同时由于正、负电荷的吸引,极板上的 Pb^{4+} 有与溶液中的 OH^- 结合生成 $Pb(OH)_4$ 的倾向。当两者达到动态平衡时,正极板的电极电位约为 $+2.0\ V$。

同理,在负极板处,金属铅受两方面的影响,一方面它有溶解于电解液的倾向,因而极板表面上有少量的 Pb^{2+} 进入电解液,使极板带负电;另一方面,由于正、负电荷的吸引,Pb^{2+} 有沉附于极板表面的倾向。当两者达到动态平衡时,极板的电极电位约为 $-0.1\ V$。

因此,一个充足电的蓄电池,在静止状态下的电动势约为 $2.1\ V$。

(二)放电过程

蓄电池的放电过程就是将化学能转化为电能的过程,如图 2.10 所示。

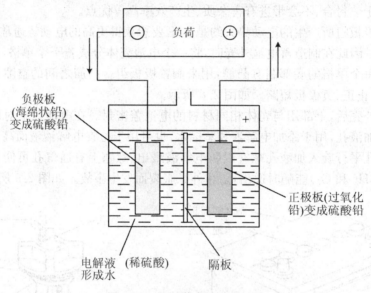

图 2.10 铅酸蓄电池放电过程

蓄电池放电时,负极板上的铅原子首先被电离成二价铅离子(Pb^{2+})和两个电子,铅离子进入电解液,与硫酸根离子(SO_4^{2-})化合成为 $PbSO_4$,并从溶液中析出附着于负极板上。

在铅离子进入溶液的同时,给极板留下两个带负电荷的电子,在电场的作用下,通过负载向正极板运动。H^+ 在电解液内部也向正极板附近迁移,从而形成放电电流。负极板上的电化学反应式如下:

$$Pb + H_2SO_4 \rightarrow PbSO_4 + 2H^+ + 2e$$

在正极板处,首先是二氧化铅和水生成不稳定的氢氧化铅,其中四价铅离子(Pb^{4+})当遇到由负极板来的两个电子后立即变为二价铅离子(Pb^{2+}),接着二价铅离子再与硫酸根反应生成硫酸铅附着在正极板上。与此同时,正极板附近的氢离子与氧离子化合生成水。正极板上的电化学反应式如下:

$$PbO_2 + H_2SO_4 + 2H^+ + 2e \rightarrow PbSO_4 + 2H_2O$$

放电过程总的电化学反应方程式为

$$PbO_2 + 2H_2SO_4 + Pb \rightarrow 2PbSO_4 + 2H_2O$$

在放电过程中，由于不断消耗硫酸生成水，所以电解液密度不断下降。

（三）充电过程

铅酸蓄电池的充电过程就是在外加电场的作用下，正、负极板上的硫酸铅还原为二氧化铅和海绵状铅，电解液中的水转化为硫酸的过程，即电能转化为化学能的过程。如图2.11所示。

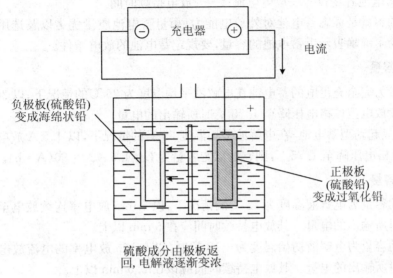

图 2.11　铅酸蓄电池充电过程

充电时，负极板上的硫酸铅溶解并电离为硫酸根（SO_4^{2-}）和二价铅离子（Pb^{2+}）。二价铅离子（Pb^{2+}）在充电电流的作用下获得两个电子，还原为铅原子附着在负极板上，硫酸根则与正极板上的氢离子化合生成硫酸。负极反应方程式如下：

$$PbSO_4 + 2H^+ + 2e \rightarrow Pb + H_2SO_4$$

正极板上的硫酸铅也被电离为二价铅离子和硫酸根离子。二价铅离子在外加电场的作用下，失去两个电子变为四价铅离子，四价铅离子与硫酸根离子结合生成硫酸铅，并与水作用还原为二氧化铅和硫酸，二氧化铅附着于正极板上。其反应方程式如下：

$$PbSO_4 + 2H_2O + SO_4^{2-} - 2e \rightarrow PbO_2 + 2H_2SO_4$$

在充电过程中，由于消耗了水生成了硫酸，所以电解液的密度上升。

铅酸蓄电池在充、放电过程中，总的化学反应方程式为

$$PbO_2 + Pb + 2H^2SO_4 \leftrightarrow 2PbSO_4 + 2H_2O$$

四、蓄电池的技术参数

（一）额定电压

蓄电池在无充、放电且内部电解质的运动处于平衡状态时的电动势，称为静止电动势。静止电动势大小与电解液的密度和温度有关，一定程度上能够反映蓄电池的荷电状况。蓄电池工作时，电解液密度总是在 1.12～1.31 g/cm³ 范围内变化。选择蓄电池时，一定要选择额定电压和车上电气系统电压等级一致的蓄电池。汽车用蓄电池的额定电压主要有12 V和24 V两种。

（二）蓄电池的容量

完全充足的蓄电池,同在规定的放电条件下所能放出的电量,称为蓄电池的容量,用字母 C 表示,单位为 A·h(安·时)。蓄电池容量等于放电电流与持续放电时间的乘积,可用公式表示为

$$C = I \cdot t$$

式中,C——蓄电池容量;I——放电电流;t——放电持续时间。

蓄电池的容量是标志蓄电池对外放电能力、衡量蓄电池质量优劣以及选用蓄电池的最重要指标。为了准确表示出蓄电池的容量,要规定蓄电池的放电条件。

1. 额定容量

额定容量为完全充足电的蓄电池在电解液平均温度为 25 ℃ 的情况下,以 20 h 放电率的放电电流连续放电至单格电压降至 1.75 V 时所输出的电量。

例如,一只起动型蓄电池,在电解液平均温度 25 ℃ 的情况下,以 4.5 A 放电电流连续放电 20 h 后,单格电压降至 1.75 V,则它的额定容量为 $C = 4.5 \times 20 = 90$(A·h)。

2. 起动容量

常温起动容量为电解液温度为 25 ℃ 的情况下,以 5 min 放电率连续放电至单格电压下降至 1.5 V 时所输出的电量。其放电持续时间应在 5 min 以上。

低温起动容量为电解液初始温度为 −18 ℃ 时,以 5 min 放电率的电流放电至单格电压下降至 1 V 时所输出的电量。其放电持续时间应该在 2.5 min 以上。

3. 储备容量

储备容量表示在汽车充电系统失效时,蓄电池能为照明和点火系统等用电设备提供 25 A 恒流的持续时间。蓄电池在 (25±2) ℃ 的条件下,以 25 A 的额定电流恒流放电至单格终止电压 1.75 V 时的放电持续时间,称为蓄电池的储备容量,单位为 min。

（二）冷起动电流

冷起动电流通常规定为 −18 ℃ 时,蓄电池持续放电 30 s 至端电压为 7.2 V 时所能提供的电流,是蓄电池低温起动性能的表现。蓄电池制造时根据使用地区环境温度不同,有提高耐热性或提高耐寒性的设计,一般为热带地区设计的蓄电池冷起动电流值低,为寒冷地区设计的蓄电池冷起动电流值高。为寒冷地区设计的蓄电池在热带地区使用,其寿命肯定会缩短。

五、蓄电池型号的说明

我国蓄电池型号按照原机械工业部 JB/T 2599—1993《铅酸蓄电池产品型号编制方法》规定,其编制形式如下:

1:表示串联的单格电池数,用阿拉伯数字表示,蓄电池的标准电压是该数字的 2 倍。

2:表示电池类型。蓄电池的类型根据其主要用途来划分,用汉语拼音字母表示。第一个字母为"Q"表示起动型铅酸蓄电池,摩托车用蓄电池代号为"M"。

3:表示蓄电池的特征。为特殊极板类型时,用汉语拼音字母表示,省略时表示为普通型

极板。例如,干荷电蓄电池用"A"表示,半封闭式蓄电池用"B"表示,免(无)维护蓄电池用"W"表示。蓄电池特征代号含义如表2.2所示。

表2.2 蓄电池特征代号

蓄电池	代号	蓄电池	代号	蓄电池	代号	蓄电池	代号
干荷电	A	少维护	S	半密闭式	B	激活式	I
湿荷电	H	防酸式	F	液密式	Y	带液式	D
免维护	W	密闭式	M	气密式	Q	胶质电解液	J

4:表示额定容量,指20 h放电率额定容量,用阿拉伯数字表示,单位为A·h,单位略去不写。

5:表示蓄电池特殊性能,用汉字拼音字母表示。例如,高起动率用"G"表示,工程塑料外壳用"S"表示,低温起动性能用"D"表示。省略时表示为普通型蓄电池。

型号和规格举例如下:

① 6—QA—100。表示由6个单元格串联组成,即额定电压为12 V,额定容量为100 A·h的干荷电式起动型蓄电池。

② 3—Q—90。表示由3个单元格组成,额定电压为6 V,额定容量为90 A·h的起动型蓄电池。

③ 6—QA—105G。表示由6个单元格组成,额定电压为12 V,额定容量为105 A·h的起动型干荷电高起动率蓄电池。

蓄电池型号一般标注在外壳上。

六、蓄电池的常见故障及其排除

蓄电池使用过程中所出现的故障包括外部故障和内部故障。

外部故障有外壳裂纹、封口胶干裂、接线松脱、接触不良、极柱腐蚀、电池爆炸等。内部故障有极板硫化、活性物质脱落、自放电、极板短路和极板栅架腐蚀等。铅蓄电池的外部故障容易察觉,现象比较明显,可通过简单的修补、除污、紧固等方法进行修复;而内部故障则不易察觉,只有在使用或充电时才出现一定症状,一旦产生就不易排除。因此在使用中应以预防为主,尽量避免内部故障产生。

(一)极板硫化

蓄电池长期充电不足或放电后长时间未充电,极板上逐渐生成一层白色的粗晶粒的硫酸铅($PbSO_4$),正常充电时它不能转化成PbO_2或Pb,称为硫酸铅硬化,简称硫化。

粗晶粒硫酸铅导电性差,正常充电很难还原,晶粒粗,体积大,且会堵塞活性物质孔隙而阻碍电解液的渗透和扩散,使蓄电池的内阻增大以至在起动发动机时,不能提供强大的电流,导致不能起动。

1. 故障特征

放电时,内阻大,电压急剧下降,不能持续供给起动电流;充电时,内阻大,单格电池的充电电压高达2.8 V以上,密度上升慢,温度上升快,过早出现"沸腾"现象。

2. 故障原因

① 蓄电池长期充电不足或放电后不及时充电,当温度变化时,硫酸铅发生再结晶。

② 蓄电池电解液液面过低,电解液不足,极板上部与空气接触发生氧化后与电解液接触,而生成粗晶粒硫酸铅。

③ 长期过量放电或小电流深度放电,使极板深处活性物质的空隙内生成$PbSO_4$。

④ 电解液密度过高、电解液不纯或气温变化剧烈。

⑤ 新蓄电池充电不彻底,活性物质未得到充分还原。

3. 排除方法

轻度硫化时,用小电流长时间充电的方法予以排除;硫化较严重时,采用去硫化充电法充电恢复;硫化特别严重时,予以报废。

4. 预防措施

保持蓄电池经常处于足电状态;放完电的蓄电池在24 h内送充电间充电;电解液密度符合规定。

(二)活性物质脱落

活性物质脱落,主要指正极板上的活性物质PbO_2的脱落。严重时,电解液混浊并呈褐色。

1. 故障特征

充电时,电解液混浊,有褐色物质自底部上升,电压上升过快,沸腾过早出现,相对密度上升缓慢;放电时,电压下降过快,输出容量下降。

2. 故障原因

① 充电电流过大,电解液温度过高,使活性物质膨胀、松软而易脱落。

② 过充电时间过长,水电解成H_2和O_2,从极板孔隙中大量逸出,在极板孔隙中造成压力,而使活性物质脱落。

③ 低温大电流放电,造成极板弯曲变形,导致活性物质脱落。

④ 汽车行驶时颠簸、震动。

3. 排除方法

沉积物较少时,可清除后继续使用;沉积物较多时,应更换新极板和电解液。

4. 预防措施

避免过充电和长时间大电流充、放电;安装、搬运蓄电池时应轻搬轻放,避免震动冲击;蓄电池在汽车上的安装应牢固可靠。

(三)自放电

蓄电池在无负载的状态下,电量自动消失的现象称为自放电。蓄电池的自放电是不可避免的,但应避免故障性自放电。

1. 故障特征

如果充足电的蓄电池在30天之内每昼夜容量降低超过2%,称为故障性放电。

2. 故障原因

① 电解液含杂质过多,杂质与极板之间以及沉附于极板上的不同杂质之间形成电位差,通过电解液产生局部放电。

② 蓄电池长期存放,硫酸下沉,使极板上、下部产生电位差引起自放电。
③ 电池表面不清洁,电解液堆积在电池盖的表面,使正、负极柱形成通路。
④ 极板活性物质脱落,下部沉积物过多使极板短路。
⑤ 极板中含有锑,电解液密度过大。

3. 排除方法

自放电程度较轻的蓄电池,可将其正常放完电后,倒出电解液,用蒸馏水反复清洗干净,再加入新电解液,充足电后即可使用;自放电程度较为严重时,应将电池完全放电,倒出电解液,取出极板组,抽出隔板,用蒸馏水冲洗之后重新组装,加入新的电解液重新充电后再使用。

4. 预防措施

使用符合标准的硫酸和蒸馏水配置电解液;配置电解液的容器要保持清洁,防止杂质进入电池内;电池表面要保持清洁干燥。

(四)极板短路

蓄电池正、负极板直接接触或被其他导电物质搭接的现象称为极板短路。

1. 故障特征

蓄电池开路时端电压过低,起动机运转无力。充电电压很低或为零时,蓄电池温度迅速升高,密度上升很慢或不上升,充电末期气泡很少或无气泡。

2. 故障原因

① 隔板损坏而漏电或短路。
② 电池底部沉淀太多而将极板短路。

3. 排除方法

若是属于隔板损坏,则应拆开蓄电池更换隔板。若是因电池底部沉淀太多而造成短路,则可将蓄电池放电完全,倒出电解液,用蒸馏水反复清洗后,注入新配制的电解液后再充电。

(五)极板栅架腐蚀

极板栅架腐蚀主要出现在正极板上。

1. 故障特征

极板呈腐烂状态,活性物质以块状堆积在隔板之间,蓄电池输出容量降低。

2. 故障原因

① 蓄电池经常过度充电,正极板产生的 O_2 使栅架氧化。
② 电解液密度、温度过高,充电时间过长,会加速极板腐蚀。
③ 电解液不纯。

3. 排除方法

腐蚀程度较轻的蓄电池,电解液中如果有杂质,应倒出电解液,并反复用蒸馏水清洗,然后加入新的电解液,充电后即可使用;腐蚀较严重的蓄电池,如果是电解液密度过高,可将其调整到规定值,在不充电的情况下继续使用;腐蚀严重的蓄电池,如栅架断裂、活性物质成块脱落等,则需更换极板。

项目实施

一、项目要求

① 通过本项目的实施,掌握蓄电池的使用和维护技能,准确进行蓄电池的各项技术检测,正确进行蓄电池的充电。

② 本项目应具备高率放电计、密度计、折射计、玻璃管、万用表等工具。

二、实施步骤

(一) 蓄电池的安全使用

1. 蓄电池的储存

(1) 新电池的储存

未启用的新电池,其加液孔盖上的通气孔均已密封,不要捅破。保管蓄电池时应注意以下几点:

① 存放室温度5~30℃,干燥、清洁、通风。

② 不要受阳光直射,离热源距离大于2 m。

③ 避免与任何液体和有害气体接触。

④ 不得倒置或卧放,不得叠放,不得承受重压。

⑤ 新蓄电池的存放时间不得超过2年。

(2) 暂时不用的蓄电池的储存

采用湿储存法,即先充足电,再把电解液密度调至1.24~1.28 g/cm³,液面调至规定高度,然后将通气孔密封。存放期不得超过半年,存放期内应定期检查,如容量低于25%,应立即补充充电,交付使用前也应先充足电。

(3) 长期停用的蓄电池的储存

采用干储存法,即先将充足电的蓄电池以20 h放电率放完电,然后倒出电解液,用蒸馏水反复冲洗多次,直到水中无酸性,晾干后旋紧加液孔盖并将通气孔密封。存放条件与新蓄电池相同。

2. 新蓄电池的启用

首先擦净外表面,旋开加液孔盖,疏通通气孔,注入新的电解液。静置4~6 h后,调节液面高度到规定值,按初充电规范进行充电后即可使用。

干荷电蓄电池在规定存放期(一般为2年)内启用时可直接加入规定密度的电解液,静置20~30 min后校准液面高度即可使用。若超期存放或保管不当损失部分容量,应在加注电解液后经补充充电方可使用。

3. 蓄电池拆装注意事项

① 拆装、移动蓄电池时,应轻搬轻放,严禁在地上拖拽。

② 蓄电池型号和车型应相符,电解液密度和高度应符合规定。

③ 安装时，蓄电池固定在托架上，塞好防振垫。
④ 极柱涂上凡士林或润滑油，防腐防锈。极柱卡子与极柱要接触良好。
⑤ 蓄电池搭铁极性必须与发电机一致。
⑥ 接线时先接正极，后接负极，拆线时相反，以防金属工具搭铁造成蓄电池短路。

（二）蓄电池的检查维护

① 保持蓄电池外表面清洁干燥，及时清除极柱和电缆卡子上的氧化物，并确定蓄电池极柱上的电缆连接牢固。

清洗蓄电池时，最好从车上拆下蓄电池，用苏打水溶液冲洗整个壳体，如图 2.12 所示，然后用清水冲洗蓄电池并用纸巾擦干。对蓄电池托架，可先用腻子刀刮净厚腐蚀物，然后用苏打水溶液清洗托架，如图 2.12 所示，之后用水冲洗并干燥。托架擦干后，漆上防腐漆。

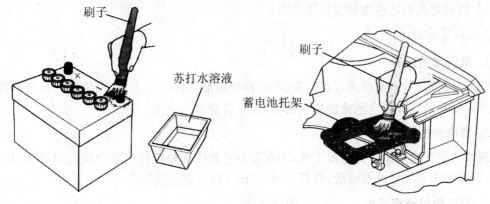

图 2.12　蓄电池清洁

对于极柱和电缆卡子，可先用苏打水溶液清洗，再用专用清洁工具进行清洁，如图 2.13 所示。清洗后，在电缆卡子上涂上凡士林或润滑油防止腐蚀。

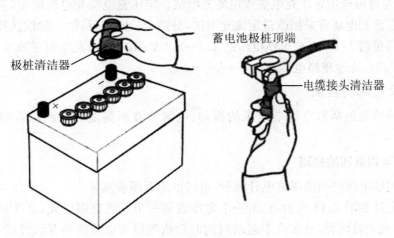

图 2.13　蓄电池极柱清洁

> **注意**
> 清洗蓄电池之前，要拧紧加液孔盖，防止苏打水进入蓄电池内部。

② 保持加液孔盖上通气孔的畅通,定期疏通。

③ 定期检查并调整电解液的液面高度,液面不足时,应补加蒸馏水。

④ 汽车每行驶 1000 km 或夏季行驶 5～6 天,冬季行驶 10～15 天后,应用密度计或高率放电计检查一次蓄电池的放电程度。当冬季放电超过 25%,夏季放电超过 50% 时应及时将蓄电池从车上拆下进行补充充电。

⑤ 根据季节和地区的变化及时调整电解液的密度。冬季可加入适量密度为 1.40 g/cm³ 的电解液,以调高电解液的密度(一般比夏季高 0.02～0.04 g/cm³ 为宜)。

⑥ 冬季向蓄电池内补加蒸馏水时必须在蓄电池充电前进行,以防水和电解液混合不均而引起结冰。

⑦ 冬季蓄电池应经常保持在充足电的状态,以防电解液因密度降低而结冰从而引起外壳破裂、极板弯曲和活性物质脱落等故障。

(三)蓄电池的充电

1. 电解液的配制

配制电解液时,用耐酸的容器装蒸馏水,将浓硫酸慢慢注入水中,用清洁的玻璃棒搅拌,用密度计测量调和成的电解液的相对密度,直至符合要求为止。

2. 蓄电池的初充电

现代汽车普遍采用干荷电蓄电池,因在制造过程中极板经过化学合成处理,所以初次使用时,只需按规定加足电解液后,静置 20～30 min 即可装车使用。

3. 蓄电池的补充充电

① 清除蓄电池外部的脏污以及极柱上的氧化物,疏通通气孔并拧下加液孔盖。

② 连接充电机的正、负极到蓄电池的正、负极,准备充电。

③ 补充充电可选用定压充电法或定流充电法。定压充电法充电时间短,充电电压大小不能调整。定流充电法常采用改进定流充电法,分两个阶段进行:第一阶段选择充电电流为蓄电池额定容量的 1/10,充至单格电压达 2.3～2.4 V;第二阶段充电电流减半,即为蓄电池额定容量的 1/20,充至单格电压达 2.5～2.7 V。

(四)蓄电池的检测

蓄电池的检测包括蓄电池端电压的检测、电解液液面高度的检测以及电解液密度检测等。

1. 蓄电池端电压的检测

蓄电池的端电压可用高率放电计测量,也可以用万用表测量。

高率放电计如图 2.14 所示,它由一个电压表和一个负载电阻组成,分 3 V 高率放电计和 12 V 高率放电计两种,是按汽车起动时向起动机提供大电流的情况设计的一种检测仪。这里主要介绍 12 V 高率放电计。

使用高率放电计进行测量时应将两叉尖紧压在单格电池的正、负极柱上 3～5 s,观察大负荷放电情况下蓄电池所保持的端电压。

12 V 高率放电计用于 12 V 整体电池,使用时,用力将放电计两触针迅速压在正、负极柱上,保持 3～5 s。

> **注意**
> 对于12 V整体电池,若蓄电池电压能保持在9.6 V以上,说明该蓄电池性能良好,但存电不足;若稳定在10.6~11.6 V,说明存电较足;若电压迅速下降,则说明蓄电池有故障。

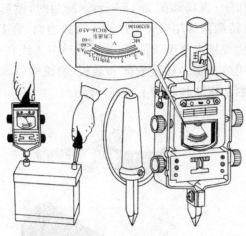

图2.14 高率放电计

2. 蓄电池电解液密度检测

通常用密度计或折射计测量蓄电池电解液的密度。

(1) 用密度计测量蓄电池电解液的密度

① 打开蓄电池的加液孔盖。

② 将密度计下端的橡皮管伸入单格电池的加液孔内,如图2.15所示。

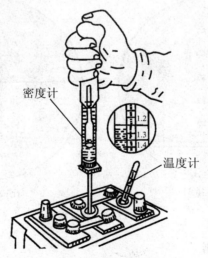

图2.15 测量电解液密度和温度

③ 用手将橡皮球捏一下,再慢慢放开,电解液就会被吸到玻璃管中,控制吸入的电解质

的量,不要过多或过少,以将密度计浮起而不会顶住为宜。

④ 使管内的浮子浮在玻璃管中央(不要相互接触),读出密度计的读数,要求读数时眼睛与密度计刻度线平齐。

(2) 用折射计测量蓄电池电解液的密度

折射计又称折光计,是能测定透明、半透明液体折射率的仪器。折射计是根据不同浓度的液体具有不同的折射率这一原理设计而成的,它具有快速、准确、重量轻、体积小等优点。便携式折射计如图 2.16 所示,视场如图 2.17 所示。测量时,掀起盖板,用柔软绒布将盖板及棱镜表面擦拭干净。将待测液体用吸管吸取滴于棱镜表面,合上盖板并轻轻按压,将折射计对向明亮处,旋转目镜使视场内刻度线清晰,读出明暗分界线在标示板上相应的标尺上的数值即可。测量完毕后,用绒布擦净棱镜表面和盖板,清洗吸管,将仪器放回包装盒内。在测量电解液时,注意不要洒在皮肤和眼睛上,以防烧伤。

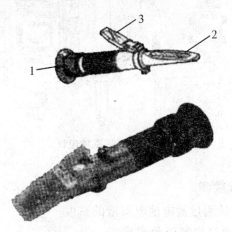

图 2.16 便携式折射仪
1. 观察镜;2. 玻璃;3. 盖板

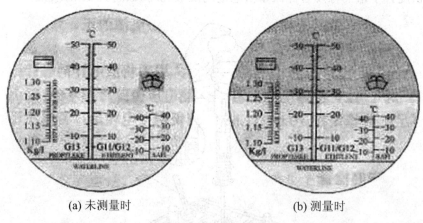

(a) 未测量时　　　　　　(b) 测量时

图 2.17 折射仪视场

3. 电解液液面高度检测

液面高度可用玻璃管测量,如图 2.18 所示。测量时用内径为 3～5 mm 的玻璃管,竖直插入蓄电池加液孔中,且与极板的保护片相接触;另一端用手堵住,当把玻璃管提起时电解液被吸入管内,管内的电解液高度即为电解液高出极板的数值。电解液液面应高出极板上沿 10～15 mm，电解液不足时应加注蒸馏水。如图 2.19 所示。

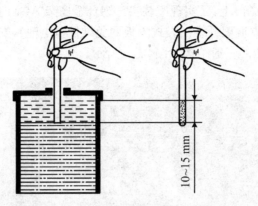

图 2.18 检测蓄电池电解液液面高度

图 2.19 电解液液面高度的最高线(max)和最低线(min)

> **注意**
> 除非液面降低是由于电解液溅出所致，否则一般不允许加入硫酸溶液。

拓展知识

一、AGM 蓄电池

（一）AGM 蓄电池的概念

铅酸蓄电池于 1859 年由 G. Plante 首次报道，从此铅酸蓄电池被广泛应用于汽车、工业后备电源及其他用途。尽管一些新类型电池不断被开发出来，但铅酸蓄电池依然是主导品种，至今已有 140 多年的历史。随着阀控式铅酸电池技术的开发，铅酸蓄电池在过充电过程中，正极产生的氧气在负极活性物质的表面吸收、还原，从而减少了水分的流失，实现了免加水的功能(即免维护保养)。

20 世纪 50～60 年代，密封铅酸蓄电池使用无水硅胶(GEL)作为电解液。70 年代时，发明了由玻璃纤维(AGM)隔板加上硫酸液体作电解液组成密封铅酸蓄电池的技术。

在宝马车(E46/E60等)上,已实现配装铅—钙合金栅架 AGM 免维护蓄电池(Absorbed Glass Mat,即采用可吸收玻璃纤维网袋式隔板的免维护蓄电池),安装在行李箱右侧。

AGM 免维护蓄电池的一般结构如图 2.20 所示。

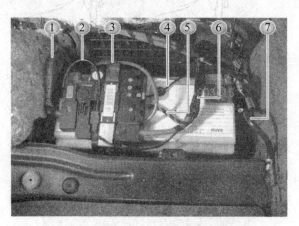

图 2.20　AGM 免维护蓄电池

1. 连接起动机的导线;2. 导线(连接智能蓄电池传感器 IBS);3. 正极导线(给发动机和变速器电控系统供电);4. B+导线(连接智能蓄电池传感器 IBS电子装置);5. B+导线(连接辅助加热器);6. B+导线(连接电气接线盒);7. 蓄电池负极线(接地搭铁)

(二) AGM 蓄电池的要求

AGM 密封铅酸蓄电池使用硫酸水溶液作电解液,其密度为 1.29～1.32 g/cm^3。除了极板内部吸附有一部分电解液外,其大部分存在于玻璃纤维膜之中。为了使极板充分接触电解液,极板采用紧装配的方式。

AGM 密封铅酸蓄电池所用的玻璃纤维隔板具有 90% 的孔隙率,硫酸吸附其内,但必须使 10% 的隔膜孔隙中不进入电解液。电池采用紧装配方式,离子在隔板内扩散和电迁移受到的阻碍很小,从而让 AGM 密封铅酸蓄电池具有了低内阻、大电流、快速放电能力等优点。

另外,为了保证电池有足够的寿命,极板设计得较厚,正极板栅合金采用 Pb-Ca-Sn-Al 四元合金,并普遍采用压铸工艺提高合金的耐腐蚀性,设计寿命在 20 年以上,比普通铅酸蓄电池提高 50%。

(三) AGM 蓄电池的特点

AGM 蓄电池采用的超细玻璃棉材料隔板具有 90% 以上的孔隙率,可以吸收电池反应所需要的足够的电解液,因此可使电池内部没有流动的电解液。玻璃棉隔板在吸收了足够的电解液后,仍保持 10% 左右的孔隙作为 O$_2$ 的复合通道,正极析出的 O$_2$ 到负极复合,以实现氧的循环,即 $H_2O \rightarrow \frac{1}{2} O_2 \rightarrow H_2O$,电池才可以达到密封效果。

电池充电时,正极会析出氧气,负极会析出氢气。

正极析氧在正极充电量达到 70% 时就开始了。析出的氧到达负极,跟负极起下述反应,达到阴极吸收的目的。

$$2Pb + O_2 = 2PbO$$

$$2PbO + 2H_2SO_4 = 2PbSO_4 + 2H_2O$$

目前国内外的阀控式密封铅酸蓄电池（VRLA）以采用 AGM 技术为主，因为 AGM 电池有如下优点：

① 采用无锑 Pb-Ca 合金栅架和高纯度原材料，电池的自放电小，25 ℃下储存三个月，自放电率<2.0%。

② AGM 电池有较好的充电效率。

③ 极板采用紧装配方式，内阻较小（一般为 0.2～0.4 mΩ），适合大电流放电。

④ 由于采用贫液式设计，气体复合效率较高，大于 98%，因此无酸雾逸出。

⑤ 初期容量较高，第三个循环周期即可达到 100% 以上的额定容量。

⑥ 有较好的低温放电性能。

AGM 蓄电池与常规蓄电池的区别：

① AGM 蓄电池是密封的，电池盖上有排气阀，正常使用过程中不需要补水。常规蓄电池是非密封的，打开注液盖可以看到电解液，使用中需经常补水。与相同规格普通蓄电池相比，AGM 蓄电池价格较高。

② 循环充电能力比铅-钙蓄电池高 3 倍，具有更长的使用寿命。

③ 在整个使用寿命周期内具有更高的电容量稳定性。

④ 低温起动更加可靠。

⑤ 降低事故风险，减少环境污染（由于 100% 密封）。

项目小结

① 蓄电池作为汽车电源之一，既能将化学能转化为电能，又能将电能转化为化学能。

铅酸蓄电池是目前汽车上最广泛应用的蓄电池，其主要由极板、隔板、壳体、电解液、连接条、极柱等组成。

② 正、负极板上的化学反应完成了蓄电池的充、放电过程，保证了蓄电池的正常工作。其化学反应总方程式为：$PbO_2 + Pb + 2H_2SO_4 \leftrightarrow 2PbSO_4 + 2H_2O$。

③ 蓄电池的常见内部故障包括极板硫化、活性物质脱落、自放电、极板短路和极板栅架腐蚀等。

④ 蓄电池的检测包括端电压的检测、电解液液面高度的检测以及电解液密度检测等。主要测量工具有高率放电计、密度计、折射计、玻璃管、万用表等。

思考练习

1. 蓄电池由哪几部分组成？为什么负极板比正极板多一片？
2. 试写出铅酸蓄电池充、放电过程总的化学反应方程式，并说明其工作原理。
3. 简述蓄电池的基本技术参数及其含义。
4. 举例说明蓄电池编号的含义。
5. 试述蓄电池常见故障的排除方法。

充电系统的检修

项目描述

汽车在行驶过程中,电气设备主要由发电机供电。汽车行驶过程中,应经常观察电流表或充电指示灯的工作状态,发现异常,应立即停车进行检查和修理,以保证车辆正常行驶状态。充电系统经常出现的故障主要有不充电、充电电流过小、充电电流过大和充电电流不稳定等。本项目通过对发电机和充电系统故障的诊断、拆卸、检修、安装调整过程的实践与学习,使学生在掌握发电机和充电系统的结构与工作原理等方面理论知识的同时,具备对上述故障进行分析与排除的能力。

1. 知识要求

① 熟悉充电系统的组成与结构原理。
② 掌握交流发电机的工作原理。
③ 掌握交流发电机的工作特性。
④ 掌握电压调节器的调压原理。
⑤ 会分析充电系统常见故障原因,诊断故障,并掌握故障排除方法。
重点掌握内容:电压调节器的调压原理;充电系统常见故障分析与故障排除方法。

2. 能力要求

① 能正确拆装交流发电机,并对交流发电机的皮带进行调整,能对交流发电机各零部件及总成进行正确的检测,能对晶体管电压调节器进行检测。
② 能正确检查充电系统的工作线路,并能对常见故障进行检修。

相关知识

随着汽车性能的不断提高,现代汽车上用电设备的数量越来越多。因此,要求发电机具有较大的输出功率,如解放 CA1092 汽车发电机的功率为 350 W,而奥迪、红旗轿车发电机的功率为 1200 W。蓄电池的主要作用是起动发动机以及在发动机工作时充当备用电源。在发动机正常工作时,由发电机向全车用电设备供电,另外发电机还要向蓄电池进行补充充电,以保证蓄电池有足够的电力,同时调节器在发电机上保证其输出的电压稳定在一定范围内,防止因电压起伏过大而烧毁用电设备。充电系统各元件在汽车上的位置如图 3.1 所示。

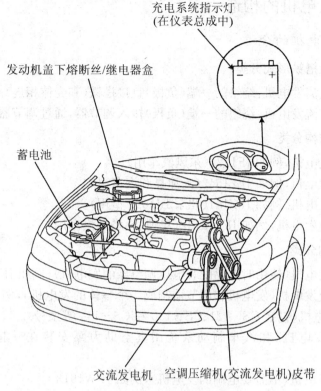

图 3.1 充电系统元件位置

一、充电系统概述

当今汽车的电子装置日益增多,充电系统愈发显得重要。各种电控系统能否正常工作完全取决于汽车行驶时蓄电池的充电情况及所产生电流的大小。

汽车的充电系统一般由以下七个部分组成:蓄电池、发电机、电压调节器(简称调压器)、警告灯、点火开关、必要的导线和电缆。蓄电池和发电机并联于汽车电路之中,发电机是主要电源,蓄电池是辅助电源。

当点火开关在起动位置时,蓄电池提供起动时所需的电力。在发动机起动过程中,车上所用电气系统的供电也是由蓄电池提供的。发动机起动以后,发电机不仅向蓄电池充电,保持正常充电水平,还要给车上所用电气装置供电。

汽车上所用交流发电机大多为三相交流发电机,主要由三相同步交流发电机和硅二极管整流器组成,所以又称为硅整流发电机,简称交流发电机。目前汽车上所用的交流发电机,按调节器是否单独安装可分为两大类:一类是调节器单独安装,称为普通整流发电机,此类发电机多数用于中低档车型,如解放 CA1092 等;另一类是调节器安装在发电机内部,称为整体式硅整流发电机,此类发电机广泛用于中高档车型,如奥迪轿车等。

如果对发电机的输出没有控制,那么它的电压将超出汽车电路的安全界限。汽车上采用电压调节器使发电机的输出保持在 14 V 左右。调节器监测发电机的电压输出,通过控制发电机中电磁场的强度来控制发电机的输出电压。为了使驾驶员了解发电机的情况,许多汽车的仪表盘上装有指示灯或电流表。

二、交流发电机的构造

(一) 交流发电机的分类

1. 按磁场绕组搭铁形式分类

① 内搭铁型交流发电机:绕组的一端(负极)直接搭铁(和壳体相连)。

② 外搭铁型交流发电机:绕组的一端(负极)接入调节器,通过调节器后再搭铁。

2. 按整流器结构分类

① 六管交流发电机,例如 JF1522(东风汽车用)。

② 八管交流发电机,例如 JFZ1542(天津夏利汽车用)。

③ 九管交流发电机,例如 JFZ141(北京 BJ1022 型用)。

④ 十一管交流发电机,例如 JFZ1913Z(奥迪、桑塔纳汽车用)。

3. 按总体结构分类

① 普通交流发电机(使用时需要配装电压调节器的发电机),例如 JF132、EQ1090 等。

② 整体式交流发电机(发电机和调节器制成一个整体的发电机),例如别克轿车发动机上装配的 CS 型发电机(包括 CS-121、CS-130 和 CS-144 等型号)。

③ 带泵交流发电机(和汽车制动系统用真空助力泵安装在一起的发电机),例如 JFZB292 发电机。

④ 无刷交流发电机(不需要电刷的发电机),例如 JFW1913。

⑤ 永磁交流发电机(磁极用永磁铁制成的发电机)。

(二) 交流发电机的结构

目前国内外生产的汽车均采用硅整流发电机,虽然在制造工艺、局部结构及工作性能上有所不同,型式各异,但其结构基本相同,主要都由转子、定子、整流器、前端盖、后端盖、带轮及风扇等组成。如图 3.2 与图 3.3 所示为 JF132 交流发电机的组件图和结构图。

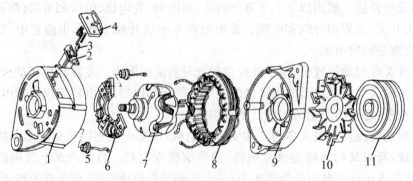

图 3.2 JF132 交流发电机组件图

1. 后端盖;2. 电刷架;3. 电刷;4. 电刷弹簧压盖;5. 硅二极管;6. 散热板;7. 转子;
8. 定子总成;9. 前端盖;10. 风扇;11. 带轮

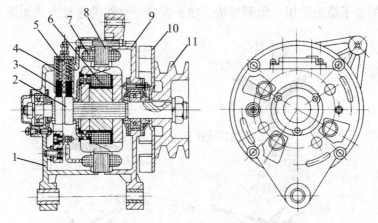

图 3.3　JF132 交流发电机结构图
1. 后端盖；2. 滑环；3. 电刷；4. 电刷弹簧；5. 电刷架；6. 磁场绕组；7. 电枢绕组；
8. 电枢铁心；9. 前端盖；10. 风扇；11. 带轮

1. 转子

转子是交流发电机的磁极部分，用来产生磁场。其组成如图 3.4 所示。

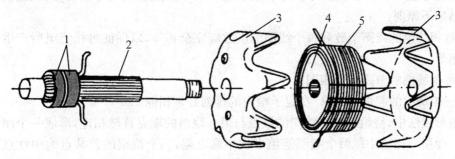

图 3.4　交流发电机转子
1. 滑环；2. 转子轴；3. 爪极；4. 磁轭；5. 磁场绕组

由低碳钢制成的两块六爪磁极压装在转子轴上，爪极的空腔内装有磁轭并绕有磁场绕组，磁场绕组的两端引出线分别焊接在与轴绝缘的集电环(两个铜制滑环)上，两个电刷与滑环接触，将直流电源引入磁场绕组(该电流称为发电机的励磁电流)。磁场绕组通入励磁电流后产生磁场，被磁化的爪极其中一块为 N 极，另一块为 S 极，从而形成相互交错的 N、S 磁极，于是就形成了 4~8 对磁极(国产交流发电机多为 6 对磁极)。

当转子转动时，就形成了旋转的磁场。将转子爪极设计成鸟嘴形的目的是使磁场呈正弦分布，以使电枢绕组产生的感应电动势有较好的正弦波形。

2. 定子

定子是交流发电机的电枢部分，用来产生交流电动势，由定子铁心和对称的三相电枢绕组组成。定子铁心由相互绝缘的内圆带嵌线槽的环状硅钢片叠成，嵌线槽内嵌入三相互相独立且对称的定子线圈。当转子转动时，定子线圈切割旋转磁场的磁力线而产生三相交流电动势。三相绕组的连接方法可以分为星形(Y 形)连接和三角形(△形)连接两种，通常采用星形接法。星形接法在发电机低速旋转时也能发出足够的电量，所以被广泛用在汽车硅整流发电机上。桑塔纳、奥迪等轿车的交流发电机的定子绕组均采用星形接法，北京切诺基等轿车发电机的定子绕组采用三角形接法。定子及定子绕组的连接方式如图3.5所示。

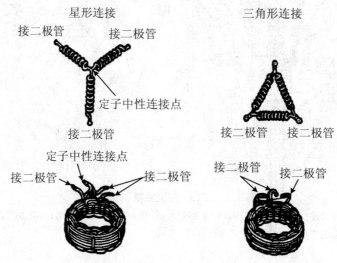

图3.5 定子的组成及连接方式

为保证电枢三相绕组产生大小相等、相位差120°（电角度）的对称电动势，三相绕组的绕制应遵循如下原则：

① 每相绕组的线圈个数和每个线圈的匝数应完全相等，以保证每相绕组所产生的电动势大小相等。

② 每个线圈的节距必须相同。

③ 三相绕组的起端A、B、C在定子槽内的排列必须相隔120°。

三角形接法中，绕组的每个线圈的端点与另一绕组的端点首尾相连，形成一个闭合的串联电路。而星形接法中每两个线圈绕组形成串联电路，三个绕组的公共点为中性点。发电机中最常使用的是星形绕组(70 A发电机)。三角形绕组用于可使用圈套绕组的大功率发电机(100 A旁接线端发电机)。

图3.6为JF132型交流发电机定子绕组的展开图，发电机有6对磁极，定子总槽数为36个，即1对磁极对应6个槽。当转子旋转时，转子磁场不断地和定子三相绕组作相对运动，在定子绕组中产生交流电动势。每转过1对磁极，定子绕组中的感应电动势就变化一个周期，每转过6个槽，定子中的感应电动势变化360°，每个槽对应60°。所以每个线圈两条有效边的位置间隔是3个槽，每相绕组相邻线圈始边之间的距离为6个槽，三相绕组的始边的相互间隔可以是2、8、14个槽等。

3. 整流器

汽车电气系统中使用的是直流电，交流发电机发出的交流电必须转化为直流电才能适用。这一过程称为整流。用很小的半导体二极管可将交流电转化为直流电。二极管只允许电流流向一个方向，它是由外表掺杂的纯硅片制成。二极管正向导通（导电），反向截止（不导电）。这些整流器连接于发电机的内部线路中，使发电机定子线圈流出的电流只流向正方向，而阻止电流流向反方向。

汽车交流发电机的整流器如图3.7所示，是由6只硅整流二极管组成的三相桥式整流电路，其作用是将三相绕组中产生的三相交流电转化为直流电。部分发电机还有3只小功率励磁二极管和 2 只中性点二极管。

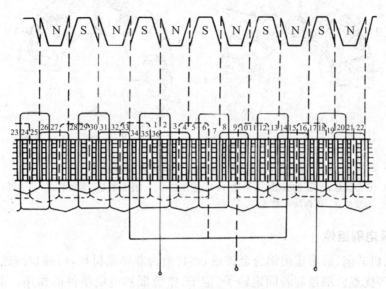

图 3.6 JF132 型交流发电机定子绕组

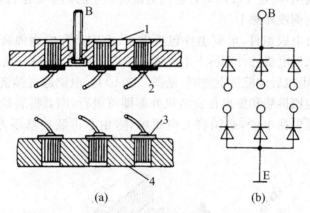

图 3.7 交流发电机整流器
1. 绝缘散热板；2. 正极管；3. 负极管；4. 后端盖（或接地散热板）；
B. 电枢接柱

二极管的引线为二极管的一极，其壳体部分为二极管的另一极。压装在后端盖（或与外壳相通的接地散热板）上的 3 只硅二极管的壳体为二极管正极，引线端为二极管的负极，称之为负极管；压装在外壳绝缘散热板上的 3 只硅二极管的壳体为负极，引线端为二极管的正极，称之为正极管。3 只正极管和 3 只负极管的引线端通过 3 个接线柱一一对应连接，并分别连接三相绕组的 A、B、C 端，就组成了三相桥式全波整流电路。

固定在散热板上的螺栓伸出发电机壳体外部，作为发电机的输出接线柱，该接线柱为发电机的正极，相应的标记为"B"（或"+"、"电枢"等）。

整流板的形状各异，有马蹄形、长方形、半圆形等，JF1522A 交流发电机整流器总成如图 3.8 所示。

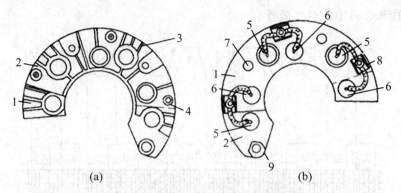

图 3.8 JF1522A 交流发电机整流器总成
1. 负整流板；2. 正整流板；3. 散热片；4. 连接螺栓；5. 正极管；6. 负极管；7. 安装孔；
8. 绝缘垫；9. 电枢接柱安装孔

4. 端盖及电刷组件

交流发电机的前、后端盖由铝合金铸成，铝合金为非导磁材料，可减少漏磁，并具有重量轻、散热性好等优点。端盖起着固定转子、定子、整流器和电刷组件的作用。前端盖铸有安装臂、调整臂与出风口，后端盖铸有安装臂与进风口。空气从进风口流入，经发电机定子铁心表面再从出风口流出，将定子线圈对外输出电流时产生的热量带走，达到散热的目的。整流器则装于后端盖内侧或外侧上。

在后端盖内装有电刷组件，电刷组件包括电刷、电刷架和电刷弹簧。电刷架有两种形式，一种是外装式，从发电机的外部拆下电刷弹簧盖板即可拆下电刷（见图 3.9(a)）；另一种是内装式，需拆开发电机后才能拆下电刷（见图 3.9(b)）。电刷通过弹簧与转子轴上的滑环保持接触。外装式电刷拆装和更换在发电机外部即可进行，因其拆装检修方便而被广泛采用；内装式电刷若需更换电刷，必须将发电机解体，由于拆装检修不方便，因此现在很少采用。

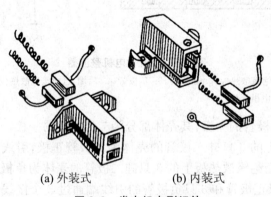

(a) 外装式　　　　(b) 内装式

图 3.9 发电机电刷组件

根据电刷搭铁方式的不同，把发电机分为内搭铁和外搭铁两种。内搭铁发电机的两个电刷中，一个电刷的引线与固定在发电机端盖上，与端盖绝缘的磁场接线柱（标"F"或"磁场"）相连接，另一个电刷的引线与发电机外壳相接，直接搭铁；外搭铁发电机的两个电刷均通过引线与绝缘接线柱（标"F＋"、"F－"或"F1"、"F2"）相连，磁场绕组通过"F－"或"F2"接线柱经调节器搭铁。如图 3.10 所示。

5. 带轮及风扇

交流发电机的前端装有带轮,发动机通过风扇传动带驱动发电机旋转,带动交流发电机转子转动的带轮上有风扇叶片,用于对发电机的强制通风散热,称为叶片外装式,如图3.11(a)所示。为提高发电机的效率、减小发电机的体积,有的发电机风扇叶片设在其转子上,称为叶片内装式,如图3.11(b)所示。

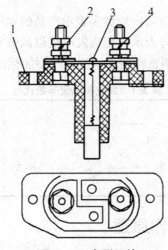

图3.10　电刷组件

1. 电刷架；2. 磁场接线柱；3. 电刷与弹簧；
4. 磁场接线柱

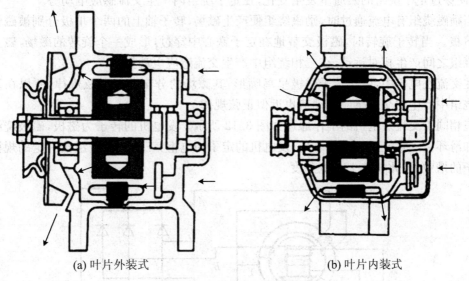

(a) 叶片外装式　　　　　　(b) 叶片内装式

图3.11　交流发电机通风方式

6. 交流发电机的型号

根据我国汽车行业标准QC/T 73—93《汽车电气设备产品型号编制方法》的规定,汽车交流发电机的型号组成如下所示:

| 1 | 2 | 3 | 4 | 5 |

第一部分为产品代号,交流发电机的产品代号用字母表示,如 JF、JFZ、JFB、JFW 分别表示普通交流发电机、整体式交流发电机、带泵式交流发电机和无刷式交流发电机。

第二部分为电压等级代号,用一位阿拉伯数字表示,其中:1——12 V,2——24 V,6——6 V。

第三部分为电流等级代号,用一位阿拉伯数字表示,各代号表示的电流等级如表 3.1 所示。

第四部分为设计序号,用一位阿拉伯数字表示产品的顺序。

第五部分为变形代号,用字母表示。交流发电机以调整臂的位置作为变形代号,从驱动端看,Y 代表右边,Z 代表左边,调整臂在中间位置时不加标记。

表 3.1 发电机电流等级代号

	1	2	3	4	5	6	7	8	9
整体式交流发电机 带泵式交流发电机 无刷式交流发电机 永磁式交流发电机	~19	≥ 20~29	≥ 30~39	≥ 40~49	≥ 50~59	≥ 60~69	≥ 70~79	≥ 80~89	≥90

三、交流发电机的工作原理

(一)交流发电机发电原理

交流发电机产生交流电的基本原理是电磁感应原理。交流发电机利用产生磁场的转子旋转,使穿过定子绕组的磁通量发生变化,在定子绕组内产生交流感应电动势。

当励磁绕组有电流通过时,励磁绕组便产生磁场,转子轴上的两个爪极分别被磁化为 N 极和 S 极。当转子旋转时,磁极交替地在定子铁心中穿过,形成一个旋转的磁场,磁力线和定子绕组之间产生相对运动,在三相绕组中产生交流感应电动势。

在交流发电机中,由于转子磁极呈鸟嘴形,其磁场的分布近似正弦规律,所以在发电机定子绕组中产生的交流感应电动势也近似正弦规律。

三相同步交流发电机的工作原理如图 3.12 所示。发电机的转子为磁极,磁极绕组通过电刷和滑环引入直流电而产生磁场;发电机的定子为电枢,三相电枢绕组按一定的规律分布在定子的槽中,彼此相差 120°电角度。

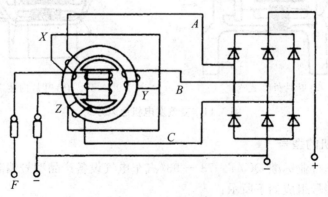

图 3.12 交流发电机工作原理

当转子旋转时,产生一个旋转的磁场,使得相对静止的电枢绕组切割磁力线而产生感应电动势。通过对磁极铁心的特殊设计使磁场近似于正弦规律分布,因此三相电枢绕组产生的感应电动势按正弦规律变化,频率相同、幅值相等、相位互差120°电角度,可用下列方程式表示:

$$e_A = \sqrt{2}E_\varphi \sin \omega t$$
$$e_B = \sqrt{2}E_\varphi \sin \left(\omega t - \frac{2\pi}{3}\right) \quad (3.1)$$
$$e_C = \sqrt{2}E_\varphi \sin \left(\omega t - \frac{4\pi}{3}\right)$$

式中,ω为电角速度,E_φ为每相绕组电动势的有效值(V),分别有如下关系式:

$$\omega = 2\pi f = \pi p n/30 \quad (3.2)$$

$$E_\varphi = \frac{E_m}{\sqrt{2}} = 4.44KfN\Phi = 4.44K\frac{pn}{60}N\Phi = C_e\Phi n \quad (3.3)$$

其中,f——交流电动势的频率(Hz);K——绕组系数(和发电机定子绕组的绕线方法有关);n——发电机转速(r/min);p——磁极对数;N——每项匝数(匝);Φ——每极磁通(Wb);C_e——电机结构常数。

(二)交流发电机整流原理

二极管具有单向导电性。当给二极管加上正向电压时,二极管导通,二极管呈现低阻态;当给二极管加上反向电压时,二极管截止,二极管呈现高阻态。汽车交流发电机定子绕组中感应产生的交流电,通过6只二极管组成的三相桥式整流电路转化为直流电流输出。桥式整流电路及其电压波形如图3.13所示。

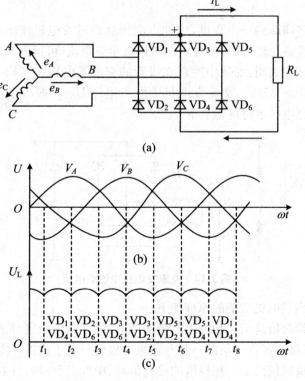

图 3.13 三相桥式整流原理

① 由于3个正极二极管（VD_1、VD_3、VD_5）的正极分别接在汽车发电机三相绕组的首端（A、B、C），而它们的负极同接在元件板上，因此这3个正极二极管导通的条件是：在某一瞬间，哪一相的电压最高（相对其他两相来说正值最大），则该相的正极二极管导通。

② 由于3个负极二极管（VD_2、VD_4、VD_6）的负极分别接在发电机三相绕组的首端（A、B、C），而它们的正极同接在后端盖上，所以这3个负极管的导通条件是：在某一瞬间，哪一相的电压最低（相对其他两相来说负值最大），则该相的负极二极管就导通。

③ 在同一瞬间，同时导通的二极管只有两个，即正极二极管、负极二极管各一个。三相桥式整流电路中二极管的依次循环导通，使得负载 R_L 两端得到一个比较平稳的脉动直流电压。

根据上述原则，其整流过程如下：

在 $t_1 \sim t_2$ 时间内，A相的电压最高，B相的电压最低，故 VD_1、VD_4 处于正向电压下而导通，负载 R_L 两端得到电压 U_{AB}。

在 $t_2 \sim t_3$ 时间内，A相的电压最高，C相的电压最低，故 VD_1、VD_6 处于正向电压下而导通，负载 R_L 两端得到电压 U_{AC}。

在 $t_3 \sim t_4$ 时间内，VD_3、VD_6 导通，R_L 两端的电压为 U_{BC}。

这样依次类推，循环反复，就在 R_L 两端得到一个比较平稳的脉冲直流电压 U，一个周期内有六个波形，如图 3.13(c) 所示。

有的发电机具有中性点接线柱，如图 3.14 所示。中性点接线柱从三相绕组的末端引出，标记为"N"，输出电压为 U_N。由于 U_N 是通过3个搭铁的负极二极管整流后得到的直流电压（即三相半波整流），所以

$$U_N = \frac{1}{2}U \tag{3.4}$$

交流发电机的转速高到一定程度，中性点电压会高过发电机输出电压。部分发电机在中性点接上两只中性点二极管，对中性点电压进行全波整流，可以有效利用中性点电压来增加发电机的功率。试验表明：加装中性点二极管的交流发电机在结构不变的情况下可以提高发电机的功率 10%～15%。交流发电机中性点电压 U_N 一般用来控制各种用途的继电器，如磁场继电器、充电指示灯继电器等。

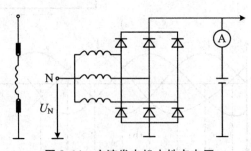

图 3.14 交流发电机中性点电压

中性点电压提高发电机功率的原理如下：

当中性点电压瞬时值高于三相绕组的最高值时，中性点正极管导通对外输出电流，电流回路为：中性点→正极二极管→负载→某一负极二极管→定子绕组→中性点。

当中性点电压瞬时值低于三相绕组的最低值时，中性点负极管导通对外输出电流，电流回路为：中性点→定子绕组→某一正极二极管→负载→中性点负极管→中性点。

中性点电压波形如图3.15所示。

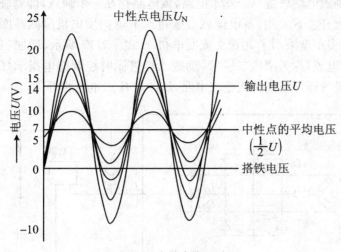

图3.15 中性点电压波形

(三) 交流发电机励磁方式

汽车交流发电机的磁场靠励磁产生，即必须给磁场绕组通电才会有磁场产生。由于二极管死区电压的存在，发动机转速低时交流发电机不能自励发电，所以要采用他励发电，需先由蓄电池供给励磁电流，当发电机电压达到蓄电池电压时，即由发电机自己供给励磁电流，也就是由他励转变成为自励。

在发动机起动期间，需要蓄电池供给发电机磁场电流生磁使发电机发电，这种方式称为他励发电。

随着转速的提高，发电机的电动势逐渐升高并能对外输出，一般在发动机怠速时发电机就能对外供电了，当发电机能对外供电时，就可以把自身发的电供给磁场绕组生磁发电，这种发电方式称为自励发电。

交流发电机的励磁电路如图3.16所示。

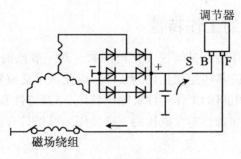

图3.16 交流发电机励磁电路

当点火开关S接通时，蓄电池便通过调节器向发电机的励磁绕组提供励磁电流，励磁电路为：蓄电池正极→点火开关S→调节器"B"接线柱→调节器→调节器"F"接线柱→发电机"F"接线柱→发电机励磁绕组→搭铁。

当发动机起动后，发电机的输出电压略高于蓄电池电压时，发电机自己给励磁绕组提供励磁电流，励磁电路为：发电机正极→点火开关S→调节器"B"接线柱→调节器→调节器"F"

接线柱→发电机"F"接线柱→发电机励磁绕组→搭铁,发电机自励发电。

以上分析的励磁电路只是一个基本电路,该电路存在一个缺点,即驾驶员如果在发动机熄火后忘记将点火开关 S 关闭,蓄电池就会通过调节器向发电机励磁线圈长时间放电。针对这一缺点,有很多车型采用了九管交流发电机。如图 3.17 所示,增加三个功率较小的硅二极管,专供励磁电流,称为励磁二极管,励磁二极管同时控制充电指示灯。三只励磁二极管与三只负极二极管同样组成桥式整流电路,L 点与 B 点电位相等。

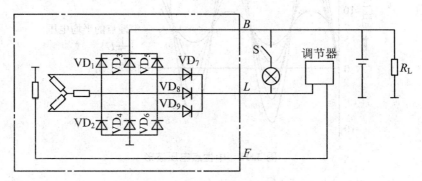

图 3.17 九管交流发电机整流电路

此电路起到警告驾驶员停车后必须关断点火开关的作用。同时电路中还连接一个充电指示灯,用来监视发电机的工作情况,指示发电机是否有故障。其工作情况如下:

在发动机起动期间,发电机电压 U_{D+} 小于蓄电池电压时,整流二极管截止,发电机不能对外输出,由蓄电池供给磁场电流,路径为蓄电池"+"→点火开关→充电指示灯→调节器→磁场绕组→搭铁→蓄电池"−",充电指示灯亮。

当发动机转速升高到怠速及其以上时,发电机应能正常发电并对外输出,发电机电压大于蓄电池电压,发电机自励。$U_B = U_{D+}$,充电指示灯两端压降为零,充电指示灯熄灭。如果充电指示灯没有熄灭,说明发电机存在故障或充电指示灯电路有搭铁。

充电指示灯不仅可以指示发电机的工作情况,而且可在发动机停车后发亮,提醒驾驶员及时关闭点火开关。

四、交流发电机的工作特性

汽车交流发电机的工作特点是转速变化范围大。对一般汽油发动机来说,其转速变化约为 1∶8,对于柴油机来说其转速变化约为 1∶5,因此汽车交流发电机的工作特性应该以转速变化为基础。交流发电机的工作特性有输出特性、空载特性和外特性,其中输出特性最为重要。了解发电机的工作特性对发电机的正确使用与维护具有指导意义。

(一)输出特性

输出特性是指保持发电机的端电压不变(对 12 V 系列的交流发电机规定为 14 V,对 24 V 系列的交流发电机规定为 28 V)时,发电机的输出电流与发电机转速之间的关系,即端电压为常数时,$I = f(n)$ 的曲线。交流发电机的输出特性曲线如图 3.18 所示。

输出特性曲线图中:

① n_1——发电机的空载转速。当发电机达到额定电压并能对外输出电流时的最小转速为 n_1,即空载转速;发电机转速小于 n_1 时,对外输出电流为零。空载转速常用来作为测试发

电机性能的参数之一,也是判定发电机与发动机转速比的主要依据。

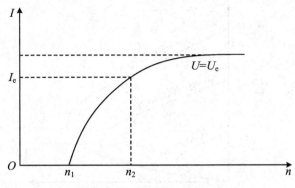

图 3.18 交流发电机输出特性

② n_2——发电机的满载转速,额定电流一般定为最大输出电流的 2/3。

空载转速与满载转速是测试交流发电机性能的重要依据。发电机出厂时,通过试验,规定了空载转速与满载转速,并列入产品说明书。在使用过程中,可通过检测这两个数据,来判断发电机性能的好坏。表 3.2 为国产交流发电机的主要性能指标。

表 3.2 国产交流发电机的主要性能指标

交流发电机型号	额定电压(V)	额定电流(A)	空载转速(r/min)	额定转速(r/min)	使用车型
JFZ1913	14	90	1050	6000	桑塔纳
JFZ1512	14	55	1050	6000	广州标致
JFZ1918	28	27	1150	5000	切诺基
JF1314ZD	14	25	1000	3500	CA1090

从交流发电机的输出特性可知,当发电机转速达一定值后,发电机的输出电流就不再随转速的增加而上升,其原因如下:

① 发电机电枢绕组的感抗作用。发电机的转速很高时,电动势的交变频率很高,电枢绕组的感抗作用大,使发电机的内压降增大从而起到限流的作用。

② 发电机电枢反应的影响。发电机的输出电流增大时,电枢反应增强,使发电机的电动势下降从而起到限流的作用。

交流发电机的这种自动限流特性使得发电机具有自我保护能力。

(二)空载特性

空载特性是指发电机空载时,发电机端电压 U 与发电机转速 n 之间的关系,即负载电流 $I_L=0$ 时,$U=f(n)$ 的曲线。发电机空载特性曲线如图 3.19 所示,从曲线的上升速率和达到蓄电池电压的转速高低可判断发电机的性能是否良好。

(三)外特性

外特性是指发电机转速一定时,发电机的端

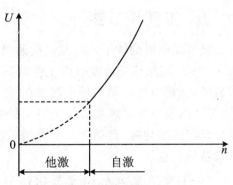

图 3.19 交流发电机空载特性

电压与输出电流之间的关系,即为常数时,$U=f(I)$ 的曲线。如图3.20所示。

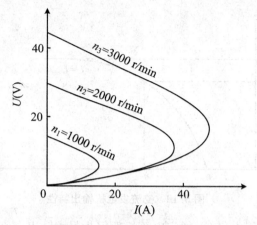

图3.20 交流发电机外特性

交流发电机的端电压与电动势及输出电流的关系为

$$U = E - R_z I \quad (3.5)$$

式中,E——交流发电机等效电动势;R_z——发电机等效内阻,包括发电机电枢绕组的阻抗和整流二极管的正向导通电阻;I——发电机的输出电流。

发电机在某一稳定转速下的 R_z 为一定值,如果 E 是稳定的,则发电机的端电压 U 将随输出电流增大而呈直线下降。但实际上发电机的端电压随输出电流的增大下降得更多,这是因为 E 也随 I 的增大而下降了,原因有两点:

① 发电机的电枢反应增强。电枢反应是指电枢电流产生的磁场对磁极磁场的影响。当发电机有输出电流时,电枢电流产生的磁场会造成磁极磁场的削弱和扭斜,从而引起电枢绕组电动势下降。随着发电机输出电流的增大,电枢反应的影响也随之增大,发电机的电动势下降也越多。

② 励磁电流减小。发电机端电压下降后,发电机的励磁电流减小,磁场减弱,这又使发电机的电动势进一步下降。

从交流发电机的外特性可知,随着发电机输出电流的增加,其端电压下降较快。因此,在发电机高速运转时,如果突然失去负载,将会使发电机的电压突然升高而对汽车上的电子元器件造成损害。

五、电压调节器

交流发电机的转子是由发动机通过带驱动旋转的,且发动机和交流发电机的转速比为1.7~3,汽车用交流发电机工作时其转速很不稳定且变化范围很大,若不对发电机加以调节,其端电压将随发动机转速的变化而变化,这与汽车用电设备要求电压恒定相矛盾。因此,发电机必须要有一个自动的电压调节装置。交流发电机调节器的作用就是当发动机转速变化时,自动对发电机的电压进行调节,使发电机的电压稳定,以满足汽车用电设备的要求。

(一)交流发电机调节器的作用

交流发电机的三相绕组产生的三相电动势的有效值为

$$E_\varphi = \frac{E_m}{2} = 4.44KfN\Phi = 4.44K\frac{pn}{60}N\Phi = C_e\Phi n \tag{3.6}$$

式中，f——交流电动势的频率（Hz）；K——绕组系数（和发电机定子绕组的绕线方法有关）；n——发电机转速（r/min）；p——磁极对数；N——每项匝数（匝）；Φ——每极磁通（Wb）；C_e——电机结构常数。

由于发电机的电动势及端电压与磁极磁通量也成正比关系，因此当发电机转速上升而使发电机的电压上升时，可以通过适当地减小磁极磁通量原理使发电机电压保持稳定。

汽车用发电机电压调节器电压调节原理如图3.21(a)所示。

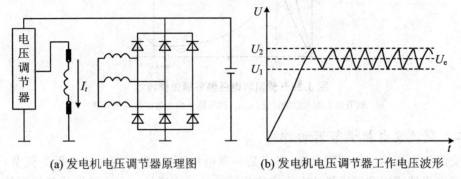

(a) 发电机电压调节器原理图　　(b) 发电机电压调节器工作电压波形

图3.21　电压调节器基本原理

调节器的动作控制参量为发电机电压，即当发电机的电压达设定的上限值U_2时，调节器开始动作，使磁场绕组的励磁电流I_f下降或断流，从而减弱磁极磁通量，致使发电机电压下降；当发电机电压下降至设定的下限值U_1时，调节器又动作，使I_f增大，磁通量加强，发电机电压上升。上述过程使发电机的电压在设定的范围内波动，得到一个稳定的平均电压U_e。发电机在某一转速下，调节器起作用后的发电机电压波形如图3.21(b)所示。

理论与实验表明，发电机转速不同时，磁场加强后发电机电压的上升速率和磁场减弱后发电机电压的下降速率均不同，不同转速下发电机电压上升及下降的变化情况如图3.22所示。

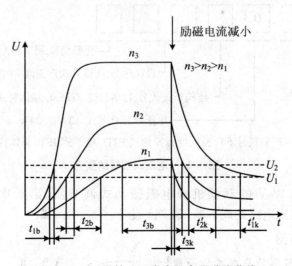

图3.22　不同转速下发电机电压升降曲线

随着发电机的转速上升，发电机电压的上升速率增大而使发电机电压达到U_2的时间缩短(励磁电流大的相对时间减少),同时发电机电压下降速率减小而使发电机电压降至 U_1 的时间延长(励磁电流小或无的相对时间增加),即发电机的转速上升后,通过其平均励磁电流的减小、磁场的减弱而使发电机的平均电压保持不变(见图3.23)。

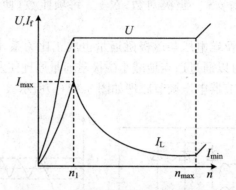

图 3.23　发电机电压调节器工作特性

n_1. 调节器工作的起始转速；n_{max}. 调节器开始失效的发电机转速

(二) 交流发电机调节器的作用

由交流发电机的工作原理可知,对于某一发电机而言,要实现对其电压的调节,只能通过改变发电机的转速和磁通量的大小来达到目的。而磁通量的大小又取决于励磁绕组电流的大小,因此,发电机的电压调节一般是通过控制励磁电流的大小来实现的。

电压调节器的类型较多,按元器件的性质来分,可分为触点式(也称电磁振动式)和电子式两大类。其中,触点式按触点的数目可分为单级和双级触点式两种,按是否与其他继电器联动可分为单联式、双联式甚至是三联式;电子式又分晶体管式、集成电路式和可控硅式三种。按搭铁形式分,可分为内搭铁式(与内搭铁式交流发电机配套使用)和外搭铁式(与外搭铁式交流发电机配套使用)。

电压调节器的型号编制如图3.24所示。

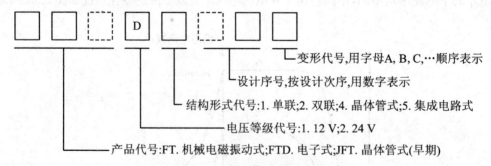

图 3.24　电压调节器的型号

如 FT126C 表示 12 V 的双联机械电磁振动式调节器,第 6 次设计,第 3 次变形;FTD152 表示 12 V 集成电路式调节器,第 2 次设计。

1. 单触点式调节器

(1) 单触点式调节器的基本工作原理

触点式调节器以电磁振动的方式工作,通过电磁铁控制触点的开闭来控制磁场绕组的励磁电流,实现对发电机电压的调节。因此,触点式调节器也称之为电磁振动式调节器。单触点式调节器的原理如图 3.25 所示。

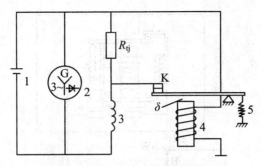

图 3.25　单触点式电压调节器原理

1. 蓄电池；2. 发电机；3. 发电机励磁绕组；4. 调节器电磁线圈；5. 触点弹簧；R_{tj}. 调节器调节电阻；K. 调节器触点；δ. 触点衔铁与铁心间的气隙

调节器触点在其弹簧力的作用下保持闭合，调节器的电磁线圈输入发电机的电压。当发电机转速在调节器起作用的范围内，发电机的电压达到上限电压 U_2 时，调节器电磁线圈产生的磁力克服触点弹簧力使触点 K 断开，R_{tj} 串入励磁回路，励磁电流减小，磁极磁通量减弱，使发电机的电动势及端电压下降；当发电机电压下降至下限电压 U_1 时，调节器电磁线圈的磁力已减弱至不足以保持 K 断开，K 在弹簧力的作用下闭合，R_{tj} 被短路，励磁电流增大，磁极磁通量增大，发电机电压随之上升；当发电机电压上升至 U_2 时，触点又被打开……触点如此不断地振动，使发电机电压在 $U_1 \sim U_2$ 范围内波动，得到一个相对稳定的电压调节值 U_e。

根据力矩平衡原理可以得到调节器调节电压 U_e 的计算式：

$$U_e = C\delta \frac{R_x}{W_x} \sqrt{F} \tag{3.7}$$

式中，C——调节器结构常数；δ——触点衔铁与铁心间的气隙（mm）；R_x——电磁线圈的电阻（Ω）；W_x——电磁线圈的匝数（匝）；F——触点弹簧的拉力（N）。

（2）普通单触点式调节器的问题

① 调节器工作范围与触点火花问题。触点式调节器的调节范围与调节电阻 R_{tj} 直接相关。增大 R_{tj}，调节器调节范围增大。但增大 R_{tj} 后会使触点火花增大而迅速烧蚀。到目前为止，触点式电压调节器解决触点火花与调节范围之间矛盾的办法是采用双触点或单触点加灭弧电路。

② 触点振动频率过低问题。由于触点部分有机械惯性及电磁线圈有磁滞性，使触点的振动频率过低，导致电压脉动频率过低而影响用电设备的正常使用。解决触点振动频率过低问题可从两方面入手：

a. 减小机械惯性，即采用薄而轻的衔铁，并将其一端做成三角形或半圆形，以使重心靠近支点而减小转动惯量。

b. 减小电磁线圈的磁滞性，在电路中增设一加速电阻 R_{js} 以加速退磁（见图 3.26）。（试推理加速电阻的作用原理。）

③ 温度变化对调节电压的影响问题。当温度升高时，电磁线圈的电阻会随之增大，在相同的电压下其磁化电流减小，磁力减弱，因此需要比温度低时高的电压才能吸动触点，即

调节电压 U_e 将会随温度的上升而升高。

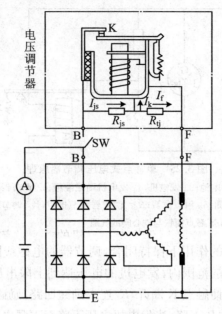

图 3.26 加速电阻作用原理

2. 双触点式电压调节器

（1）双触点式电压调节器的基本原理

双触点式电压调节器的基本原理及工作特性如图 3.27 所示。

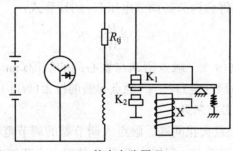

(a) 基本电路原理

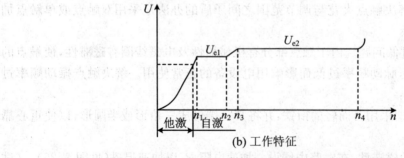

(b) 工作特征

图 3.27 双触点式电压调节器基本原理与工作特性

K_1. 低速触点；K_2. 高速触点；n_1. K_1 打开的发电机起始转速；
n_2. K_1 开始失效的发电机转速；n_3. K_2 闭合的发电机起始转速；
n_4. K_2 开始失效的发电机转速

在发电机低速时起作用的 K_1 为常闭触点,与调节电阻 R_{t1} 并联;在发电机高速时起作用的 K_2 为常开触点,K_2 与发电机磁场绕组并联,当 K_2 闭合时,磁场绕组将无励磁电流通过。电磁铁 X 输入发电机的端电压,控制 K_1、K_2 的开闭,其工作过程如下:

① 发电机的转速低于 n_1 时,电压调节器还未起调节作用,K_1 保持闭合,发电机电压将随其转速的上升而升高。在发电机电动势达到蓄电池电压前,磁场绕组由蓄电池提供励磁电流。在发电机的端电压高于蓄电池电压后,发电机自励发电。

② 发电机的转速在 $n_1 \sim n_2$ 范围内时,K_1 工作。随着发电机转速的上升,K_1 打开的相对时间增加,磁场绕组的平均励磁电流下降,使发电机的电压稳定在 U_{e1}。

③ 发电机的转速在 $n_2 \sim n_3$ 范围内时,K_1 失效(K_1 打开后已不能使发电机电压下降),K_2 未起作用(调节器电磁铁 X 的磁力还不足以使 K_2 闭合),因此发电机的电压将随其转速的上升而增高(电压失控)。

④ 发电机的转速在 $n_3 \sim n_4$ 范围内时,K_2 工作。随着发电机转速的上升,K_2 闭合的相对时间增加,磁场绕组的平均励磁电流下降,使发电机的电压稳定在 U_{e2}。

⑤ 假如发电机的转速能高于 n_4,K_2 也将失效(K_2 打开后已不能使发电机电压下降),即调节器失去调节作用,但实际上发电机最高转速要远低于 n_4。

(2) FT61 型双级触点式调节器

FT61 型双级触点式调节器的原理电路如图 3.28 所示。

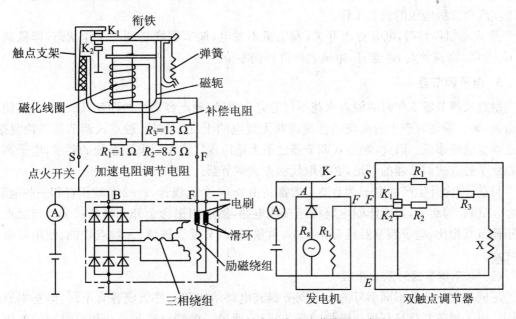

图 3.28　FT61 型双级触点式电压调节器原理电路

① 打开点火开关,当发电机转速较低,其端电压低于蓄电池端电压时,由于通过磁化线圈的电流不够大,磁化线圈所产生的吸力不足以克服弹簧的拉力将衔铁吸下,所以调节器低速触点 K_1 闭合,由蓄电池向发电机提供励磁电流(他励)。励磁电路为:蓄电池正极→电流表→点火开关→调节器火线接线 S→低速触点 K_1→衔铁→调节器磁场接线柱 F→发电机励磁绕组→搭铁→蓄电池负极。这种情况下,用电设备均由蓄电池供电,电流表指向"-"的一侧,调节器不起调节作用。

② 当发电机转速升高,其端电压略高于蓄电池的端电压,但低于 14 V 时,调节器低速触点仍闭合,发电机由他励转入自励而正常发电。励磁电路为:发电机正极→点火开关→调节器火线接线 S→低速触点 K_1→衔铁→调节器磁场接线柱 F→发电机励磁绕组→搭铁→发电机负极。与此同时,所有用电设备均由发电机供电(包括对蓄电池做补充充电)。电流表指向"+"的一侧,调节器的工作电路为:发电机正极→点火开关→调节器火线接线柱 S→R_1→R_3→搭铁→发电机负极。

③ 当发电机转速继续升高,发电机的电压达到第一级调压值时,磁化线圈所产生的电磁力克服弹簧力,使低速触点 K_1 打开,但尚不能使高速触点 K_2 闭合。其励磁电路为:发电机正极→点火开关→调节器火线接线柱 S→R_1→R_2→调节器磁场接线柱 F→发电机励磁绕组→搭铁→发电机负极。由于在励磁电路中串入了 R_1 和 R_2,励磁电流减小,端电压下降,低速触点又闭合;低速触点 K_1 重新闭合后,切去电阻 R_1 和 R_2,励磁电流再次增大,端电压再次升高。

④ 当发电机转速较高,发电机的电压超过第一级调压值,达到第二级调压值时,磁化线圈中产生的电磁力远大于弹簧力,使高速触点 K_2 闭合,此时的励磁电路为:发电机正极→点火开关→调节器火线接线柱 S→R_1→R_2→磁轭→衔铁→搭铁→发电机负极。即励磁电路短接搭铁,于是励磁电流为零,发电机端电压急速下降,高速触点 K_2 重新断开,励磁电路又被接通,励磁电流增大,电压上升,高速触点又闭合。如此循环下去,在高速触点不断地开断振动下实现第二级电压的调节工作。

⑤ 发动机停转时,断开点火开关,发电机不发电,调节器恢复到不工作状态,即低速触点 K_1 常闭,高速触点 K_2 常开,电流表指针回到零位。

3. 电子调节器

触点式调节器工作时的触点火花不可能完全消除,触点容易烧蚀而使其故障率高、使用寿命短;触点振动时产生的火花还会造成对无线电的干扰。此外,触点式调节器结构复杂,触点的振动频率低。因此,触点式调节器已不太适应现代汽车对电源系统的要求,电子调节器避免了触点式调节器的不足,必将取代触点式调节器。

目前,国内外生产的电子调节器一般都是由 2~4 个三极管,1~2 个稳压管和一些电阻、电容、二极管等组成,再由印刷电路板连接成电路,然后用铝合金外壳将其封装。与触点式电压调节器相比,电子调节器具有体积小、重量轻、调节反应敏捷、无触点烧蚀、使用寿命长等优点。

(1) 电子调节器的基本原理

不同厂家生产的不同型号的电子调节器其电路结构和元件组成各有不同,但基本原理相同。电子调节器都是利用三极管的开关特性,通过三极管导通和截止相对时间的变化来调节发电机的励磁电流,其电压调节的基本电路如图 3.29 所示。

发电机电压通过 R_1 和 R_2 组成的分压器,将一定比例的电压加于稳压管 VD;VD 根据发电机电压的变化而导通或截止;V_1 为小功率三极管,起放大作用,V_1 的导通或截止由 VD 控制;大功率三极管 V_2 用于控制励磁电流,V_2 导通时,发电机磁场绕组励磁回路通路,V_2 截止时,励磁回路断路。电路参数的设置使 V_1、V_2 均工作在开关状态。

工作时,在发电机电压达到调节电压以前,R_1 上的分压低于稳压管 VD 的导通电压,VD 不导通,使 V_1 也不导通;V_1 截止时 V_2 的基极电位很低,使 V_2 有足够高的正向偏压而饱和导通,发电机励磁回路通路。当发电机的电压上升至设定的调节电压时,R_1 上的分压达到了稳压管 VD 的导通电压,VD 导通,V_1 也导通;V_1 饱和导通后,V_2 的基极与发射极之间被短路,V_2 无正向偏压而截止,发电机励磁回路断路;发电机无励磁电流时,其电动势及端电压迅速下降,当降到 R_1 上的分压不足以维持 VD 导通时,VD 截止,V_1 也截止,V_1 截止后又使 V_2 导通,发电机励磁回路又通路……如此反复,使发电机的电压维持在设定的调节电压值。

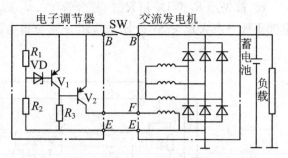

图 3.29 电子式电压调节器基本电路(内搭铁式)

当发电机的转速上升时,发电机电压上升的速率增大,下降速率减小,使调节器控制 V_2 的截止时间相对增加,发电机的平均励磁电流减小,从而使发电机的电压保持稳定。

(2)晶体管电压调节器

所谓晶体管电压调节器,是指将分立电子元件焊接于印制电路板上而制成的电子调节器,印制电路板被固定在冲压的铁盒或铝盒内,有的在盒内还加注硅橡胶等,以利于元件的固定和晶体管的散热。晶体管调节器示例如下:

① JFT126、JFT246 型晶体管调节器的电路板固定在钢板冲压的盒内,内部充满了 107 硅橡胶,其电路如图 3.30 所示。

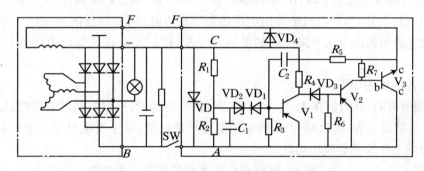

图 3.30 JFT126、JFT246 型晶体管调节器电路

V_3 为低频大功率硅管,与 V_2 组成复合管,其电路原理参见前面的有关叙述。请读者自我推理电路原理。

JFT126、JFT246 型及它们的一些变型晶体管调节器的电路结构相同,只是部分元件的参数有所不同,以适用于不同功率、不同型号的内搭铁式交流发电机。

② JFT106 型晶体管调节器电路板封装于铝合金壳体内,适用于外搭铁型交流发电机,其电路如图 3.31 所示。

JFT106 型调节器属于外搭铁式晶体管调节器,调节电压为 13.8～14.6 V,可与 14 V、750 W 的外搭铁式九管交流发电机配套,也可与 14 V、功率小于 1000 W 的外搭铁式六管交流发电机配套。该调节器有"+"、"F"和"-"三个接线柱,其中"+"、"F"接线柱与发电机的励磁绕组相连,"-"接线柱搭铁。

JFT106 型晶体管调节器的工作原理如下:

a. 接通点火开关 SW，蓄电池经点火开关给晶体管调节器提供电流。

b. 首先经 R_5、VD_3 和 R_7 向复合管 V_2、V_3 提供电流，使其导通。励磁电路为（他励）：蓄电池正极→点火开关 SW→励磁绕组→V_3→蓄电池负极。

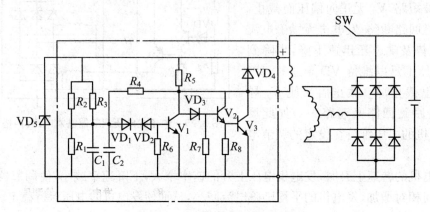

图 3.31　JFT106 型晶体管调节器

c. 发电机起动后，励磁电路由他励变为自励。励磁电路为：发电机正极→点火开关 SW→励磁绕组→V_3→发电机负极。

d. 当发电机的输出电压达到调整值时，R_1 的端电压将反向击穿稳压管 VD_2，使 V_1 导通，V_2 和 V_3 截止，励磁电流迅速下降，发电机的输出电压便随之下降。

e. 发电机的输出电压下降，R_1 的端电压将下降，VD_2 截止，V_1 截止，V_2 和 V_3 导通，发电机的输出电压上升，当发电机的输出电压达到调整值时，VD_2 被反向击穿，V_1 导通，V_2 和 V_3 截止，发电机的输出电压下降……如此循环反复，控制发电机的输出电压保持在规定调整值上。

其他元件的作用如下：

R_3 为调整电阻，其阻值在 1.3～13 kΩ。R_3 的合理选择，可以提高调节器的稳定性。

C_1、C_2 为滤波电容，可以使 VD_2 两端的电压平滑过渡，减小发电机输出电压脉动影响，降低晶体管的工作频率和减小损耗。

VD_1、VD_3 为温度补偿二极管，可以减少温度对晶体管工作特性的影响。

VD_4 为续流二极管，可以将 V_3 由导通进入截止时，在励磁绕组中产生的瞬时过电压短路，以保护 V_3。

R_6 用于限制 VD_2 的击穿电流，以保护 VD_2，同时又是 V_1 的偏压电阻。

R_4 为正反馈电阻，用以提高晶体管的转换速度，减少损耗。

（3）集成电路电压调节器

所谓集成电路电压调节器，是指将若干电子元件集成在基片上，具有发电机电压调节全部或部分功能的芯片所构成的电子调节器。相比于分立元件的晶体管调节器，集成电路调节器具有结构紧凑、体积小、电压调节精度高、故障率低等优点。集成电路电压调节器多装于发电机的内部，这种发电机也被称之为整体式发电机。

集成电路电压调节器的工作原理与晶体管调节器的工作原理完全一样，都通过稳压管感应发电机的输出电压信号，利用三极管的开关特性控制发电机的励磁电流，使发电机的输出电压保持恒定。集成电路电压调节器根据电压信号输入方式的不同，可分为发电机电压检测方式和蓄电池电压检测方式两类。

① 发电机电压检测方式。集成电路调节器对发电机电压的采样点就是发电机的输出端。发电机电压检测的原理电路如图 3.32 所示。加在分压器 R_1、R_2 上的电压是发电机励磁输出端 L 的电压 U_L，而发电机输出电压为 U_B。$U_L=U_B$，因此调节器检测点 P 的电压加到稳压管 DW 上，其电压 U_P 与发电机的端电压 U_B 成正比，所以该电路被称为发电机电压检测电路。

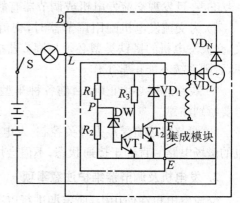

发电机电压检测电路的特点：发电机到检测电路距离近，可不用导线连接，直接接在发电机输出端，连接可靠，不致使检测电路检测不到信号。这种检测方式的缺点是当发电机与蓄电池之间的连接线路因接触不良而有较大电压降时，就会造成加在蓄电池端的电压偏低而充电不足。

图 3.32 发电机电压检测原理电路

② 蓄电池电压检测方式。蓄电池电压检测的原理电路如图 3.33 所示。加在分压器 R_1、R_2 上的电压为蓄电池端电压，由于通过检测点 P 加到稳压管 DW 上的反向电压与蓄电池端电压成正比，所以该电路被称为蓄电池电压检测电路。

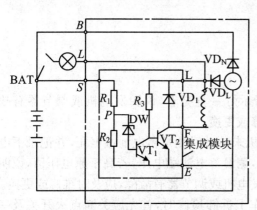

两种基本电路相比，如果采用发电机电压检测电路，发电机的引出线可以少一根。不足之处在于，发电机电压检测原理电路中 B 点到蓄电池正极之间的电压降较大时，蓄电池的充电电压会偏低，使蓄电池充电不足。因此，一般大功率发电机采用蓄电池电压检测电路调节器。

在采用蓄电池电压检测电路时，当 B 点与蓄电池正极之间或 S 点与蓄电池之间断路时，由于不能检测出发电机的端电压，发电机电压将会失控。为了克服这一缺点，在线路上应采取一定的措施。图 3.33 为实际采用的蓄电池

图 3.33 蓄电池电压检测原理电路

电压检测电路，在这个线路中，在调节器的分压器与发电机 B 点之间增加了一个电阻 R_4 和一个二极管 VD_2，这样，当 B 点与蓄电池正极之间出现断路时，由于 R_4 的存在，仍能检测出发电机的端电压 U_B，使调节器正常工作，可以防止出现发电机电压过高的现象。

六、交流发电机和电压调节器的使用与维护

1. 交流发电机和电压调节器使用注意事项

交流发电机与调节器的结构简单，维护方便，若正确使用，不仅故障少而且寿命长；若使用不当，则会很快损坏。在使用和维护中应注意以下几点：

① 蓄电池的极性必须是负极搭铁，不能接反，否则会烧坏发电机或调节器的电子元件。
② 发电机运转时，不能用试火的方法检查发电机是否发电，否则会烧坏二极管。
③ 整流器和定子绕组连接时，禁止用兆欧表或 220 V 交流电源检查发电机的绝缘情况。

④ 发电机与蓄电池之间的连接要牢靠,若突然断开,会产生过电压损坏发电机或调节器的电子元件。

⑤ 一旦发现交流发电机或调节器有故障应立即检修,及时排除故障,不应再连续运转。

⑥ 为交流发电机配用调节器时,交流发电机的电压等级必须与调节器的电压等级一致,交流发电机的搭铁类型必须与调节器搭铁类型相同,调节器的功率不得小于发电机的功率,否则系统不能正常工作。

⑦ 线路连接必须正确,目前各种车型调节器的安装位置及接线方式各不相同,故接线时要特别注意。

⑧ 调节器必须受点火开关控制,发电机停止转动时,应将点火开关断开,否则会使发电机的磁场电路一直处于接通状态,不但会烧坏磁场线圈,还会引起蓄电池亏电。

2. 发电机及调节器维护注意事项

交流发电机在使用中,应定期进行以下检查:

(1) 检查发电机驱动带:

① 检查驱动带的外观。用肉眼观看有无裂纹或磨损现象,若有相应现象应更换。

② 检查驱动带的挠度。用100 N的力压在带的两个传动轮之间,新带挠度一般为5~10 mm,旧带一般为7~14 mm。

(2) 检查导线的连接:

① 接线是否正确、是否牢靠。

② 发电机输出端接线螺丝必须加弹簧垫。

(3) 检查运转时有无噪声。

(4) 检查是否发电:

① 观察充电指示灯的熄灭情况。若充电指示灯一直亮着,说明发电机或调节器有故障,也可能是充电指示灯线路有故障,应及时维修或更换。

② 用万用表直流电压挡测量电压。在发电机未转动时测量蓄电池端电压,并记录下电压值,起动发动机并将转速提高到怠速以上转速,测量蓄电池端电压,若高于原电压值,说明发电机正常发电,若测量电压一直不上升,说明发电机或调节器有故障,应及时维修或更换。

(5) 当发现发电机或调节器有故障需要从车上拆卸检修时,首先应关断点火开关及一切用电设备,拆下蓄电池负极电缆线,再拆卸发电机上的导线接头。

(6) 就车维修检测时,最好使用专用工具。

(7) 在判断不发电故障部位是在发电机还是调节器时,将调节器短路,必须注意这时发电机的电压将失控,电压可能达到16~30 V,所以实验要控制在很短时间内,或利用汽车电气设备作为蓄电池的负载;当线路故障没有排除时,不要更换新的调节器,因为这样做可能会损坏新的调节器。

七、充电系统的故障诊断

充电系统的故障可根据车上电流表或充电指示灯的工作情况反映出来。充电系统有故障时,应及时进行检修排除故障,以免造成更大的损失。

充电系统常见故障有不充电、充电电流过小、充电电流过大、充电不稳等。故障原因可能是发电机皮带打滑,发电机故障,调节器故障,磁场继电器故障,充电系统各连接线路有断路或短路处,以及蓄电池、电流表、充电指示灯、点火开关等有故障。诊断充电系统故障时,应综合考虑整个系统各部分之间的关系,仔细阅读说明书和线路图,按照规定的检查步骤逐步找出故障点。

1. 不充电

发动机以中速以上转速运转时,电流表指示仍在放电或充电指示灯亮,说明为不充电故障。故障原因及排除方法如表3.3所示。

表3.3 不充电故障部位、原因及排除方法

故障部位		故障原因	排除方法
风扇皮带		过松或断裂	更换
电流表或指示灯		损坏	更换
发电机	定子绕组	断路或搭铁	建议更换发电机总成
	励磁绕组	断路或搭铁	建议更换发电机总成
	滑环或碳刷	滑环严重烧蚀、脏污或有裂纹,碳刷过度磨损、卡滞	可通过焊接、机加工修复,或更换碳刷
	整流器	二极管烧坏脱焊	脱焊的故障可以通过补焊修复,或更换整流器总成
调节器		机械式调节器低速触点严重烧蚀或高速触点烧结,晶体管调节器损坏	更换调节器总成
外部线路		断路或接柱松脱	接通电路,拧紧接柱

2. 充电电流过小

将发动机转速由低速逐渐升高至中速时,故障现象表现为:打开大灯,其灯光暗淡;或按喇叭时音量过小;电流表指示放电。故障原因及排除方法如表3.4所示。

表3.4 充电电流过小故障部位、原因及排除方法

故障部位		故障原因	排除方法
风扇皮带		张紧不够	按要求张紧
发电机	定子绕组	匝间短路	建议更换发电机总成
	励磁绕组	匝间短路	建议更换发电机总成
	滑环或碳刷	滑环轻度烧蚀、脏污、碳刷磨损不均、接触不良	可用细砂纸打磨滑环,更换碳刷及碳刷弹簧
	整流器	个别二极管损坏	对于压装的二极管可以个别更换,否则更换整流器总成
调节器		机械式调节器触点接触不良,或调节器调节电压过低	更换调节器总成
外部线路		接柱松动或接触不良	拧紧接柱

3. 充电量过大

发动机转速在中速以上,故障现象表现为:电流表指示大电流充电(30 A以上);蓄电池电解液消耗过快且有气味;点火线圈过热;分电器触点易烧蚀;灯泡及保险丝易烧坏。

故障部位及原因：
① 调节器调节电压过高或失控,机械式调节器低速触点烧蚀。
② 发电机"+"接柱和磁场接柱短路。
③ 蓄电池亏电,蓄电池内部短路。

4. 充电不稳

发动机正常运转时,故障现象表现为:汽车上的电流表指示充电,但指针左右摆动,忽大忽小。

故障部位及原因：
① 发电机皮带过松、跳动或皮带轮失圆。
② 发电机内部接线松动、接触不良。
③ 发电机电刷磨损过度,电刷弹簧弹力减退或折断,滑环脏污或失圆。
④ 调节器触点接触不良,磁场线接触不良。

5. 充电系统故障诊断流程

汽车发动机运转时,充电系统的工作情况可根据充电指示灯进行判断。在汽车运行过程中,当充电指示灯指示出现异常时,说明充电系统发生故障,应该及时诊断并排除。这里以尼桑颐达汽车的充电系统故障分析方法为例介绍充电系统故障诊断流程,如图 3.34 所示。

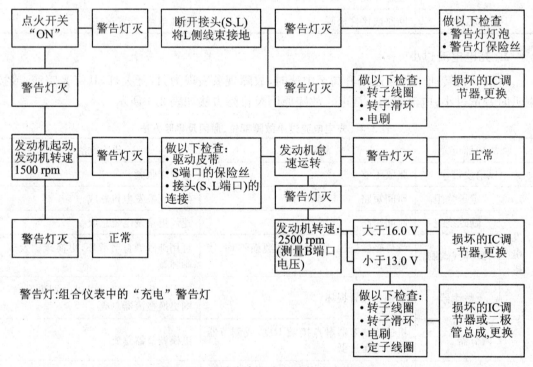

图 3.34 颐达汽车充电系统故障诊断流程

注：① 如果充电系统有故障而检测结果正常,检查 B 端口连接(检查拧紧力矩和电压降)；② 检查转子线圈、转子滑环、电刷和定子线圈的状况,如需要,更换故障零部件。

项目实施

一、项目要求

① 通过本项目的实施,应能够对充电系统的发电机及调节器进行拆装与调整,并掌握充电系统故障诊断与检测的步骤与方法。

② 本项目应具备硅整流交流发电机、发动机热试台架、电气试验台、蓄电池等设备;具备起子、扳手、台钳、油盆、毛刷等拆装和清洁工具;具备万用表、弹簧秤、百分表、V形铁等检测仪器;具备汽车充电系统电路图等资料。

二、实施步骤

(一)交流发电机的不解体检测

当充电系统出现故障时,如果经过检查明确是交流发电机的故障,就应将发电机从汽车上拆卸下来,为了判定交流发电机有无故障以及故障发生在哪个部位,需做进一步检查与修理。

1. 测量各接线柱之间的电阻

在不解体发电机时,用万用表测量各接线柱之间的电阻值,可初步判断发电机是否有故障。其方法是用万用表 R×1 挡测量发电机 F 与 E 之间的电阻值,发电机 B 与 E 之间的电阻值,并记录下所测各值,与相应的如表 3.5 所示标准值进行比较。

表 3.5 各接线柱间标准电阻

交流发电机型号		F 与 E 之间 (Ω)	B 与 E 之间		N 与 E 之间	
			正向(Ω)	反向(Ω)	正向(Ω)	反向(Ω)
有刷	JF11、JF13、JF15、JF21	5~6	40~50	>10000	1-	>10000
	JF12、JF22、JF23、JF25	19.5~21				
无刷	JFW14	3.5~3.8				
	JFW28	15~16				

① F 与 E 之间的电阻:若超过规定值,可能是电刷与滑环接触不良;若小于规定值,可能是励磁绕组之间有匝间短路或搭铁故障;若电阻为零,可能是两个滑环之间有短路或 F 接线柱有搭铁故障。

② B 与 E 之间的电阻:若示值在 40~50 Ω 之间,可认为无故障;若示值在 10 Ω 左右,说明有失效的整流二极管,需拆检;若示值为零,则说明有不同极性的二极管击穿,需拆检。若交流发电机有中性抽头(N)接线柱,用万用表 R×1 挡测量 N 与 E 以及 N 与 B 之间的正反向电阻,可进一步判断故障在正极管还是在负极管。

2. 利用台架试验法检测

台架试验是检测交流发电机性能和质量的有效手段。交流发电机性能优劣以及修理质量高低,均应通过交流发电机试验台检测确定。将发电机按如图 3.35 所示的接线方法装夹到专用试验台上,进行发电机空载试验和负荷试验,测出发电机在空载和满载情况下发出额定电压时对应的最小转速,从而判断发电机的工作是否正常。

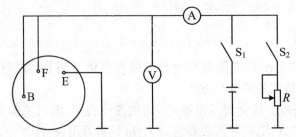

图 3.35　交流发电机试验台接线方法

(1) 空载转速的测试

空载电压的测试在试验台上进行,先将开关 S_1 闭合,由蓄电池给发电机提供他励电流,接着起动电动机,逐步提高电动机的转速。当转速上升到 500~800 r/min 时,发电机开始自励;继续提高转速,同时观察电压表的读数;当转速上升到规定值时,如果电压值低于额定值,则表明发电机有故障。

(2) 满载转速的测试

断开开关 S_1,发电机转为自励,合上开关 S_2,调节可调电阻 R,当发电机转速为 1000 r/min 时,发电机电压应大于 12 V 或 24 V;当发电机转速为 2500 r/min 时,电压应达到 14 V 或 28 V,电流应该达到或接近该发电机的额定电流。

3. 用示波器观察输出电压波形

当交流发电机有故障时,其输出电压的波形将出现异常,因此根据输出电压波形可以判断交流发电机内部二极管及定子绕组是否有故障。交流发电机出现各种故障时输出电压的波形如图 3.36 所示。

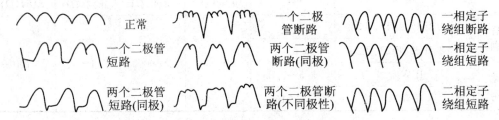

图 3.36　交流发电机各种故障的输出电压波形

(二) 拆解与清洗

1. 发电机的整车拆卸

以尼桑颐达汽车交流发电机为例,其拆卸安装如图 3.37 所示。
具体步骤如下:
① 断开蓄电池负极电缆。
② 拆卸驱动皮带。
③ 断开发电机接头。
④ 拆下发电机固定螺栓。

⑤ 将发电机总成拆下。

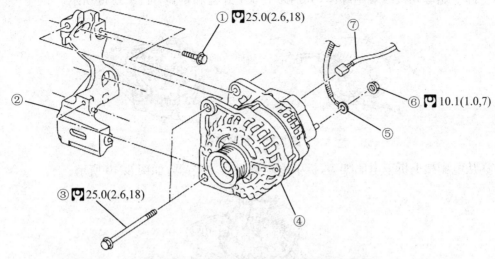

图 3.37　尼桑颐达交流发电机拆卸安装图

1. 发电机支架安装螺栓；2. 发电机支架；3. 发电机安装螺栓；4. 交流发电机；5. B 端口线束；
6. B 端口螺母；7. 发电机接头

2. 发电机的解体

交流发电机零件分解图如图 3.38 所示。

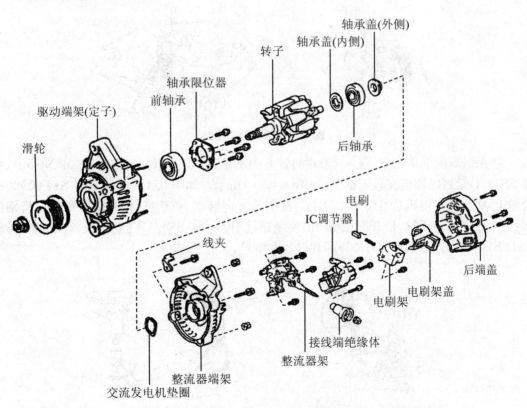

图 3.38　交流发电机零件分解图

具体分解步骤如下:

① 卸下螺母和接线端绝缘体,分别卸下3个螺栓和端盖,如图3.39所示。

图 3.39 拆卸端盖

② 从电刷架上拆下电刷架盖,拆下电刷架和IC调节器,如图3.40所示。

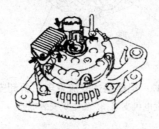

图 3.40 拆卸电刷架和IC调节器

③ 卸下4个螺钉,用针鼻钳将导线整直,卸下整流器架,如图3.41所示。

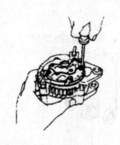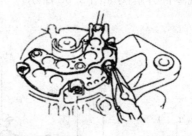

图 3.41 拆卸整流器架

④ 用扭矩扳手拿住SST(A),按顺时针方向将SST(B)拧紧到规定力矩(39 N·m),检查SST(A)是否已固定在转子轴上,如图3.42(a)所示。如图3.42(b)所示将SST(C)装在台钳上,将交流发电机装在SST(C)上。按图示方向转动SST(A)松开滑轮螺母。特别提醒:为防止损坏转子轴,松开滑轮螺母时不要超过半圈。从SST(C)上拆下交流发电机,转动SST(B),取下SST(A和B),卸下滑轮螺母和滑轮。

(a) 检查SST(A)是否固定　　　(b) 拆卸滑轮螺母

图 3.42 拆卸滑轮

⑤ 拆下整流器端架。卸下 2 个螺母、2 个螺栓和线夹,如图 3.43 所示。用 SST 拆下整流器端架,如图 3.44 所示。从转子上取下交流发电机垫圈,如图 3.45 所示。

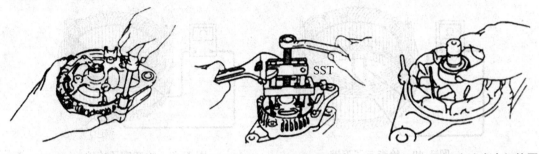

图 3.43 拆卸线夹　　　　　图 3.44 拆卸整流器端架　　　　图 3.45 取下交流发电机垫圈

(三) 交流发电机各部件的检修

1. 转子检修

① 检查转子是否开路。用欧姆表检查交流发电机滑环之间的导通性,如图 3.46 所示。标准电阻应为 2.7～3.1 Ω(20 ℃)。如果不导通,则应更换转子。

② 检查转子是否接地。用欧姆表检查交流发电机的滑环和转子之间是否导通,应不导通,如图 3.47 所示。如果导通,则应更换转子。

③ 检查滑环是否粗糙或有擦伤,如果粗糙或有擦伤,则应更换转子。

④ 检查转子直径。用游标卡尺测量交流发电机的滑环直径,如图 3.48 所示。标准直径应为 14.2～14.4 mm,最小直径为 12.8 mm。如果直径小于最小值,则应更换转子。

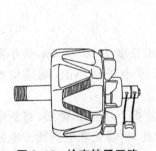 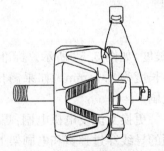 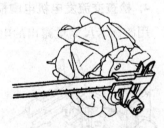

图 3.46 检查转子开路　　　图 3.47 检查转子是否接地　　　图 3.48 测量滑环直径

2. 检查交流发电机定子(驱动端架)

① 检查定子是否开路。用欧姆表检查交流发电机的线圈两端之间是否导通,应不导通,如图 3.49 所示。如果导通,则应更换驱动端架组件。

② 检查定子是否接地。用欧姆表检查线圈导线和驱动端架之间是否导通,应不导通,如图 3.50 所示。如果导通,则应更换驱动端架组件。

3. 检查整流器(整流器架)

① 检查正向整流。将欧姆表一个探针接到整流器正极端,另一个探针依次连接到每个整流器端口。交换探针极性,重复上述步骤。如图 3.51 所示。正常情况下其一应为导通,另一应为不导通。如果导通性不符合规定,则应更换整流器架。

② 检查负向整流。将欧姆表一个探针连接到整流器负极端,另一个探针依次连接到每

个整流器端口。交换探针极性,重复上述步骤。如图 3.52 所示。正常情况下其一应为导通,另一应为不导通。如果导通性不符合规定,则应更换整流器架。

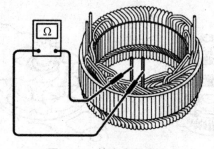

图 3.49 检查定子开路

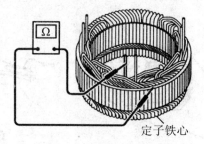

图 3.50 检查定子接地

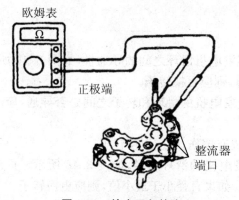

图 3.51 检查正向整流

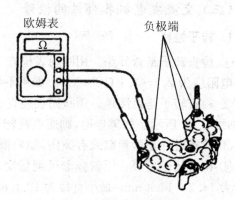

图 3.52 检查负向整流

4. 检查交流发电机电刷情况

用游标卡尺测量露出的电刷长度,如图 3.53 所示。标准露出长度为 10.5 mm,最小露出长度为 1.5 mm。如果露出长度小于最小值,则应更换电刷。

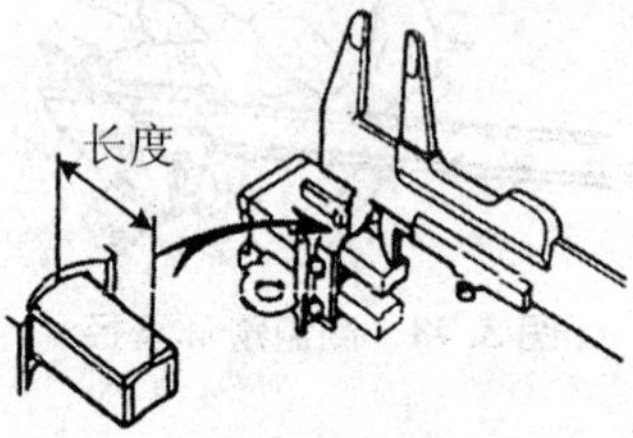

更换交流发电机电刷:焊开并拆下电刷和弹簧,将新电刷的导线穿过弹簧和电刷架上的孔,将弹簧和电刷插入电刷架中,如图 3.54 所示。将电刷导线按其规定的露出长度焊在电刷架上,如图 3.55 所示。检查电刷在电刷架中能否平稳地移动。切断过长的导线并在焊接区涂绝缘漆。

图 3.53 检查电刷露出长度

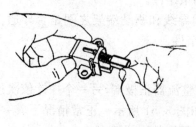

图 3.54 将弹簧和电刷插入电刷架

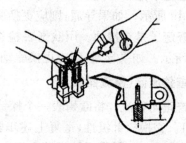

图 3.55 焊接电刷导线

（四）交流发电机的装复

① 将驱动端架装在滑轮上，将转子安装到驱动端架上，如图3.56所示。

② 安装整流器端架，将交流发电机垫圈装到转子上，如图3.57所示，用29 mm的套筒扳手和冲压机慢慢压入整流器端架，如图3.58所示。安装2个螺母及螺栓（拧紧力矩为4.5 N·m）并用螺栓安装线夹（拧紧力矩为5.4 N·m），如图3.59所示。

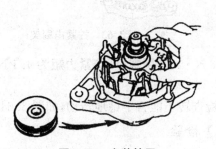

图3.56 安装转子

图3.57 安装交流发电机垫圈

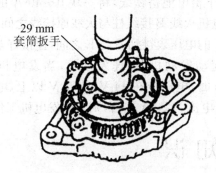

图3.58 安装整流器端架

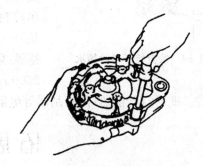

图3.59 安装线夹

③ 安装滑轮。用手拧紧滑轮螺母并将滑轮装到转子轴上，按规定力矩拧紧螺母。

④ 安装整流器架。用针鼻钳将导线弯曲，如图3.60所示，用4个螺钉安装整流器架（拧紧力矩为2.0 N·m）。各种发电机的要求力矩会有不同，以各品牌汽车维修手册为准。

⑤ 安装IC调节器和电刷架。在电刷架上安装电刷架盖。特别提醒：安装时应注意电刷架的安装方向，如图3.61所示。使IC调节器和电刷架一起保持水平状态放置在整流器端架上，如图3.62所示。安装5个螺钉并拧紧到电刷架与接头之间约有1 mm的间隙为止，如图3.63所示。螺钉拧紧力矩为20 N·m。

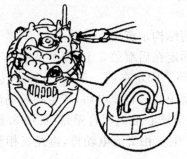

图3.60 安装整流器架

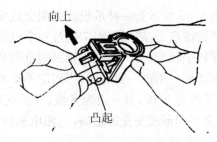

图3.61 电刷架安装方向

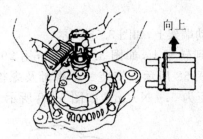
图3.62 安装IC调节器和电刷架

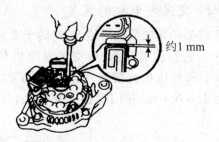
图3.63 拧紧电刷架

⑥ 用3个螺栓安装端盖(拧紧力矩为2.6 N·m),用螺母(拧紧力矩为4.1 N·m)安装接线端绝缘体。

⑦ 检查转子能否平稳地转动,如图3.64所示。

图3.64 检查转子转动情况

（五）检验

交流发电机的就车检验法：在汽车上关上点火开关,临时拆下蓄电池搭铁线,将一块0~40 A的电流表串接到发电机火线B接线柱与火线原接线之间,再将一块0~50 V的电压表接到B与E之间,连接好蓄电池的搭铁线。起动发动机,加速发动机,当发电机转速为2500 r/min时,电压应在14 V或28 V以上,电流应为10 A左右。此时打开前照灯、雨刮器等电器,若电流为20 A左右,则表明发电机工作正常。

拓展知识

一、其他类型的发电机

（一）无刷交流发电机

普通交流发电机需要通过电刷与滑环将励磁电流导入旋转的磁场绕组,工作中可能出现电刷过度磨损、电刷在刷架中卡滞、电刷弹簧失效、滑环脏污等而使电刷与滑环的接触不良等现象,是造成发电机不发电或发电不良的故障原因之一。无刷交流发电机可克服普通交流发电机的这一缺陷,因此也在汽车上得到了应用。目前,无刷交流发电机有爪极式、励磁机式、感应子式、永磁式等类型。

1. 爪极式无刷交流发电机

如图3.65所示为一种爪极式无刷交流发电机的结构示意图。

其结构特点是：磁场绕组7通过一个磁轭托架固定在后端盖3上,两个爪极只有一个直接固定在转子轴上,另一爪极4则通过非导磁连接环7固定在前一爪极上;转子转动时,一个爪极带动另一爪极一起转动;当固定不动的磁场绕组通入直流电后,产生的磁场使爪极磁化,一边爪极为N极,另一边为S极,并经气隙和定子铁心形成闭合磁路(见图3.65);转子转动时,定子内形成交变的磁场,三相电枢绕组便产生三相交流电动势,再经三相整流电路整流后输出直流电。

爪极式无刷交流发电机的主要缺点是磁轭托架与爪极和转子磁轭之间有附加间隙存

在,漏磁较多,因此在输出功率相同的情况下,必须增大磁场绕组的励磁能力。

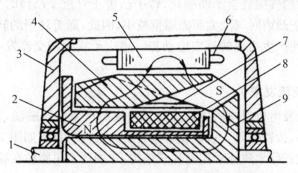

图 3.65 爪极式无刷交流发电机结构示意图
1. 转子轴;2. 磁轭托架;3. 端盖;4. 爪极;5. 定子铁心;
6. 定子绕组;7. 非导磁连接环;8. 磁场绕组;9. 转子磁轭

2. 励磁机式无刷交流发电机

如图 3.66 所示,为德国博世公司生产的 T4 型励磁机式无刷交流发电机,由无刷的普通交流发电机加一个专为其励磁用的发电机组成。

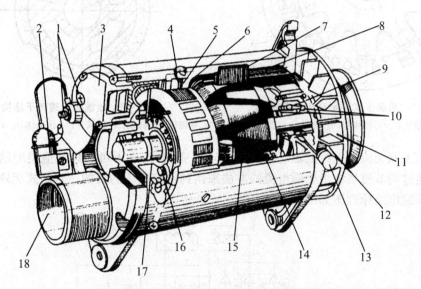

图 3.66 励磁机式无刷交流发电机
1. 接线柱;2. 抑制电容;3. 电子调节器;4. 励磁发电机转子;5. 励磁发电机定子;6. 励磁发电机磁场绕组;7. 发电机定子铁心;8. 发电机电枢绕组;9. 驱动端盖;10. 油封;11. 风扇;
12. 油道;13. 油环;14. 发电机转子;15. 磁场绕组;16. 二极管;17. 散热板;18. 进风口

励磁发电机简称励磁机,其磁极为定子,电枢为转子。当发电机转动时,励磁机电枢转动,其三相绕组产生电动势,通过内部整流电路整流后,直接供给发电机转子 14 内的磁场绕组 15 励磁发电。由于无附加气隙,励磁机式无刷交流发电机的输出功率较大,其缺点是结构较为复杂。

3. 感应子式无刷交流发电机

如图 3.67 所示,为感应子式无刷交流发电机的原理图。感应子式交流发电机的特点是:转子由齿轮状钢片叠成,磁场绕组和电枢绕组均安放在定子的槽内;当定子槽内的磁场绕组通入直流电后,在定子铁心中产生固定的磁场;由于转子有凸齿和凹槽,当转子转动时,转子与定子凸齿之间的气隙就会不断变化,转子凸齿正对定子凸齿时气隙最小而磁通量最大,转子凹槽对着定子凸齿时气隙大而磁通量减小,因此,随着转子的转动,定子内的磁场呈脉动变化,电枢绕组便产生交变的感应电动势。感应子式无刷交流发电机的缺点是比功率较低。

4. 永磁式无刷交流发电机

永磁式无刷交流发电机以永久磁铁为转子磁极而产生旋转磁场,常用的永磁材料有铁氧体、铬镍钴、稀土钴、钕铁硼等。钕铁硼永磁转子的结构示意图如图3.68所示。具有较高剩磁力和矫顽力的钕铁硼永磁体采用瓦片式结构,并用环氧树脂粘在导磁轭上。

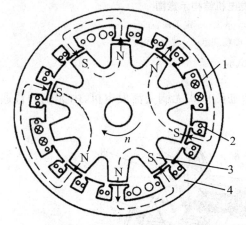

图 3.67 感应子式无刷交流发电机

1. 磁场绕组; 2. 电枢绕组; 3. 转子; 4. 定子

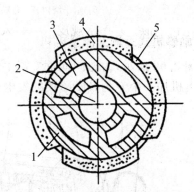

图 3.68 钕铁硼永磁转子结构

1. 导磁轭; 2. 转轴; 3. 通风口; 4. 永磁体; 5. 环氧树脂胶

永磁式无刷交流发电机的磁场强度是固定不变的,因此不可能像其他类型的交流发电机那样可通过调节磁场绕组励磁电流的方法来达到稳定电压的目的。永磁式无刷交流发电机电压调节的电路原理图如图3.69所示。

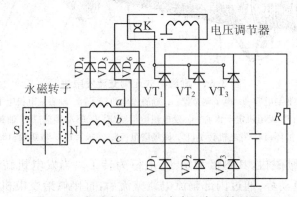

图 3.69 永磁式无刷交流发电机电压控制原理

三只二极管 VD_1、VD_2、VD_3 与三只晶闸管 VT_1、VT_2、VT_3 组成的三相半控桥式整流电路向外输出直流电,而 $VD_1 \sim VD_6$ 组成的三相桥式整流电路则向晶闸管控制极提供触发电压,其电路中串联着电压调节器的触点 K。电压调节器的触点 K 为常闭触点,电磁线圈并接于发电机的输出端。电压调节原理如下:电压调节器触点 K 闭合时,晶闸管控制极获得正向触发电压而导通，整流桥向外输出三相全波整流电压；当发电机随转速的升高，其整流电压上升至设定的上限值时，电压调节器线圈产生的磁力使触点K断开，晶闸管因控制极失去正向触发电压而截止，发电机的电压随之迅速下降；当发电机电压下降至下限值时，电压调节器触点因其线圈产生的磁力减弱而重新闭合，晶闸管又获得正向触发电压而导通，发电机端电压迅速上升。如此循环反复，使发电机的输出电压在一定的范围内波动。

永磁式无刷交流发电机具有体积小、重量轻、维护方便、比功率大、低速充电性能好等优点，若永磁材料的性能有更进一步的提高，永磁式无刷交流发电机将会有更快速的发展。

二、别克凯越轿车发电机拆装检测步骤

别克凯越轿车采用Delco-RemyCS充电系统，该系统分多种型号，包括CS。数字指定子叠片的外径（毫米）。

CS发电机具有内部调节器。Delta定子、整流器电桥及带滑环及电刷的转子，原理与较早的发电机类似。采用常规皮带轮和风扇。没有试验孔。

与三相发电机不同的是CS发电机只有两个接头，蓄电池正极和与充电指示灯连接的"L"端子。与其他充电系统一样，充电指示灯在将点火开关拧到RUN（运行）位置时亮起，在发动机起动时熄灭。如果发动机运转时充电指示灯亮，说明充电系统有故障。有多种故障，系统电压过高或过低时，指示灯最亮。

调节器电压设定值随温度变化，通过控制转子磁场电流，限制系统电压。在高速时，接通时间可能占10%，非工作时间占90%。在低速、高电气负载时，接通时间可能占90%，非工作时间占10%。

1. 拆卸步骤

具体如表3.6所示

表3.6　拆卸步骤

图示	步骤
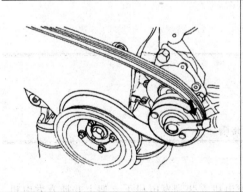	(1) 断开蓄电池负极电缆。 (2) 断开进气管上的进气歧管空气温度（MAT）传感器连接器。 (3) 从空气滤清器出口软管上拆卸所有卡箍，将管放到一旁。 (4) 举升并妥善支承车辆。 (5) 从发电机背部断开线束连接器和发电机至蓄电池电线。 (6) 降下车辆，顺时针转动自动张紧轮螺栓，释放皮带张紧力，拆卸蛇形附件传动带。 (7) 向上推动力转向液储液罐并放到一旁。
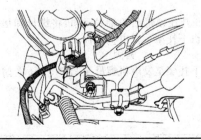	(8) 拆卸发电机上发动机连接托架至1.6升发动机螺栓。

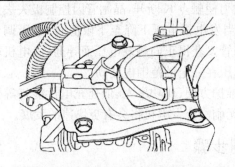	(9) 对于装备1.8升发动机的车辆,拆卸发电机至进气歧管/气缸盖支架、进气歧管箍带托架和进气歧管至缸体箍带托架的上安装螺栓。
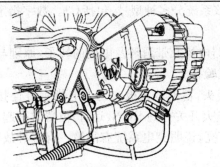	(10) 举升并妥善支承车辆,拆卸支承发电机下托架至发电机螺栓的螺母和垫圈。松开螺栓并拆卸发电机。
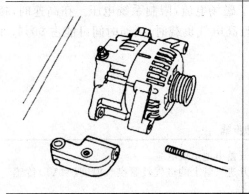	(11) 对于装备1.8升发动机的车辆,拆卸发电机下支架螺栓。 (12) 对于1.8升发动机,连同下托架一起小心拆卸发电机。 (13) 拆卸发电机下支架螺母、螺栓和垫圈。

2. 装配步骤

具体步骤如表3.7所示。

表3.7 装配步骤

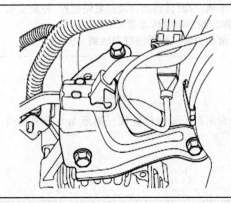	(1) 将发电机安装到发电机下支架上并插入发电机螺栓。 (2) 对于1.6升双顶置凸轮轴发动机,将螺母和垫圈安装到发电机下托架至发电机螺栓上。 紧固 紧固发电机下托架至发电机螺母至25 N·m(18磅·英尺)。

续表

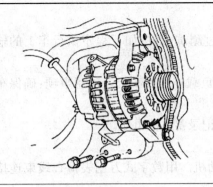	(3) 将发电机和下支架总成安装到1.8升发动机缸体上。 **紧固** 紧固发电机和下托架至发动机缸体螺栓至 37 N·m（27磅·英尺）。
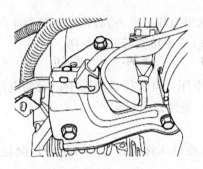	(4) 对于装备1.8升发动机的车辆,安装发电机至进气歧管和气缸盖支架螺栓、发电机至进气歧管箍带托架螺栓和起动机上部的进气歧管至缸体箍带托架螺栓。 **紧固** 紧固发电机至进气歧管和气缸支架螺栓至 37 N·m（27磅·英尺）。紧固发电机至进气歧管箍带支架螺栓和进气歧管至缸体箍带支架螺栓至 22 N·m（16磅·英尺）。
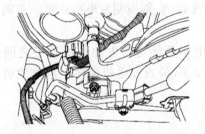	(5) 对于装备1.6升发动机的车辆,安装发电机上支架螺栓和垫圈。 (6) 将线束连接器连接到发电机背部,将发电机导线连接到蓄电池。 **紧固** 紧固发电机上支架螺栓至 20 N·m（15磅·英尺）。
	(7) 安装蛇形附件传动皮带。 (8) 先向下按压自动张紧轮螺栓,在皮带就位时松开,释放皮带上的张力。 (9) 安装动力转向液储液罐。
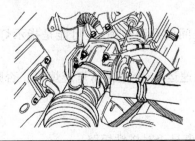	(10) 安装空气滤清器出口软管,连接进气歧管空气温度连接器。 (11) 连接蓄电池负极电缆。

3. 发电机输出测试

(1) 执行发电机系统测试。

(2) 更换未通过测试的发电机。如果发电机通过测试,则按如下程序执行车上的输出检查。

(3) 将数字式万用表、电流表和层叠碳板变阻器负载连接到车上。注意事项:确保车辆蓄电池充满电,并关闭层叠碳板变阻器。

(4) 在点火开关位于关闭(OFF)位置时,检查并记录蓄电池电压。

(5) 从发电机上拆卸下线束连接器。

(6) 将点火开关拧到 RUN(运行),但不起动发动机。用数字式万用表检查线束连接器"L"端子上的电压。

(7) 电压读数应接近蓄电池电压规定值 12 V。如果电压过低,检查指示灯"L"端子是否开路,搭铁电路是否导致电压损失。必要时,排除导线、端子接头等开路故障。

(8) 连接发电机线束连接器。

(9) 中速空转发动机,并测量蓄电池端子之间的电压。电压读数应高于记录的电压值,应低于 16 V。如果电压超过 16 V 或低于原电压读数,更换发电机。

(10) 中速空转发动机,并测量发电机输出电流。

(11) 接通层叠碳板变阻器并调整电阻值,将蓄电池电压保持在 13 V 以上时,测量最大电流。

(12) 如果电压读数在发电机上标定的额定值 15 A 以内,则说明发电机正常。否则更换发电机。

(13) 使发电机在最大输出电流下工作,测量发电机壳体与蓄电池负极端子之间的电压,电压降幅不应超过 0.5 V。如果电压降幅超过 0.5 V,检查发电机壳体至蓄电池负极端子之间的搭铁线路。

(14) 检查、清理、紧固并重新检查所有搭铁接头。

4. 别克凯越发电机系统检查

正常操作时,发电机指示灯在将点火开关拧到 RUN(运行)位置时点亮,在发动机起动时熄灭。如果发生灯工作异常或蓄电池充电不足或过充,按如下程序诊断充电系统。值得注意的是:忘记关闭附件或开关故障,使行李箱或手套箱等灯不能熄灭,通常导致充电不足。按如下程序诊断发电机:

(1) 目视检查皮带和导线。

(2) 将点火开关拧到 ON(接通)位置,但不起动发动机,充电指示灯应点亮。否则,断开发电机上的线束,用一条 5 A 跨接线将线束中的"L"端子搭铁:

① 如果灯亮,更换发电机。

② 如果灯不点亮,寻找点火开关与线束连接器之间的开路故障,也可能是指示灯灯泡烧坏。

(3) 将点火开关拧到 ON(接通)位置,使发动机中速运行,充电指示灯应熄灭。否则,断开发电机上的导线束:

① 如果灯熄灭,更换发电机。

② 如果灯不熄灭,检查连接器和指示灯之间的线束是否对搭铁短路。

注意事项：务必首先检查发电机是否有输出，然后才能认为搭铁"L"端子电路是否损坏了调节器。

三、部分品牌汽车发电机电路图

这里给出一些品牌汽车发电机的电路图，分别如图3.70~图3.74所示。

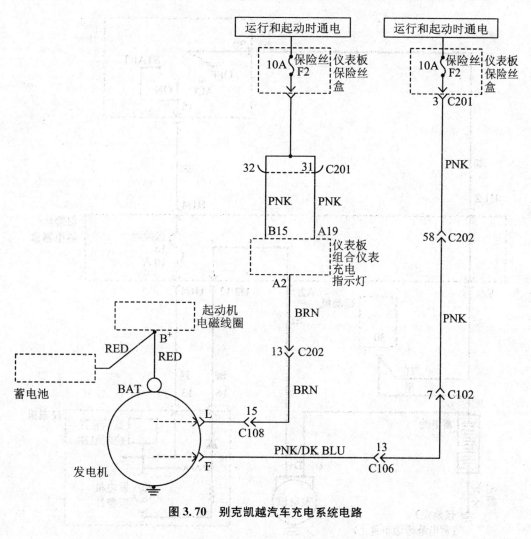

图3.70 别克凯越汽车充电系统电路

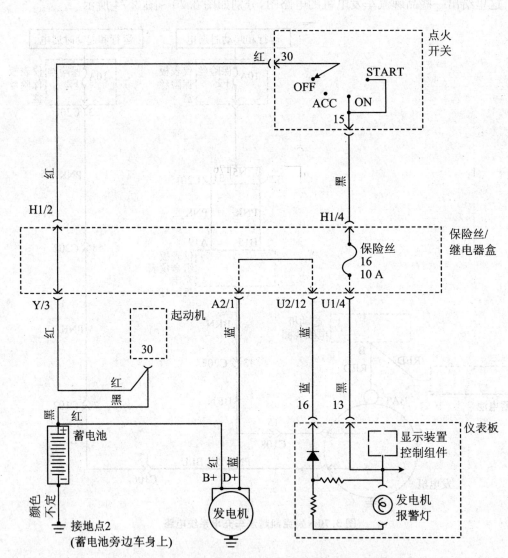

图3.71 Chery(奇瑞)SQR7160汽车充电系统电路

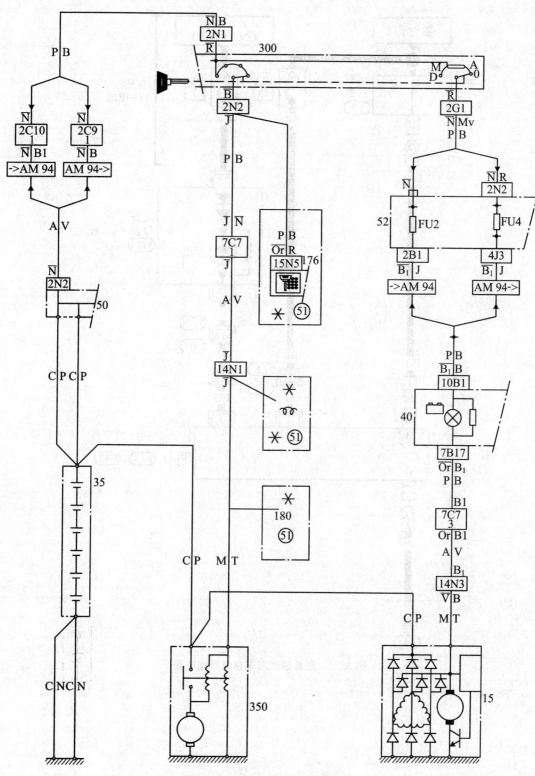

图 3.72 富康汽车充电系统电路

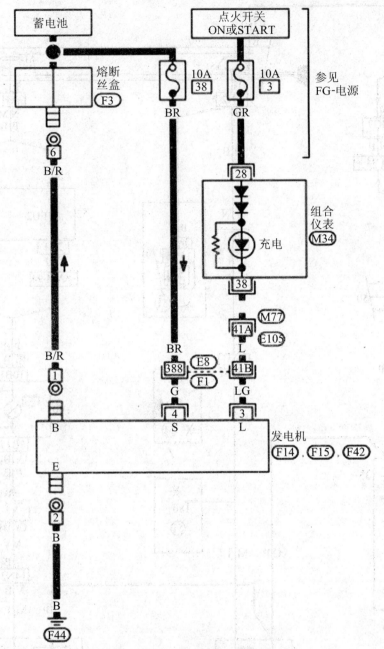

图 3.73 尼桑颐达汽车充电系统电路

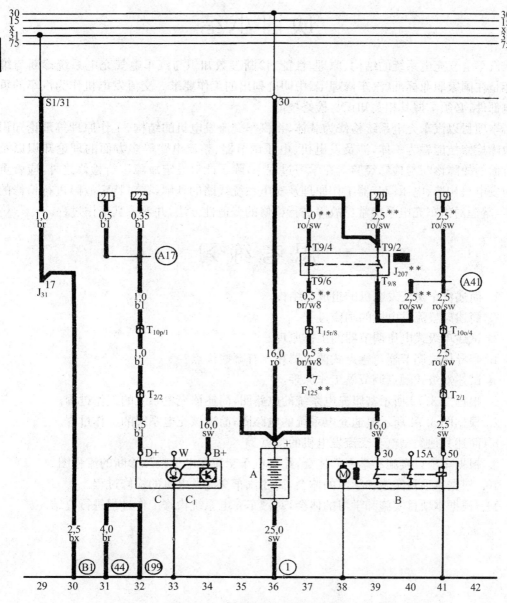

图 3.74 奥迪汽车充电系统电路

ws=白色
sw=黑色
ro=红色
br=棕色
gn=绿色
bl=蓝色
gr=灰色
li=紫色
ge=黄色

A—蓄电池
B—起动机
C—交流发电机
C_1—电压调节器
F_{125}—多功能开关
J_{31}—清洗、刮水自动间歇继电器
J_{207}—起动锁止继电器
T_2—插头,2孔,灰色,在发动机舱右侧
T_9—插头,9孔,棕色,在起动锁止继电器上
T_{10o}—插头,10孔,棕色,压力舱电器盒分线器
T_{10p}—插头,10孔,黑色,压力舱电器盒分线器
T_{15r}—插头,15孔,棕色,右侧A柱分线器
①—接地线,蓄电池—车身
㊹—接地点,左侧A柱,下部
㉛—接地连接1,在仪表板线束内
⑲—接地连接3,在仪表板线束内
⑰—连接(61),在仪表板线束内
㊹—正极连接(50),在仪表板线束内
*带手动变速器的车
**带自动变速器的车

项目小结

汽车电气充电系统的结构、原理、性能、诊断参数知识与汽车电气充电系统诊断与维修技能是在国家职业标准《汽车修理工》中明确列出的工作要求。交流发电机作为汽车的重要供电部件,必须掌握其相关知识与检修技能。

本项目以汽车充电系统检修为载体,将汽车交流发电机的结构、工作原理等理论知识与其故障检修技能融为一体,涉及发电机、电压调节器、整流电路等多方面的理论知识以及相关方面的故障诊断与检修经验。在学习过程中,除了能对设定故障进行检修之外,应着重加深对发电机构造、电压调节器工作原理及充电系统线路的理解,在对特定故障进行检修的基础上,掌握对汽车充电系统常见故障进行检修的普适性方法,并熟悉其工作过程。

思考练习

1. 简述汽车交流发电机的组成与结构。
2. 简述硅整流发电机的励磁过程。
3. 试述单级式电压调节器的工作原理。
4. 半导体式调节器与触点式调节器相比有哪些优点?
5. 试述双级式触点调节器工作原理。
6. 根据图 3.72 所示富康充电系统的电路图,简述该充电系统的工作过程。
7. 根据图 3.74 所示奥迪充电系统的电路图,简述该充电系统的工作过程。
8. 简述其他类型汽车交流发电机的特点。
9. 根据本项目实施和学习的体会,绘制汽车交流发电机故障诊断的流程图。
10. 根据本项目实施和学习的体会,简述汽车交流发电机的检修过程。
11. 根据本项目实施和学习的体会,对汽车充电系统检修工作过程进行总结。

项目四

起动系统的检修

项目描述

起动系统是汽车电气系统的重要组成部分,某些时候发动机不能起动的故障,是由起动系统故障导致。因此对汽车起动系统组成机构的认识、工作原理的认识、控制电路的识读、拆解检修方法的学习,在实际检修工作中有着至关重要的作用。

在汽车起动系统的故障检修中,应遵循咨询、计划、决策、实施、检查和评估6步法。咨询——根据故障案例,查阅相关的维修技术资料;计划——针对故障现象制定相应的工作计划可行性方案;决策——对可行性方案进行论证;实施——对故障进行检修;检查——对所排除故障进行检查确认;评估——工作总结,对故障现象进行深度分析。

1. 知识要求

① 掌握起动机的构造及工作原理。
② 了解起动机的型号。

2. 能力要求

① 会分析起动机控制电路。
② 掌握起动机的维护与检修方法。
③ 掌握起动系统的常见故障诊断方法。

相关知识

一、起动系统概述

要使发动机由静止状态过渡到工作状态,必须用外力转动发动机的曲轴,工作循环才能自动进行。曲轴在外力作用下转动到发动机开始自动地怠速运转的全过程,称为发动机的起动。

由于电力起动具有安全、可靠、起动迅速、操纵方便、可重复起动等优点,目前绝大多数汽车发动机都采用电动机起动,也称为电力起动系统。

汽车电力起动系统简称起动系统,由蓄电池作为能源,电动机作为机械动力,当电动机轴上的驱动齿轮与发动机飞轮齿圈啮合时,动力就传递到飞轮,使曲轴由静止到运转状态。汽车起动系统由起动机和控制电路两大部分组成,如图4.1所示是起动机和发动机飞轮之间的啮合关系。

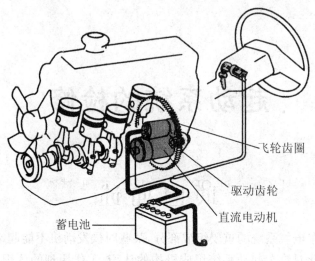

图 4.1　起动机和发动机飞轮之间的啮合关系

二、起动机的构造与型号

(一) 起动机的构造

常规起动机一般由直流电动机、传动机构和控制装置三部分组成,如图4.2所示。

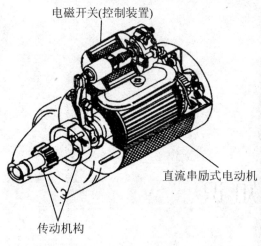

图 4.2　起动机组成

1. 直流电动机

作用是将蓄电池输入的电能转化为机械能,产生电磁转矩。

2. 传动机构

由单向离合器、驱动齿轮、拨叉等组成。其作用是在起动发动机时使驱动齿轮与飞轮齿圈啮合,将起动机的转矩传递给发动机曲轴;在发动机起动后又使驱动齿轮与飞轮自动脱离,在它们脱离的过程中,发动机飞轮反拖驱动齿轮时,单向离合器使其形成空转,避免了飞轮带动起动机轴旋转。

3. 控制装置(电磁开关)

控制装置也称电磁开关,其作用是控制直流电动机与蓄电池之间电路的通断及驱动齿轮与飞轮齿圈的啮合与分离。

(二)起动机的型号

根据国家汽车行业标准 QC/T 73—1993《汽车电气设备产品型号编制方法》的规定,起动机的型号由五部分组成:

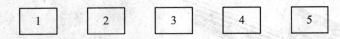

第 1 部分为产品代号:QD、QDJ、QDY 分别表示起动机、减速起动机及永磁起动机。
第 2 部分为电压等级代号:1 代表 12 V;2 代表 24 V;3 代表 6 V。
第 3 部分为功率等级代号:"1"代表 0~1 kW,"2"代表 1~2 kW……"9"代表 8~9 kW。
第 4 部分为设计序号。
第 5 部分为变形代号。
例如起动机型号为 QD124,表示额定电压 12 V,功率 1~2 kW,第 4 次设计的起动机。

三、直流电动机

(一)直流电动机的结构

直流电动机的作用是产生转矩。目前起动机用直流电动机主要有串励式直流电动机和永磁式直流电动机两种。串励式直流电动机属于励磁式直流电动机,"串励"是指电枢绕组与励磁绕组串联。永磁式直流电动机省去了传统起动机中的励磁绕组,电动机的磁极用永磁材料制成,可以使其结构简化、体积减小、质量更轻。下面以串励式直流电动机为例具体介绍其结构。

串励式直流电动机主要由磁极、电枢、换向器和外壳等组成,如图 4.3 所示。

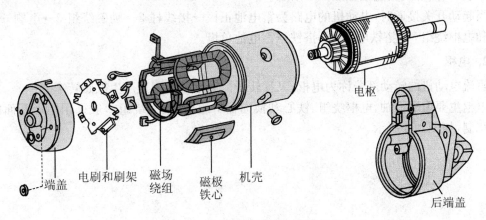

图 4.3 串励式直流电动机组成

1. 磁极

磁极的作用是产生电枢转动时所需要的磁场，它由固定在机壳上的磁极铁心和励磁绕组组成。励磁绕组一端接在外壳的绝缘接线柱上，另一端与两个非搭铁电刷相连。磁极一般是4个，两对磁极相对交错安装在电机的壳体内，磁极的结构、定子与转子铁心形成的磁路如图4.4所示，低碳钢板制成的机壳也是磁路的一部分。

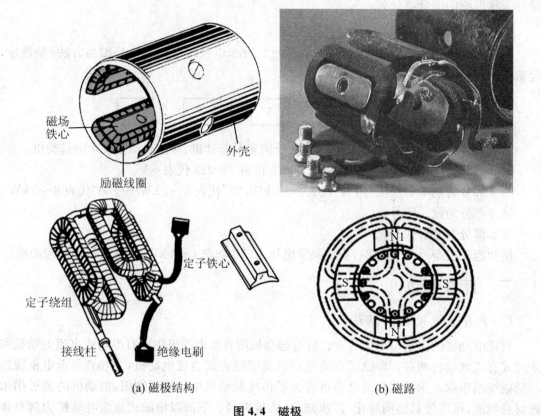

(a) 磁极结构　　　　　　　　　(b) 磁路

图 4.4　磁极

4个励磁绕组有的是相互串联后再与电枢绕组串联，有的则是两两串后并联再与电枢绕组串联，其内部线路连接如图4.5所示。

当起动开关接通时，电动机的电路为蓄电池正极→接线柱2→励磁绕组3→电刷6→换向器和电枢绕组5→搭铁电刷4→搭铁→蓄电池负极。

2. 电枢

直流电动机的转动部分称为电枢，又称转子。电枢的作用是产生电磁转矩。

电枢主要由电枢轴、电枢绕组、铁心和换向器等组成，电枢绕组一般采用矩形断面的裸铜线绕制，如图4.6所示。

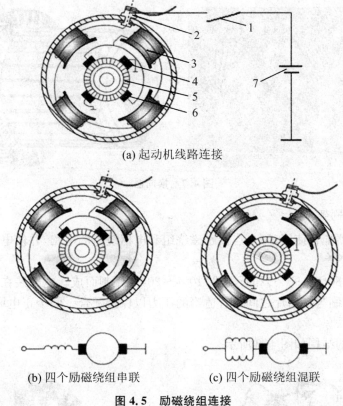

(a) 起动机线路连接

(b) 四个励磁绕组串联　　　　(c) 四个励磁绕组混联

图 4.5　励磁绕组连接
1. 起动开关；2. 接线柱；3. 励磁绕组；4. 负电刷；5. 换向器；6. 正电刷；7. 蓄电池

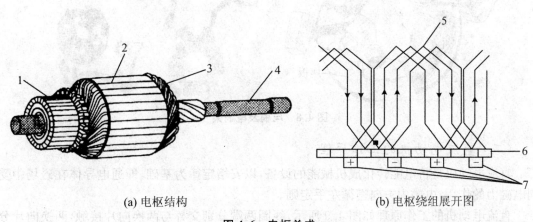

(a) 电枢结构　　　　(b) 电枢绕组展开图

图 4.6　电枢总成
1. 换向器；2. 铁心；3. 电枢绕组；4. 电枢轴；5. 电枢绕组；6. 换向器；7. 电刷

3. 换向器

换向器的作用是将电流引入电枢绕组，保持电磁转矩方向不变。换向器装在电枢轴上，由许多截面呈燕尾形的换向铜片组成。换向片嵌装在轴套上，各换向片之间均用云母绝缘，云母绝缘层应比换向器铜片外表面凹下 0.8 mm 左右，电枢绕组各线圈的端头均焊接在换向器的铜片上，其结构如图 4.7 所示。

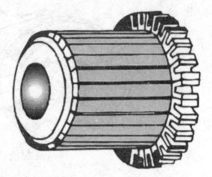

图 4.7 换向器

4. 电刷及电刷架

电刷和换向器配合使用,用来连接励磁绕组和电枢绕组的电路,并使电枢轴上的电磁力矩保持固定方向。

电刷由铜粉(80%~90%)和石墨粉(10%~20%)压制而成。电刷装在端盖上的电刷架中,电刷弹簧使电刷与换向片之间具有适当的压力以保持配合。两个正电刷与端盖绝缘,两个负电刷直接搭铁。

电刷及刷架的结构如图 4.8 所示。

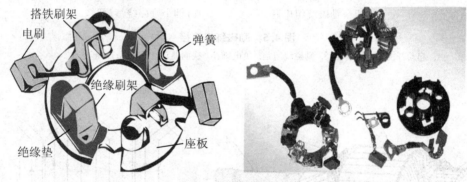

图 4.8 电刷及电刷架

(二)直流电动机的工作原理

直流电动机是将电能转化成机械能的设备,以安培定律为基础,即通电导体在磁场中受到电磁力的作用,电磁力方向遵循左手定则。

直流电动机的工作原理如图 4.9 所示,线圈两端分别交替与两换向片接触,两换向片分别与蓄电池正、负极连接。由左手定则判定线圈受逆时针旋转方向的电磁转矩 M 的作用,使其连续转动,通过换向器的作用保持电磁转矩方向不变。

一个线圈产生的电磁转矩是有限的,且电枢转动不平稳,故电枢绕组是由多匝线圈组成的,换向片数量也随线圈数量的增加而增加。

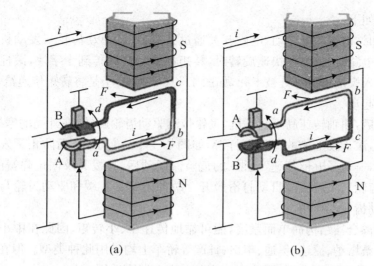

图 4.9 直流电动机工作原理

四、起动机的传动机构与操纵机构

(一)传动机构

传动机构的作用是把直流电动机产生的转矩传递给飞轮齿圈,再通过飞轮齿圈把转矩传递给发动机曲轴,使发动机起动;起动后,飞轮齿圈与驱动齿轮自动打滑脱开。

传动机构一般由驱动齿轮、单向离合器、拨叉等组成。

传动机构中,结构和工作原理比较复杂的是单向离合器。其作用是单向传递电动机转矩给发动机飞轮以起动发动机,而发动机起动后则断开发动机对起动机的逆向驱动,保护起动机电枢不被发动机反拽工作而引起"飞散"。

常用的单向离合器主要有滚柱式、摩擦片式和弹簧式等类型。

1. 滚柱式单向离合器

滚柱式单向离合器是汽车起动机中使用最广泛的一种,其结构如图 4.10 所示。

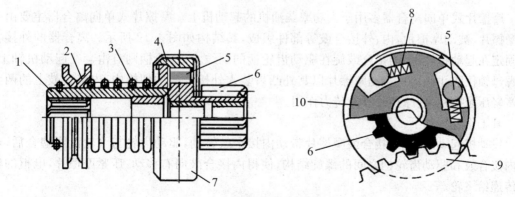

图 4.10 滚柱式单向离合器结构

1. 传动套筒;2. 结合套;3. 缓冲弹簧;4. 离合器外壳;5. 滚柱;6. 驱动齿轮;7. 单向离合器外壳;
8. 滚柱弹簧;9. 飞轮;10. 十字块

其工作过程如下：

发动机起动时，电枢缓慢转动，电磁开关通过拨叉，推动驱动齿轮与发动机飞轮齿圈啮合。当起动机主电路接通，电枢快速旋转时，转矩由传动套筒传到十字块，滚柱在外壳摩擦和弹簧作用下滚入楔形槽的窄处被卡死，如图4.11(a)所示，于是将转矩传递给驱动齿轮，带动飞轮使发动机起动。

发动机起动后，曲轴转速高于起动机，飞轮带动驱动齿轮旋转，在外壳的摩擦作用下，滚柱克服弹簧弹力，滚入楔形槽的宽处而打滑，如图4.11(b)所示，从而防止了发动机的转矩传递给驱动齿轮，避免了电枢超速"飞散"的危险。起动后，在拨叉及回位弹簧的作用下，离合器退回，驱动齿轮与飞轮齿圈自动打滑脱开。缓冲弹簧具有缓和驱动齿轮与飞轮间的冲击，起到保护驱动齿轮的作用。

滚柱式单向离合器结构简单而紧凑，能可靠地传递中、小转矩，因此在中小功率起动机上被广泛应用。桑塔纳、捷达、奥迪、丰田、日产等轿车上均采用此种类型。但在大功率起动机上，由于滚柱容易变形而卡死，因此滚柱式单向离合器不适用。

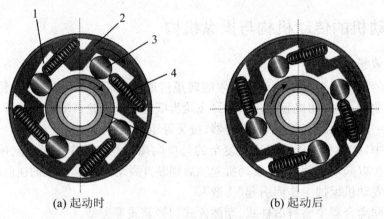

(a) 起动时　　　　　　　　(b) 起动后

图4.11　滚柱式单向离合器

1. 楔形槽；2. 单向离合器外壳；3. 滚柱；4. 滚柱弹簧；5. 传动套筒

2. 摩擦片式单向离合器

摩擦片式单向离合器多用于大功率柴油机的起动机上。摩擦片式单向离合器主要由主动摩擦片，被动摩擦片，内、外接合鼓等部件组成，其结构如图4.12所示。离合器的外接合鼓固定在起动机轴上，内接合鼓旋在驱动齿轮柄的螺纹上，齿轮柄则自由套在起动机轴上，用螺母锁住防止脱落。主动摩擦片以其外凸齿装入外接合鼓的切槽中，内接合鼓上的两个弹簧轻压摩擦片，使摩擦片具有传力作用。

其工作过程如下：

发动机起动时，经外接合鼓摩擦片带动内接合鼓转动，驱动齿轮与飞轮齿圈啮合后，由于内接合鼓和驱动齿轮柄之间的螺旋结构，使得内接合鼓向右移动，压紧摩擦片，电枢的转矩传递给飞轮。

发动机起动后，飞轮带动驱动齿轮，内接合鼓与驱动齿轮的螺旋结构，使得内接合鼓向左移动，摩擦片松开，飞轮不能带动电枢，避免了电枢超速"飞散"的危险。

摩擦片式单向离合器的优点是：可以传递较大转矩，并能在超速时自动打滑。但其结构复杂，且由于摩擦片易磨损，需经常检查调整。

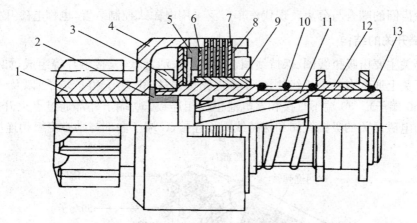

图 4.12　摩擦式单向离合器

1. 驱动齿轮；2. 挡圈；3. 螺母；4. 外接合鼓；5. 压环；6. 调整垫圈；7. 被动摩擦片；
8. 主动摩擦片；9. 内接合鼓；10. 缓冲弹簧；11. 套筒；12. 接合套；13. 卡环

3. 弹簧式单向离合器

弹簧式单向离合器主要由扭力弹簧、驱动齿轮、传动套筒等组成，如图 4.13 所示。驱动齿轮空套在电枢轴前端的光滑部分，传动套筒压套在电枢轴的花键部分，扭力弹簧两端各有 1/4 圈内径较小的部分，箍紧驱动齿轮和套筒。

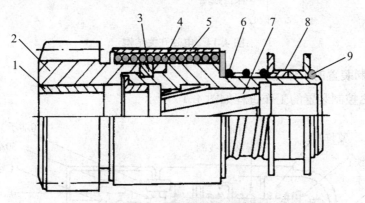

图 4.13　弹簧单向式离合器

1. 衬套；2. 驱动齿轮；3. 月形键；4. 扭力弹簧；5. 护套；6. 缓冲弹簧；
7. 传动套筒；8. 接合套；9. 卡环

其工作过程如下：

发动机起动时，在电磁开关的作用下，拨叉推动离合器使驱动齿轮与发动机飞轮啮合。电枢转动时，通过花键带动传动套筒，在弹簧与驱动齿轮和套筒之间摩擦力的作用下，将传动套筒和齿轮柄抱紧，电枢转矩传递给飞轮。

发动机起动后，飞轮带动驱动齿轮，扭力弹簧被放松而打滑，保护电枢不致被飞轮带动而"飞散"。

弹簧式单向离合器具有结构简单、寿命长、工艺简单、成本低等优点，但其轴向尺寸较大，因此主要用于大功率起动机上。

（二）操纵机构

起动机的操纵机构即控制装置，其作用是控制电动机电路的接通与切断，以及控制驱动齿轮与飞轮齿圈的啮合与分离。现代汽车广泛采用电磁式控制装置,也称电磁开关。

1. 电磁开关的结构

电磁开关主要由吸拉线圈、保持线圈、回位弹簧、活动铁心、接触片等组成,如图 4.14 所示。电磁开关上通常有三个接线柱,两个主电路接线柱(30 端子和 C 端子)以及一个电磁开关接线柱(50 端子)。30 端子直接和蓄电池正极相连接,50 端子外部通过点火开关接电源,内部同时与电磁开关的吸拉线圈和保持线圈相连接,C 端子内部与励磁绕组相连接。

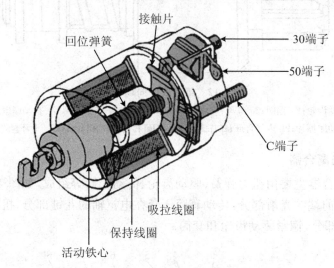

图 4.14 电磁开关结构

2. 电磁控制装置的工作过程

起动机电磁控制装置的工作过程如图 4.15 所示。

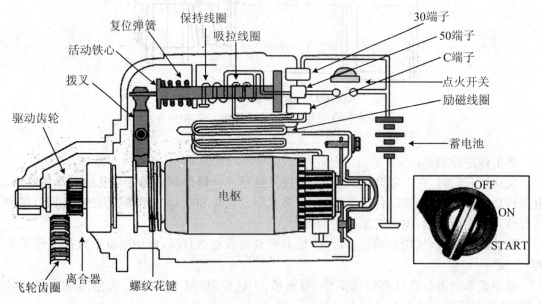

图 4.15 起动机控制装置

① 点火开关起动挡(Ⅱ挡)闭合,电磁开关通电,吸拉线圈和保持线圈产生吸力,吸引铁

心,使活动铁心克服弹簧力移动,铁心带动拨叉将驱动齿轮推向飞轮,同时通过电枢中的较小电流使电枢轴较缓慢地旋转,因而有利于啮合。当驱动齿轮与飞轮齿圈完全啮合时,接触盘刚好将"30"和"C"主电路接通。

吸拉线圈和保持线圈控制电路为:蓄电池"+"→点火开关起动挡→50端子→分两路,一路经吸拉线圈→励磁绕组→电枢绕组→搭铁→蓄电池"-",另一路经保持线圈→搭铁→蓄电池"-"。

② 驱动齿轮与飞轮齿圈啮合,主电路接通后,起动机将转矩传递给发动机。

主电路控制回路为:蓄电池"+"→30端子→C端子→励磁绕组→电枢绕组→搭铁→蓄电池"-"。此时保持线圈工作,吸拉线圈被短路。

③ 发动机起动后,点火开关会从"START"挡自动回位到"ON"挡,切断50端子上的电压。这时,接触片和30端子及C端子仍保持短暂接触。吸拉线圈和保持线圈回路为:蓄电池"+"→30端子→C端子→吸拉线圈→保持线圈→搭铁→蓄电池"-"。

此时吸拉线圈与保持线圈磁力相互抵消,在回位弹簧的作用下,活动铁心回位,主电路断开,同时驱动齿轮与飞轮齿圈打滑脱开,起动结束。

五、起动机的控制电路

不同车型起动机控制电路可能有所不同。常见的起动机控制电路有以下几种:第一种是由点火开关直接控制起动机的电磁开关;第二种是由起动继电器控制电磁开关;还有一种增加了保护继电器,具有防误操作的作用。

无论哪种类型的起动机电路,都可将电路分为控制电路和主电路两大部分进行分析。下面介绍几种典型的汽车起动机电路。

(一) 无起动继电器的起动机电路

无起动继电器的起动电路中,由点火开关直接控制起动机的电磁开关。例如捷达系列轿车的起动系统电路如图4.16所示。

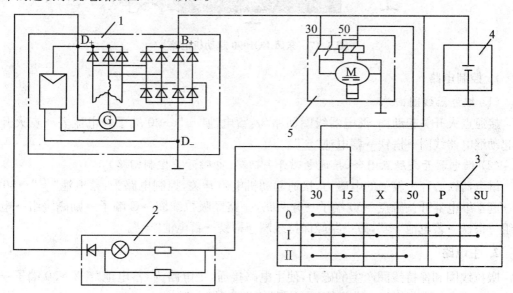

图 4.16 捷达轿车电源与起动系统电路

其工作过程为:点火开关打到起动挡时,电磁开关中的吸拉线圈和保持线圈电路被接通。控制电路为:蓄电池"+"→点火开关30与50端子→起动机50端子→分两路,一路经吸拉线圈→起动机C端子→电枢绕组→搭铁→蓄电池"-",另一路经保持线圈→搭铁→蓄电池"-"。

吸拉线圈和保持线圈产生电磁吸力使得铁心克服回位弹簧弹力移动,拨叉推动驱动齿轮与飞轮齿圈啮合,接触盘将主电路接通,起动机将转矩传递给发动机。主电路为:蓄电池"+"→起动机30端子→接触盘→起动机C端子→电枢绕组→搭铁→蓄电池"-"。

(二)带起动继电器的起动机电路

东风EQ1090型汽车的起动机由起动继电器控制电磁开关,是典型的带起动继电器的起动机电路,如图4.17所示。

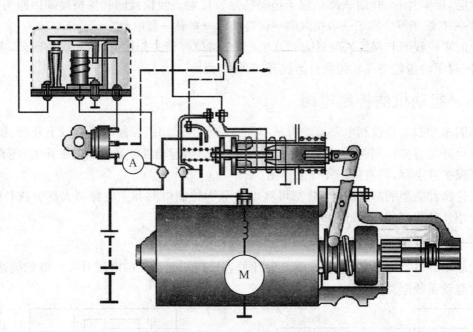

图4.17 东风EQ1090起动机电路

1. 控制电路

(1) 继电器线圈回路

接通点火开关起动挡,继电器线圈回路为:蓄电池"+"→30端子→电流表→点火开关→起动继电器线圈→搭铁→蓄电池"-"。

(2) 继电器开关触点闭合,接通电磁开关回路(电磁开关控制回路)

继电器铁心产生较强的电磁力,接通起动机电磁开关,控制电路为:蓄电池"+"→30端子→起动继电器开关触点→50端子→分两路,一路经吸拉线圈→C端子→励磁绕组→电枢绕组→搭铁→蓄电池"-",另一路经保持线圈→搭铁→蓄电池"-"。

2. 主电路

吸拉线圈和保持线圈产生的磁力,使主电路接通,主电路为:蓄电池"+"→30端子→接触盘→C端子→励磁绕组→电枢绕组→搭铁→蓄电池"-"。

（三）带保护继电器的起动机电路

上述两种电路在发动机起动后，如果不小心将点火开关再转动到起动位置，起动电路会被接通而造成打齿现象（这是因为发动机工作时，起动机小齿轮试图与飞轮齿圈啮合，由于转速不同而造成的），因此有些车辆采用了组合继电器。如图4.18所示，为解放CA1091汽车起动机电路，是典型的带保护继电器的起动机电路。

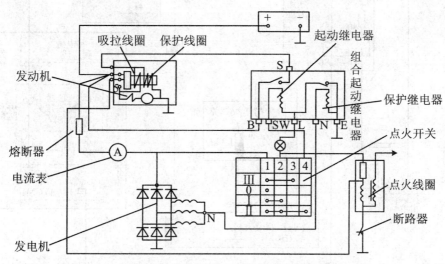

图4.18　解放CA1090汽车起动机电路

1. 组合继电器

除起动继电器外，还有保护继电器。保护继电器起到在发动机起动后禁止起动电路接通和控制充电指示灯的作用。

2. 起动机的工作过程

① 接通点火开关二挡（起动挡），控制点火开关回路为：蓄电池"＋"→30端子→熔断器→电流表→点火开关→起动继电器线圈→保护继电器常闭触点→搭铁→蓄电池"－"。

② 起动继电器开关触点闭合，控制电磁开关回路为：蓄电池"＋"→30端子→起动继电器触点→50端子→分两路，一路经吸拉线圈→C端子→励磁绕组→电枢绕组→搭铁→蓄电池"－"，另一路经保持线圈→搭铁→蓄电池"－"。

③ 吸拉线圈和保持线圈产生的磁力，使主电路接通，主电路为：蓄电池"＋"→30端子→接触盘→C端子→励磁绕组→电枢绕组→搭铁→蓄电池"－"。

④ 发动机起动后，松开点火开关起动挡（二挡），返回点火挡（一挡）。起动继电器打开，切断电磁开关的电路，起动机停止工作。

保护继电器的作用为：如果发动机起动后，点火开关没有回到一挡，保护继电器承受硅整流发电机中性点的电压，使常闭触点打开，触点断开，电磁开关断电，起动机停止工作。

（四）计算机控制的起动机电路

当点火开关置于START位置时，此信号送给车身控制单元（BCM），然后车身控制单元发送信息至发动机控制单元（ECM）。当发动机控制单元确认变速器位于驻车挡或空挡时，发动机控制单元向起动继电器提供闭合电压，使起动继电器闭合，随后接通蓄电池至起动机电磁开关的电路,使起动机工作。其控制电路如图 4.19 所示。

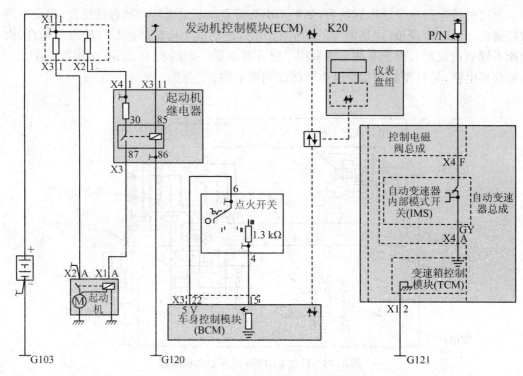

图 4.19 计算机控制的起动机电路

六、起动机的正确使用

1. 起动机使用注意事项

① 起动前应将变速器挂上空挡,自动变速器的汽车应将换挡杆置于停车挡 P 或空挡 N,起动同时踩下离合器踏板。

② 每次接通起动机的时间不得超过 5 s,两次之间应间歇 15 s 以上。

③ 当发动机起动后应立刻松开点火开关,切断起动挡,使起动机停止工作。

④ 经过三次起动,发动机仍没有起动着火,停止起动,进行简单的检查,如蓄电池的容量、极柱的连接、油电路等,否则蓄电池的容量将严重下降,起动发动机变得更加困难。

2. 起动机维护要点

① 经常检查各紧固件是否牢固,要保证起动机在车上安装牢固。

② 经常检查起动机与蓄电池、起动机继电器或组合继电器、开关之间的各连接导线及连接片的连接是否牢固,其连接处接触是否良好,导线的绝缘是否损坏。

③ 定期拆去防尘带,检查换向器表面是否光洁,刷架内的电刷是否有卡滞现象,刷簧压力是否正常,并清除其积尘。如电刷磨损过多和换向器表面烧毛,应立即修理或调换。

④ 为保证起动机起动时的可靠性,应每年大修一次,可视具体情况适当缩短或延长。

项目实施

一、项目要求

① 通过本项目的实施,应能够正确对起动机进行拆装、检修及性能测试。
② 通过本项目的实施,应能够对起动系统常见故障进行诊断与排除。
③ 本项目应具备起动机、蓄电池、万用表、常用检修工具等工具。

二、实施步骤

(一)起动机的解体检测

起动机的检修分为解体检测和不解体检测两种,解体检测随解体过程同步进行。

1. 电枢的检修

(1) 电枢绕组断路的检查

如图 4.20 所示,测量相邻两换向片间的通断或阻值。若导通或阻值接近"零",说明电枢绕组无断路故障;若不通或电阻值为∞,说明此处有断路故障,应更换电枢。

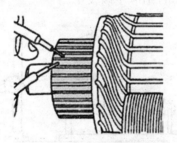

图 4.20 电枢绕组断路检查

(2) 电枢绕组搭铁的检查

如图 4.21 所示,用万用表依次测量换向器铜片与电枢轴及电枢铁心之间的通断或阻值,应不通或阻值为∞。否则说明电枢绕组与电枢轴之间绝缘不良,有搭铁故障,应更换电枢。

图 4.21 电枢绕组搭铁检查

(3) 电枢绕组短路的检查

电枢绕组短路故障必须要用电枢感应仪进行检查。如图 4.22 所示,把电枢放在电枢感应仪上,当电枢感应仪通电后,将薄钢片置于电枢铁心上,一边转动电枢一边移动薄钢片,当薄钢片在某一部位发生振动时,说明该处电枢绕组短路,应更换电枢。

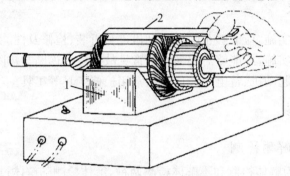

图 4.22 电枢绕组短路检查

1. 电枢感应仪;2. 薄钢片

(4) 电枢轴的检查

如图 4.23 所示,将电枢放在偏摆仪上,用百分表检查电枢轴的圆跳动量。径向圆跳动量一般在 0.10~0.15 mm 之间,否则应予以校正。

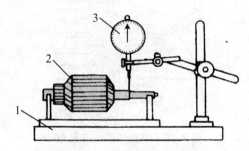

图 4.23 电枢轴弯曲度检查

1. 测试仪;2. 电枢;3. 百分表

2. 换向器的检修

(1) 换向器最小直径的检查

用游标卡尺检查换向器外径尺寸,如图 4.24 所示,与维修手册标准值比较,测量值一般不得小于标准值 1 mm,否则应更换电枢。

(2) 换向器弯曲度的检查

用砂纸打磨换向器表面后,用百分表检查换向器表面的圆跳动量,如图 4.25 所示。一般不应大于 0.05 mm,否则应进行修正或更换。

(3) 换向器磨损的检查

检查换向器云母片的深度,如图 4.26 所示,标准值为 0.5~0.8 mm,使用极限为 0.2 mm。若云母槽深度低于极限值,可用锉刀修整,再用细砂

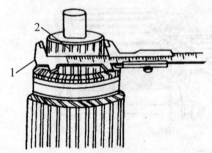

图 4.24 换向器最小直径检查

1. 卡尺;2. 换向器

纸打磨。

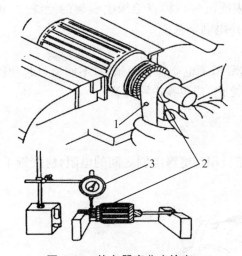

图 4.25　换向器弯曲度检查
1. 砂纸；2. 换向器；3. 百分表

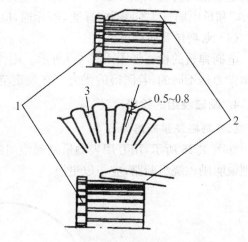

图 4.26　换向器磨损情况检查
1. 换向器；2. 锉刀；3. 绝缘云母片

3. 电刷总成的检修

（1）电刷高度的检查

电刷高度的检查如图 4.27(a)所示。电刷高度应不低于新电刷高度的 2/3，否则应予以更换。

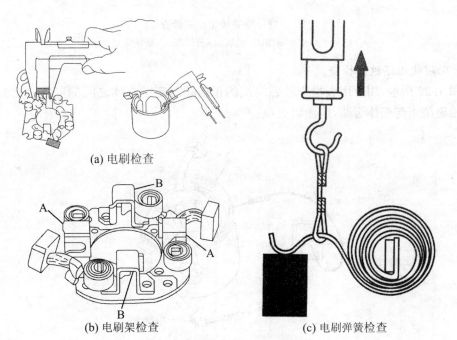

(a) 电刷检查

(b) 电刷架检查

(c) 电刷弹簧检查

图 4.27　电刷总成检修

（2）电刷架接触面积的检查

电刷与换向器的接触面积应大于 75%，电刷在电刷架内无卡滞现象，否则应研磨电刷。

(3) 电刷架的检查

电刷架的检查如图 4.27(b)所示。用万用表或试灯可检查绝缘电刷架的绝缘性,正电刷"A"和负电刷"B"之间不应导通,若导通,应更换电刷架总成。

(4) 电刷弹簧的检查

电刷弹簧的检查如图 4.27(c)所示。用弹簧秤检测电刷弹簧的张力,不同型号起动机的弹簧张力是不同的,若测得的张力不在规定范围之内,应更换电刷弹簧。

4. 励磁绕组的检修

(1) 励磁绕组断路的检查

如图 4.28 所示,用万用表测量励磁绕组的正极端与绝缘电刷之间的电阻,应接近于零。否则说明励磁绕组断路,应予以更换。

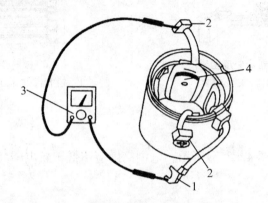

图 4.28 励磁绕组断路检查
1. 励磁绕组正极端;2. 电刷;3. 万用表;4. 励磁绕组

(2) 励磁绕组搭铁的检查

如图 4.29 所示,用万用表检查励磁绕组的正极端与定子壳体之间的电阻,应为∞。否则表示励磁绕组与壳体短路,应予以更换。

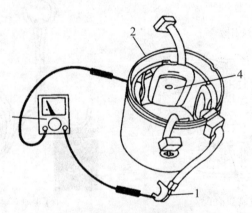

图 4.29 励磁绕组搭铁检查
1. 励磁绕组正极端;2. 定子壳体;3. 万用表;4. 励磁绕组

(3) 励磁绕组短路的检查

首先观察绕组表面是否有烧焦的现象或气味,若有,则说明有短路的征兆。此外,可将蓄电池12 V电源电压与励磁绕组串联,如图4.30所示,电路接通后,将螺钉旋具放在每个磁极上,检查磁极对螺钉旋具的吸引力是否相同,以判断其是否有短路故障。

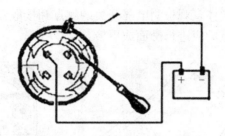

图4.30 励磁绕组短路检查

5. 电磁开关的检修

(1) 吸拉线圈的检查

如图4.31所示,用万用表测量50端子和C端子的电阻值,阻值应在标准范围内(一般在0.6 Ω以下)。如阻值无穷大,说明线圈断路;若电阻值小于规定值,说明线圈匝间短路。线圈断路或短路均需更换电磁开关。

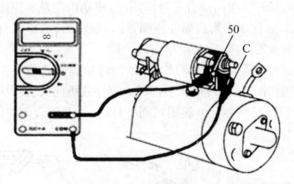

图4.31 吸拉线圈检查

(2) 保持线圈的检查

如图4.32所示,用万用表检查50端子和电磁开关壳体之间的电阻,阻值应在标准范围内(一般在1 Ω左右)。如阻值无穷大,说明线圈断路;若电阻值小于规定值,说明线圈匝间短路。线圈断路或短路均需更换电磁开关。

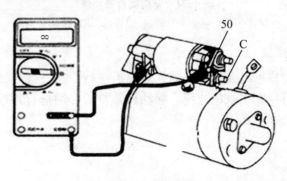

图4.32 保持线圈检查

(3) 接触片的检查

如图4.33所示,用手推动活动铁心,使接触盘与两接线柱接触,用万用表测量30端子与C端子应导通,且电阻值应为零。

若接触片不导通,则应解体直观检测电磁开关的触点和接触盘是否良好,烧蚀较轻的可用砂布打磨后使用,烧蚀较重的应进行翻面或更换。

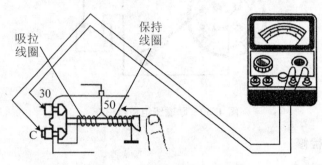

图4.33 电磁开关接触片检查

6. 单向离合器的检修

如图4.34(a)所示,检查单向离合器的径向移动情况。将单向离合器及驱动齿轮总成装到电枢轴上,握住电枢,当转动单向离合器外座圈时,驱动齿轮总成应能沿电枢轴自由滑动。

如图4.34(b)所示,握住单向离合器外座圈,转动驱动齿轮,应能自由转动,反转时不应转动。否则说明单向离合器故障,应更换单向离合器。

检查单向离合器是否打滑,如图4.34(c)所示。将单向离合器夹在虎钳上,用扭力扳手转动,应能承受制动实验时的最大转矩而不打滑。滚柱式单向离合器应在25.5 N·m、摩擦片式单向离合器应在117~176 N·m转矩之间不打滑,否则就应该进行修理。

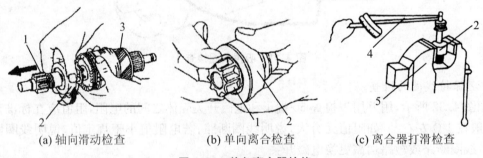

(a) 轴向滑动检查　　(b) 单向离合检查　　(c) 离合器打滑检查

图4.34 单向离合器检修

1.驱动齿轮;2.单向离合器;3.电枢;4.扭力扳手;5.虎钳

(二) 起动机的试验

起动机的不解体检修可以在拆解之前或装复后进行。在进行起动机的解体检修之前,通过不解体性能检测可以大致找出故障。起动机装复后必须进行整机性能试验,以保证起动机的正常运行。

1. 电磁开关试验

(1) 吸拉动作试验

将起动机固定在台虎钳上,拆下起动机C端子上的励磁绕组电缆引线端子,用带夹电缆将起动机C端子和电磁开关壳体及蓄电池负极连接,如图4.35所示。用带夹电缆将起动机50端子与蓄电池正极连接,此时驱动齿轮应向外移动,同时用塞尺测量驱动齿轮与止推垫圈之间应有1.5～2.5 mm的间隙。若驱动齿轮不动或间隙不够,说明电磁开关有故障,应予以修理或更换。

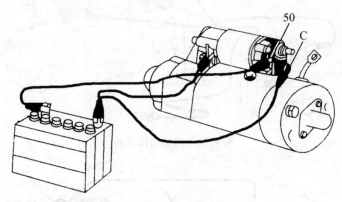

图4.35 吸拉动作试验

(2) 保持动作试验

在吸拉动作的基础上,当驱动齿轮保持在伸出位置时,拆下电磁开关C端子上的电缆夹,如图4.36所示。此时,驱动齿轮应保持在伸出的位置不动。若驱动齿轮回位,说明保持线圈短路,应予以修理。

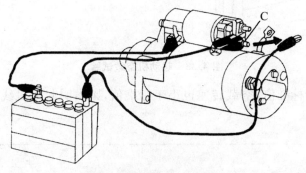

图4.36 保持动作试验

(3) 回位动作试验

在保持动作的基础上,再拆下起动机壳体上的电缆夹,如图4.37所示。此时,驱动齿轮应迅速回位,若驱动齿轮不能回位,说明回位弹簧失效,应更换弹簧或电磁开关总成。

2. 空载试验

空载试验的目的是测量起动机的空载电流和空载转速并与标准值比较,用以判断起动机内部有无电路和机械故障。其试验方法如下:

① 将起动机与蓄电池、电流表(量程为0～100 A以上的直流电流表)连接。

② 将蓄电池正极与电流表正极连接,电流表负极与起动机30端子连接,蓄电池的负极与起动机外壳连接。

③ 用带夹电缆将30端子与50端子连接起来,如图4.38所示。此时驱动齿轮应向外伸出,起动机应平稳运转。

若空载电流大于标准值,而空载转速低于标准值,则表明起动机装配过紧,或电枢轴弯曲,或电枢绕组、励磁绕组中有匝间短路或搭铁。

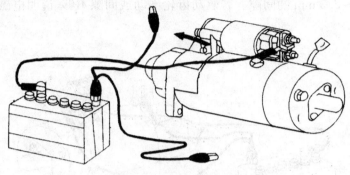

图 4.37　回位动作试验

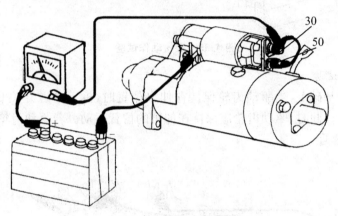

图 4.38　起动机空载试验

若空载电流小于标准值,空载转速也小于标准值,则表明起动机线路中有接触不良的情况。

> **注意**
> 每次试验不应超过1 min,以免起动机过热。

3. 全制动试验

全制动试验的目的是检验起动机的转矩和单向离合器的工作状态,试验方法如图4.39所示。

若制动转矩小于标准值,制动电流大于标准值,则表明电枢绕组、励磁绕组中有匝间短路或搭铁。

若制动转矩小于标准值,制动电流也小于标准值,则表明起动机线路中有接触不良的情况。

若驱动齿轮锁止而电枢轴缓慢转动,则表明单向离合器有打滑现象。

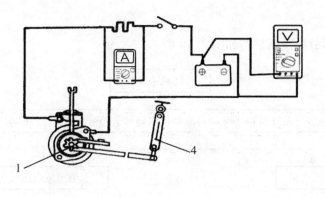

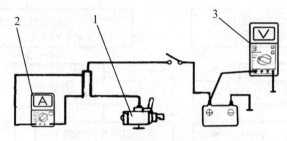

图 4.39 起动机全制动试验
1. 起动机；2. 电流表；3. 电压表；4. 弹簧秤

> **注意**
> 每次接通的时间不应超过 5 s，再次试验应间隔 10 s 以上。

（三）汽车起动系统故障诊断与排除

起动系统常见的故障有起动机不转、起动机运转无力、起动机空转和工作时有异响等。出现这些故障的原因可能是蓄电池、起动机、起动继电器、点火开关、起动系统的线路等，要根据控制电路的不同具体分析。

1. 起动机不转

故障现象：将点火开关打到起动挡，起动机不转。

故障原因：

（1）电源故障

蓄电池严重亏电或极板硫化、短路等，蓄电池极桩与线夹接触不良，起动电路导线连接处松动而接触不良等。

（2）起动机故障

换向器与电刷接触不良，励磁绕组或电枢绕组有断路或短路，绝缘电刷搭铁，电磁开关线圈断路、短路、搭铁或其触点烧蚀等。

（3）点火开关故障

点火开关接线松动或内部接触不良等。

（4）起动线路故障

起动线路中有断路、导线接触不良或松脱等。

诊断思路：

起动机不转的故障诊断思路如图 4.40 所示。

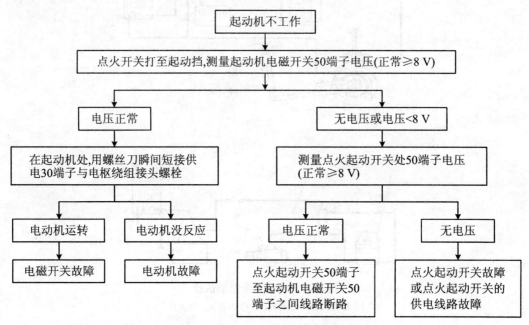

图 4.40　起动机不转故障诊断流程图

2. 起动机运转无力

故障现象：

将点火开关旋至起动挡，起动齿轮发出"咔哒"声并向外移出，但是起动机不转动或转动缓慢无力。

故障原因：

(1) 电源故障

蓄电池亏电或极板硫化、短路，起动电源导线连接处接触不良等。

(2) 起动机故障

换向器与电刷接触不良，电磁开关接触盘和触点接触不良，电动机励磁绕组或电枢绕组有局部短路等。

诊断思路：

起动机运转无力故障的诊断思路如图 4.41 所示。

3. 起动机空转

故障现象：

接通起动开关后，起动机快速旋转而发动机曲轴不转。

故障原因：

此现象表明起动机电路畅通，故障在于起动机的传动装置和飞轮齿圈等处。

故障诊断：

① 起动机空转时，有较轻的摩擦声音，起动机驱动齿轮不能与飞轮啮合而产生空转，即驱动齿轮还没有啮合到飞轮中，电磁开关就提前接通，说明主回路的接触行程过短，应拆下

起动机,进行起动机接通时刻的调整。

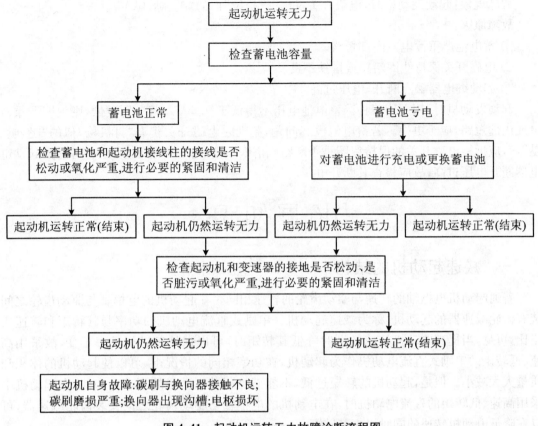

图4.41 起动机运转无力故障诊断流程图

② 起动机空转时,有严重的打齿声,说明飞轮或起动机驱动齿轮严重磨损,应拆下起动机进一步检查,根据实际情况更换驱动齿轮或飞轮。

③ 起动机空转时,速度较快但无碰齿声音,说明起动机单向离合器打滑,即驱动齿轮已经啮入飞轮轮齿中,但不能带动飞轮旋转,只是起动机电枢轴在空转,应更换单向离合器总成。

④ 有的起动机传动装置采用一级行星齿轮减速装置,其结构紧凑,传动比大,效率高,但使用中常会出现载荷过大而烧毁卡死。有的采用摩擦片式离合器,若压紧弹簧损坏、花键锈蚀卡滞或摩擦离合器打滑,也会造成起动机空转。

4. 驱动齿轮与飞轮齿圈不能啮合而发出撞击声

故障现象:起动发动机时,驱动齿轮不能顺利啮入飞轮齿圈,有齿轮撞击声。

故障原因:

① 驱动齿轮轮齿或飞轮齿圈轮齿磨损过甚或个别齿损坏。

② 起动机调整不当,驱动齿轮端面与端盖凸缘间的距离过小。当驱动齿轮与飞轮齿圈尚未啮合或刚刚啮合时,起动机主电路就已接通,于是驱动齿轮高速旋转着与静止的飞轮齿圈啮合而发出撞击声。

排除方法:

若是齿轮磨损或个别齿损坏,更换驱动齿轮、飞轮齿圈。若是起动机调整不当,则按要求重新调整起动机。

5. 起动机连续发出"哒、哒"撞击声

故障现象：起动发动机时，电磁开关发出"打机枪"似的"哒、哒、哒"声。

故障原因：

① 蓄电池严重亏电或内部短路。

② 电磁开关保持线圈断路或搭铁不良。

③ 起动继电器触点断开，电压过高。

起动发动机时，用万用表检测蓄电池电压不得低于 9.6 V。若电压过低，则说明严重亏电或内部短路，应予更换。若蓄电池没有问题，起动时电磁开关仍有"打机枪"似的"哒、哒、哒"声，应拆检电磁开关的保持线圈是否断路或搭铁不良；对于个别车型，还有可能是起动继电器断开电压过高，故应检查其断开电压。

拓 展 知 识

一、减速起动机的结构

普通起动机电枢轴的转速与驱动齿轮的转速相同。在起动机的电枢轴与驱动齿轮之间装有齿轮减速器的起动机，称为减速起动机。串励式直流电动机的功率与其转矩和转速成正比，可见，当提高电动机转速的同时降低其转矩时，可以保持起动机功率不变，故采用高速、低转矩的串励式直流电动机作为起动机，在功率相同的情况下，可以使起动机的体积和质量大大减小。但是，起动机的转矩过低，不能满足起动发动机的要求。为此，在起动机中采用高速、低转矩的直流电动机时，在电动机的电枢轴与驱动齿轮之间安装齿轮减速器，可以在降低电动机转速的同时提高其转矩。

减速起动机的减速机构按照结构可分为内啮合式、外啮合式和行星齿轮式三种类型，其中内啮合式和外啮合式又被称为平行轴式起动机。如图 4.42 所示。

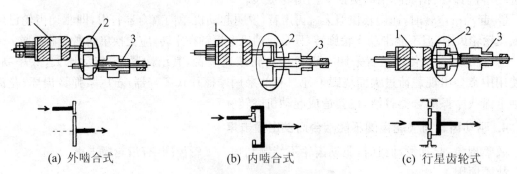

(a) 外啮合式　　　　(b) 内啮合式　　　　(c) 行星齿轮式

图 4.42 减速起动机类型

1. 直流电动机；2. 减速机构；3. 驱动齿轮

（一）外啮合式减速起动机

外啮合式减速起动机，其减速机构在电枢轴和起动机驱动齿轮之间利用惰轮作中间传动，且电磁开关铁心与驱动齿轮同轴心，直接推动驱动齿轮进入啮合，无需拨叉，因此起动机的外形与普通的起动机有较大的差别。通常分有惰轮外啮合式减速起动机和无惰轮外啮合式减速起动机。外啮合式减速机构的传动中心距较大，受起动机构的限制，其减速比不能太大,一般不大于5,多用在小功率的起动机上。如图4.43所示为丰田汽车采用的外啮合式减速起动机分解图。

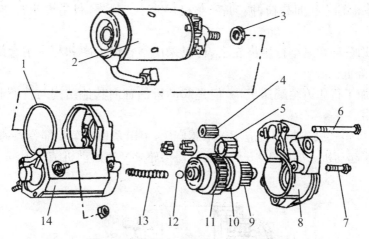

图4.43 外啮合式减速起动机分解图

1.橡胶圈;2.电动机;3.毡垫圈;4.主动齿轮;5.惰轮;6.穿钉;7.螺栓;8.外壳;
9.驱动齿轮;10.单向离合器;11.从动齿轮;12.钢球;13.回位弹簧;14.电磁开关

(二)内啮合式减速起动机

内啮合式减速起动机,其减速机构传动中心距小,可有较大的减速比,故适用于较大功率的起动机。内啮合式减速机构噪声较大,驱动齿轮仍需拨叉拨动进入啮合,起动机的外形与普通起动机相似。

如图4.44所示为内啮合式减速起动机结构图。该种起动机的传动中心距为20 mm左右,减速传动效率高,但成本也高。

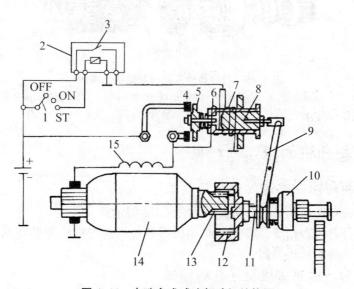

图4.44 内啮合式减速起动机结构图

1.点火开关;2.起动继电器;3.起动继电器触点;4.主接线柱内侧触头;5.接触盘;6.吸拉线圈;7.保持线圈;8.活动铁心;9.拨叉;10.单向离合器;11.螺旋花键轴;12.内啮合减速齿轮;13.主动齿轮;14.电枢;15.励磁绕组

（三）行星齿轮式减速起动机

行星齿轮式减速起动机减速机构结构紧凑、传动比大、效率高。由于输出轴与电枢轴同轴线、同旋向，电枢轴无径向载荷，振动轻，整机尺寸小。另外，行星齿轮式减速起动机还具有如下优点：

① 负载平均分配在三个行星齿轮上，可以采用塑料内齿圈和粉末冶金的行星齿轮，使质量减轻、噪声降低。

② 尽管增加了行星齿轮减速机构，但是起动机的轴向其他结构与普通起动机相同，故其配件可以通用。

因此，行星齿轮式减速起动机应用越来越广泛，丰田系列轿车和部分奥迪轿车均采用了行星齿轮式减速起动机。如图4.45所示为行星齿轮式减速起动机结构图。

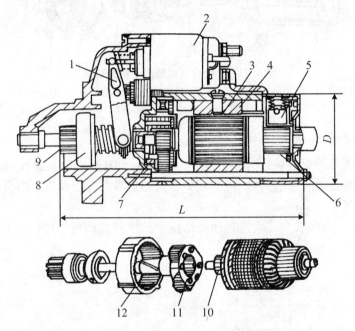

图4.45 行星齿轮式减速起动机结构图
1. 拨叉；2. 电磁开关；3. 电枢；4. 磁场；5. 电刷；6. 换向器；7. 行星齿轮式减速机构；
8. 滚柱式单向离合器；9. 驱动齿轮；10. 电枢轴；11. 行星齿轮架；12. 内齿圈

二、减速起动机的拆装与检修

（一）行星齿轮永磁减速起动机的拆装

行星齿轮永磁减速起动机的分解过程如图4.46所示。

装复过程与分解过程相反。装复的起动机要通过性能测试检测其技术状况，空载试验和全制动试验与常规起动机类似。

（二）行星齿轮永磁减速起动机的检修

1. 直流电动机的检修

行星齿轮永磁减速起动机的电动机结构与常规起动机的电动机结构区别在于用条形永久磁铁取代励磁绕组，因此应检查电枢因接触永久磁铁而造成的磨损与损坏，如图4.47所示,若出现严重磨损与损坏,应更换电枢。

换向器、电刷、电刷架、电刷弹簧的检修与常规起动机类似。

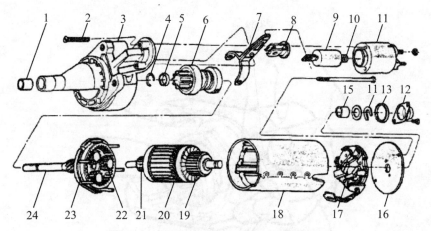

图 4.46 行星齿轮永磁减速起动机分解图

1、15. 铜衬套;2. 固定螺栓;3. 驱动端盖;4. 开环;5. 止推垫圈;6. 单向离合器;7. 拨叉;8. 拨叉支点衬垫;9. 活动铁心;10. 复位弹簧;11. 电磁开关线圈总成;12. 防尘盖;13. 密封圈;14. 锁紧卡片;16. 换向器端盖;17. 电刷总成;18. 电动机壳体;19. 换向器;20. 电枢;21. 减速器太阳轮;22. 行星齿轮;23. 内齿圈;24. 减速器输出轴

2. 减速装置的检修

检查行星齿轮和齿圈,若有磨损或损坏应更换,如图 4.48 所示。

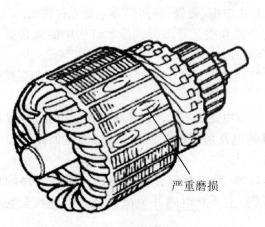

图 4.47 电枢磨损检查

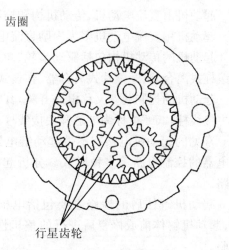

图 4.48 行星齿轮检查

3. 离合器的检修

握紧驱动齿轮顺时针旋转齿轮轴,检查驱动齿轮,会移动到另外一端,如图 4.49 所示。若驱动齿轮不能平滑移动,应更换齿轮总成。

握紧主动齿轮,逆时针旋转齿轮轴,齿轮轴应当能自由旋转。若旋转齿轮轴时有卡滞现象,应更换齿轮罩总成。若起动机驱动齿轮磨损或损坏,则更换单向离合器总成。

4. 电磁开关的检修

电磁开关的检修与常规起动机类似。

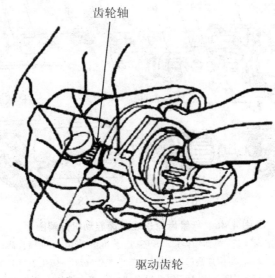

图 4.49　离合器检查

项目小结

起动机由直流电动机、传动机构和控制装置（电磁开关）三个部分组成。

起动机用直流电动机多为串励直流电动机，由电枢、磁极、换向器等主要元件构成。

起动机的传动机构包括驱动齿轮、单向离合器和拨叉等部分。传动机构中的离合器分为滚柱式离合器、摩擦片式离合器、弹簧式离合器等。

起动机的控制装置又称电磁开关，其上有"30"、"50"及"C"接线柱，其中"30"和"C"被称为主接线柱，"50"被称为电磁开关接线柱。

常见的起动机电路有不带起动继电器的控制电路、带起动继电器的控制电路、带保护继电器的控制电路等多种形式。分析起动机的电路可归纳为两条回路，即主回路和控制回路。

起动机解体后的检修主要包括电枢、换向器、励磁绕组、电刷、电磁开关等元件的检修；起动机解体前或修复后进行的整机性能试验主要有电磁开关试验、空载试验、全制动试验。

起动机每次起动时间不应超过 5 s，再次起动时应间隔 15 s，以使蓄电池得到恢复。如果有连续第三次起动，应在检查与排除故障的基础上停歇 15 min 以后。

起动系常见的故障有起动机不转、起动机运转无力、起动机空转、起动异响等。

思考练习

1. 起动机由哪些部分组成？各组成部分的作用是什么？

2. 起动机单向离合器的作用是什么？单向离合器有哪几种类型？
3. 简述起动机的工作过程。
4. 起动机不转的故障原因有哪些？怎样诊断和排除？
5. 起动机运转无力的故障原因有哪些？怎样诊断和排除？
6. 起动机连续发出"哒、哒"撞击声的原因有哪些？怎样诊断和排除？

项目五

点火系统的检修

项目描述

　　点火系统的任务就是在合适的时刻向火花塞提供高压电脉冲,点燃气缸内的空气、燃油混合物,使发动机有效运转,它的工作直接影响燃油燃烧质量,从而对车辆的动力性、燃油经济性、工作稳定性和排放污染等产生重要影响。因此点火系统是汽油发动机最关键的系统之一。通过对点火系统检查与调整项目的学习,逐渐了解汽车点火系统,虽然不同的厂商所采用的点火系统有很多不同之处,但所有点火系统的基本工作原理都相同,当面对一个新的或不熟悉的系统时,不要害怕,对照维修手册,仔细研究一下,排除点火系统的故障还是十分容易的。

1. 知识要求

① 了解点火系统的三个主要功能。
② 熟悉点火系统的组成与工作原理。
③ 熟悉点火系统各主要元件的作用、结构组成与工作原理。
④ 掌握电磁感应式点火系统和霍尔效应式点火系统的工作原理。
⑤ 了解无分电器电控点火系统的工作原理。
重点掌握内容:电磁感应式点火系统和霍尔效应式点火系统的工作原理。

2. 能力要求

① 会拆检分电器,会检测点火线圈,能进行点火正时安装。
② 能通过目视或检测仪器,对点火系统常见故障进行正确的诊断与排除。

相关知识

一、点火系统概述

(一)点火系统的类型及发展

美国人查尔斯·凯特林于1911年成功研制了汽车点火系统,时至今日,点火系统已发展出很多种类型。按所用电源不同可分为磁电机点火系统和蓄电池点火系统两种类型。在发动机工作时,由蓄电池或发电机向点火系统提供电能的称为蓄电池点火系统,而由磁电机向点火系统提供电能的称为磁电机点火系统。现代车用汽油发动机均采用蓄电池点火系统。

汽油机点火系统在产生电火花前,都必须将从电源获取的能量贮存起来,以便在瞬间释放时产生高压电火花。按贮存能量的元件不同,汽油机点火系统又可分为电感储能式点火系统和电容储能式点火系统两种类型。电感储能式点火系统将点火能量以磁场能量的方式贮存在电感线圈(点火线圈)中,电容储能式点火系统将点火能量以电场能量的方式贮存在电容中。车用汽油机的点火系统一般都属电感储能式点火系统。

按汽油机点火系统对点火提前角控制方式的不同,可将点火系统的发展划分成传统点火系统、晶体管电子点火系统和微机控制电子点火系统三个阶段。

1. 传统点火系统

传统点火系统又称机械触点式点火系统,它利用机械触点控制点火提前角,并利用机械离心装置和真空装置自动调节点火提前角。发动机工作时,为保证点火顺序,传统点火系统利用分电器给各缸配电。

传统点火系统的结构简单、成本低,在汽油机上应用最早。但由于机械触点的存在,导致其点火能量低、工作可靠性差、对火花塞积炭敏感且干扰大,已不能适应现代汽车发展的要求。目前,传统点火系统已逐渐被点火性能好、工作可靠、点火提前角控制精度高的电子点火系统所取代。

2. 晶体管电子点火系统

晶体管电子点火系统的功能和工作原理与传统点火系统基本相同,只是控制点火提前角的元件用电子点火器取代了断电器,它利用晶体管的导通和截止来控制点火线圈一次绕组回路的通断,而晶体管的导通与截止则用点火信号发生器产生的信号来控制。普通电子点火系统仍保留了机械离心式和真空式点火提前角自动调节装置。

车用汽油机电感储能式普通电子点火系统,按点火信号发生器结构原理的不同,又分为电磁式、霍尔式和光电式三种类型。电磁式电子点火系统的点火信号发生器利用电磁感应原理产生点火信号,霍尔式电子点火系统的点火信号发生器利用霍尔效应原理产生点火信号,光电式电子点火系统的点火信号发生器利用光电效应产生点火信号。

3. 微机控制电子点火系统

在微机控制电子点火系统中,由 ECU 来控制和修正点火提前角,甚至可取消分电器,成为全电子点火系统。电控点火系统由于减少甚至取消了机械装置,与其他点火系统相比,不仅点火提前角的控制精度提高,而且能量损失少、对无线电干扰小、工作性能更加稳定。

电控点火系统除点火提前角控制功能外,还具有爆燃控制、通电时间控制等功能。随着汽车电子控制技术的发展和普及,电控点火系统的应用也越来越多。

(二)点火系统的功能

点火系统经过多年的发展,虽然已有很多类型,现代电控点火系统从外表上看也与传统的触点式点火系统差异很大,但是它们的功能却是相同的。点火系统主要具有下面三项功能:

1. 产生电火花

点火系统必须能够产生足够高的击穿电压,以击穿火花塞的电极间隙,产生具有充足能量的电火花,引燃空气、燃油混合气,并维持足够长的火花时间,以保证空气、燃油混合气充分燃烧。

2. 控制点火提前角

点火系统必须能随着发动机转速和负荷的变化以及其工作情况的变化,而及时调整点火提前角,使得发动机在各种情况下都能在最恰当的时间点火。

3. 分配电火花

对于多缸发动机,点火系统必须在压缩行程的适当时刻向正确的气缸输送电火花,以便开始燃烧过程。

(三)点火提前角与点火能量

点火系统的基本功用是产生电火花点燃气缸内的混合气,对发动机的工作有着十分重要的影响。在发动机各种工况和使用条件下,要求点火系统必须都能及时、可靠地点火。点火及时是要求点燃混合气的时间适当,即点火提前角要合适;点火可靠是要求产生的电火花有足够的能量,保证能点燃气缸内的混合气。

在汽油机工作过程中,点火系统点燃混合气的时间一般用点火提前角表示。点火提前角是指为了提高发动机的性能,在发动机的压缩行程尚未到达上止点之前的某一时刻,火花塞开始跳火将气缸内的混合气点燃,这就是点火提前,而这个提前量所对应的曲轴转角,即为点火提前角。理论和实践均证明,点火提前角的大小对发动机的动力性、经济性以及排放污染物的浓度有着极大的影响。

1. 点火提前角对发动机动力性、经济性的影响

最佳点火提前角就是使发动机动力性和经济性都达到最优的点火提前角。从混合气燃烧过程来看,最佳点火提前角应使得当活塞运行至上止点时,混合气燃烧的火焰大约为半个燃烧室空间,此时气缸内的压力最高。

如果点火过早,点火时混合气的压力比较低,同时燃烧最大压力产生的时刻在活塞上止点之前,这样的燃烧压力不仅不能提高发动机的动力性,而且还会对活塞上行产生较大的阻力;另外还会使气缸内未燃烧的混合气因高温高压的作用,而自行燃烧,这样便产生了爆震现象。如果点火过迟,混合气的最大燃烧压力出现在活塞已经下行的过程中,此时,由于气

缸内活塞上部的容积已经增大,使得燃烧压力降低,燃烧速度减慢,造成发动机过热,动力性、经济性下降。

由此可见,点火提前角对发动机的动力性和经济性来说存在一个最佳值,而这个最佳值对于发动机的不同转速和负荷的运行工况是不相同的。理想的最佳点火提前角实际上是汽油发动机可能发生爆震的临界点。

2. 点火提前角与废气中污染物含量的关系

汽车尾气有害成分中,碳氢化合物(HC)和氮氧化合物(NO_x)对燃烧温度和燃烧压力比较敏感,而点火提前角却对发动机燃烧过程中混合气燃烧温度和燃烧压力有着极大的影响,因此,点火提前角就必然对燃烧后废气中污染物的浓度产生影响。事实上,碳氢化合物、氮氧化合物的浓度与点火提前角之间是递增的变化关系。

这是因为点火越迟,燃烧的最高温度越低,氮氧化合物就越不易产生。同样,当点火提前角减小时,会推迟点火时刻,使燃烧废气的有效膨胀率降低,在膨胀后期燃烧温度升高,燃烧结束后,膨胀后期的残留燃烧将气缸壁未燃混合气加热,温度升高,结果是边界处原来由于过冷而不能燃烧的燃料继续燃烧,从而使废气中碳氢化合物浓度降低。

3. 发动机不同工况对点火提前角的要求

发动机运行工况不同时,进入气缸的可燃混合气浓度、温度、燃烧最高压力等诸多因素都将产生变化,而这些因素对点火时刻提出如下的要求:

(1) 发动机转速对点火提前角的要求

发动机转速越高,最佳点火提前角越大,如图5.1所示。因为在混合气空燃比不变的情况下,混合气从点燃到燃烧压力最大所用的时间变化不大,发动机转速升高后,在同一时间内,曲轴转过的角度大,所以最佳点火提前角增大。

(2) 发动机负荷对点火提前角的要求

当发动机转速不变时,随着负荷的增大,最佳点火提前角逐渐减小,如图5.2所示。因为发动机负荷增大时,节气门开度增大,吸入气缸内的混合气数量增多,压缩行程终了时的压力和温度相对增高,残留废气数量相对减少,对混合气的冲淡作用降低,因此燃烧速度加快,从点火到燃烧压力最大点的时间相对缩短,最佳点火提前角减小。

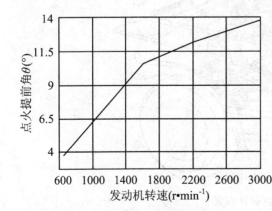

图5.1 发动机转速与最佳点火提前角关系（节气门开度不变时）

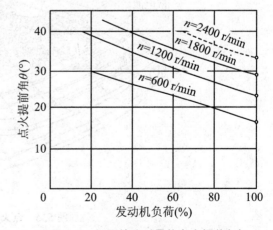

图5.2 不同转速时最佳点火提前角与发动机负荷关系

(3) 其他使用因素对最佳点火提前角的影响

发动机工作时最佳点火提前角除了受转速和负荷的影响外，还受到其他因素的影响，如汽油的抗爆性能、混合气的空燃比、发动机工作温度、进气终了的压力等。

汽油抗爆性能是由汽油的品质决定的，常用辛烷值表示。汽油的牌号越高，辛烷值越高，其抗爆性就越好。抗爆性好的汽油在使用中产生爆震燃烧的倾向小，因此可以选择有利于燃烧的较大点火提前角。

发动机工作温度是影响最佳点火提前角的另一个重要因素。一方面，当发动机冷却水温度较低时，为了暖机的需要，最佳点火提前角应适当增大；而另一方面，当发动机温度较高时，为了减少有害气体氮氧化合物的排放量，最佳点火提前角应适当减小。

综上所述，发动机的最佳点火提前角受多种使用因素的影响，要使每一种工况下，发动机的点火时刻都处于最佳点火提前角是一件非常困难的事情。

4. 点火能量与发动机性能的关系

点火能量与发动机的动力性、经济性及排放污染物等各方面的指标有着密切的联系。当点火能量提高后，不仅可以避免燃烧中的断火现象，而且还可以使用空燃比较高的经济型稀薄混合气，这样既提高了经济性，又可以降低发动机尾气中排放污染物的含量。

二、点火系统的基本构造与检修

（一）点火系统的基本构造

点火系统的总体布置如图5.3所示。主要由电源、点火开关、点火线圈、分电器、高压线及火花塞等组成，这些部件构成了两个相互关联的电路：初级电路和次级电路，其中，初级电路是低压电路，如图5.4所示，次级电路是高压电路。

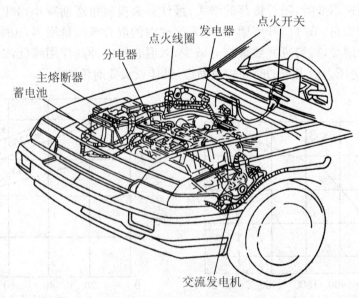

图5.3 点火系统总体布置

1. 初级电路

点火开关接通时，电流从蓄电池流出，经点火开关和初级回路电阻，流到点火线圈的初级绕组，然后电流流经某种开关设备后接地。开关设备是由触发设备通过电子的方式或机械触点的方式控制的。

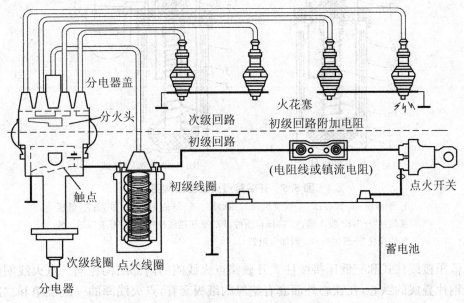

图 5.4 典型的初级和次级点火电路

点火线圈初级绕组内的电流会产生磁场，开关设备或控制模块在预定的时刻切断这个电流，这时初级绕组内的电磁场消失，从而在次级绕组上感应出高压脉冲，这时恰好接通了点火系统的次级回路。

有些点火系统在点火开关和点火线圈接线柱间串联了一个附加电阻，用来向点火线圈提供适当大小的电压和电流。现在，很多点火系统已经不使用附加电阻了，它们直接向点火线圈提供 12 V 电压。

2. 次级电路

次级电路用来向火花塞提供高压脉冲。过去的点火系统都使用分电器来实现这个功能，现在为了提高燃油经济性，减少污染排放物，大多数汽车都采用了无分电器的点火系统。在分电器点火系统中，次级线圈产生的高压脉冲通过高压导线，从点火线圈到达分电器。在分电器内部，根据发动机的点火顺序，由一组高压分线将这个高电压分配到各个气缸的火花塞。

（二）点火线圈的结构与检修

1. 点火线圈的结构

点火线圈是将电源的低压电转变成高压电的基本元件。按磁路结构形式的不同，点火线圈可分为开磁路点火线圈和闭磁路点火线圈两种。

（1）开磁路点火线圈

开磁路点火线圈的结构如图 5.5 所示。按接线柱数量不同，点火线圈可分为二低压接线柱式和三低压接线柱式两种。三低压接线柱式点火线圈有"－开关"、"开关"、"＋开关"三个低压接线柱,并将附加电阻器跨接在"一开关"与"+开关"两接线柱之间。二低压接线柱式点火线圈上有"+"、"一"两个接线柱,其本身不带附加电阻器。

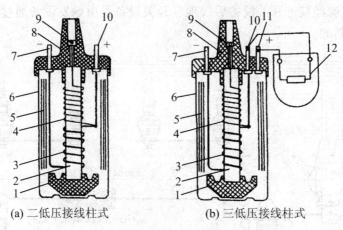

(a) 二低压接线柱式　　(b) 三低压接线柱式

图 5.5　开磁路点火线圈结构图

1. 绝缘座;2. 铁心;3. 一次绕组;4. 二次绕组;5. 导磁钢套;6. 外壳;7. 低压接线柱"一";8. 胶木盖;9. 高压接线桩;10. 低压接线柱"+"或"开关";11. 低压接线柱"+开关";12. 附加电阻器

二低压接线柱式和三低压接线柱式开磁路点火线圈的内部结构相同。点火线圈的中心是用硅钢片叠成的铁心,在铁心外面套有绝缘的纸板套管,点火线圈的一次绕组和二次绕组分层绕在套管上。二次绕组用直径为 0.06～0.10 mm 的漆包线绕 11000～23000 匝,一次绕组用直径为 0.5～1.0 mm 的高强度漆包线绕 230～270 匝,由于一次绕组的通过电流大,产生的热量多,所以将其绕在二次绕组的外面,以利于散热。点火线圈绕组与外壳之间装有导磁钢套,上部有绝缘胶木盖,下部有瓷质绝缘座。为加强绝缘并防止潮气侵入点火线圈,外壳内一般都充满沥青或变压器油,所以这种开磁路点火线圈也称之为湿式点火线圈。

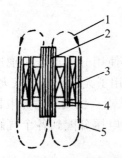

图 5.6　开磁路点火线圈磁路图

1. 磁力线;2. 铁心;3. 一次绕组;
4. 二次绕组;5. 导磁钢套

当点火线圈的一次绕组电路接通时,铁心被磁化,其磁路如图 5.6 所示。由于磁路的上、下部分需经过空气,外围需经过壳体内的导磁钢套才能形成回路,铁心本身不能构成回路,所以称之为开磁路点火线圈。开磁路点火线圈的磁阻大,漏磁损失大,能量转换效率低。

(2) 闭磁路点火线圈

闭磁路点火线圈的结构和磁路如图 5.7 所示。闭磁路点火线圈的铁心为"日"字形,本身构成闭合磁路。为减少铁心的磁滞现象,在磁路中留有一个微小空气隙。闭磁路点火线圈的壳体内,采用热固性树脂作为填充物,所以又称之为干式点火线圈。

与开磁路点火线圈相比,闭磁路点火线圈的磁阻小,漏磁损失小,能量转换效率高。此外,闭磁路点火线圈的壳体通常以热熔性塑料注塑成型,填充物采用热固性树脂,使其绝缘性和密封性均优于开磁路点火线圈。闭磁路点火线圈体积的日益小型化,使其能直接安装在分电器盖上,不仅可省去点火线圈与分电器之间的高压线,而且使点火系统结构更紧凑,所以在电子点火系统中得到广泛应用。

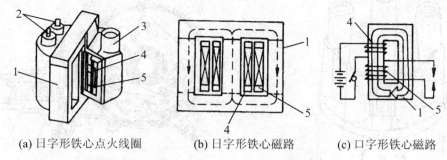

(a) 日字形铁心点火线圈　　(b) 日字形铁心磁路　　(c) 口字形铁心磁路

图 5.7　闭磁路点火线圈结构和磁路图

1. 铁心；2. 低压接线柱；3. 高压插孔；4. 一次绕组；5. 二次绕组

2. 点火线圈的检修

（1）外观检查

目测观察点火线圈外表，若有脏污或接线柱锈蚀，进行清洁后再做进一步检查；若有胶木盖裂损、接线柱松动、壳体变形、填充物外溢、高压插座接触不良等现象，应更换该点火线圈。

（2）绝缘性能的检查

用万用表电阻挡测量点火线圈任一接线柱与壳体之间的电阻值，其阻值应不小于 50 MΩ，否则说明点火线圈绝缘不良，应更换该点火线圈。

（3）绕组电阻的检查

用万用表电阻挡测量点火线圈一次绕组和二次绕组的电阻值，其阻值应符合规定，否则应更换该点火线圈。

（4）附加电阻器的检查

用万用表电阻挡测量附加电阻器的阻值，其阻值应符合规定，否则应更换该点火线圈。

（5）点火线圈性能的检查

点火线圈的性能应在专用的电气试验台上利用三针放电器进行检测。

试验时，将点火线圈安装到试验台上，将三针放电器的间隙调整到 7～8 mm，起动试验台使分电器低速运转，待点火线圈温度升高到正常工作温度（60～70 ℃）后，再将分电器转速调至规定值（四缸发动机和六缸发动机一般为 1900 r/min）；在 30 s 内，三针放电器间隙中应产生强烈且连续的电火花，若火花弱或无火花，则说明点火线圈性能不良，应更换该点火线圈。

（三）分电器的结构与检修

分电器的功用是接通或切断点火线圈的初级回路，使次级点火线圈产生高压电，并按发动机的工作顺序，在最佳点火时刻将高压电分别送到各缸火花塞。传统点火系统中的分电器主要由配电器、断电器、点火提前调节机构、电容器等组成，如图 5.8 所示。

普通电子点火系统中的分电器与传统点火系统中的分电器结构基本相同，只是用点火信号发生器代替了断电器，分电器内仍保留有传统的配电器、机械离心式点火提前角自动调节器和真空式点火提前角自动调节器等。

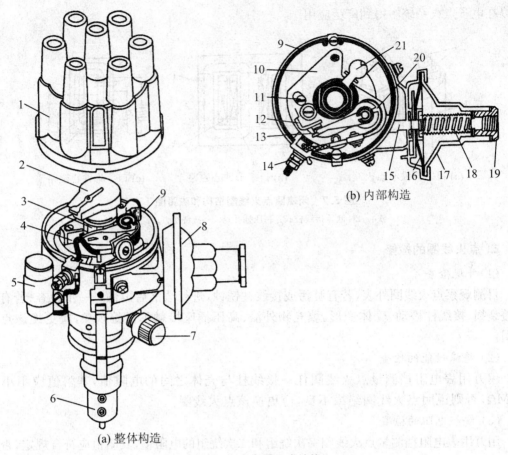

图 5.8　分电器组成结构

1. 配电器盖；2. 分火头；3. 凸轮；4. 触点及断电器底板总成；5. 电容器；6. 轴节；7. 油杯；8. 真空提前机构；9. 配电器壳体；10. 活动底板；11. 偏心螺钉；12. 固定触点与支架；13. 活动触点臂；14. 接线柱；15. 拉杆；16. 膜片；17. 真空提前机构外壳；18. 弹簧；19. 螺母；20. 触点臂弹簧片；21. 油毡及夹圈

1. 配电器

配电器的作用是将点火线圈产生的高压电按发动机各气缸的点火顺序配送火花塞，主要由分电器盖、分火头和高压线等组成。配电器安装在断电器上方。分电器盖的中央有一高压线插孔，插孔内装有带弹簧的电刷，电刷靠其弹簧压在分火头的导电片上。分电器盖中央插孔的周围均布有各缸高压分线插孔，插孔内有金属套与分电器盖内的旁电极连接，通过高压分线将各旁电极分别与各缸火花塞连接。分火头安装在凸轮顶端的点火信号发生器转子上，发动机工作时，分火头随点火信号发生器转子一起旋转。分火头的顶端铆有铜质导电片，分火头端部与旁电极有 0.2~0.8 mm 的间隙。当断电器触点打开时，点火线圈产生的高压电由分火头导电片跳至与其相对的旁电极，再经高压分线送至火花塞电极。

配电器在高压下工作，是点火系统中故障率较高的部位之一，其常见故障主要有分电器盖漏电、中央插孔电刷与分火头导电片接触不良、分火头漏电等。配电器的检修内容及方法如下：

① 目测检查分电器盖，若盖内脏污应进行清洁，若有裂纹应更换。

② 检查分电器盖绝缘性能。如图 5.9(a)所示，用万用表电阻挡分别测量分电器盖各插

孔之间的电阻值,电阻值应不小于 500 MΩ,否则说明绝缘性能不良,应更换该分电器盖。也可采用在车跳火检查法,如图 5.9(b)所示,拔掉分电器盖上的所有高压分线,将中央高压线插到任一高压分线插孔中,并在其分线孔邻近的插孔中再插上一根高压分线,使其端头距气缸体 3~4 mm,再拨动断电器触点臂,看此分线端头与气缸体之间是否出现火花。若有火花跳过,说明所检查的高压分线插孔之间已被击穿导致漏电。然后按上述方法再检查其他高压分线插孔之间是否漏电。用此方法也可检查中央高压线插孔与各高压分线插孔是否有漏电现象存在。若无火花跳过,说明绝缘良好;若有火花跳过,说明已被击穿而漏电,应更换该分电器盖。

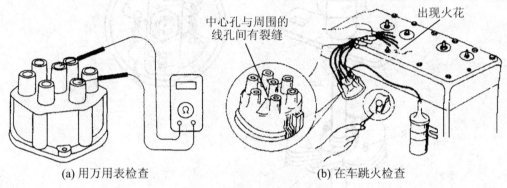

(a) 用万用表检查　　　　(b) 在车跳火检查

图 5.9　分电器盖绝缘性能检查

③ 检查分电器盖中央插孔内的电刷是否有弹性、有无卡滞或磨损,必要时更换分电器盖。

④ 检查分火头是否有裂纹、导电片烧蚀、安装不稳固,必要时更换该分火头。

⑤ 检查分火头是否漏电,常用方法如图 5.10 所示。可用万用表检查(见图 5.10(a)),检查方法与分电器盖相同,分火头极片与绝缘体间电阻不应小于 500 MΩ,否则说明其漏电。也可用在车跳火法检查(见图 5.10(b)),先将分火头反放于气缸盖上,使其导电片(金属部分)与气缸盖接触,然后将高压线的端头移至距离分火头座孔 6~8 mm,同时接通点火开关,用螺丝刀拨动断电器触点,使其一开一闭,此时高压线端头与分火头座孔之间若有火花跳过,则说明分火头漏电,应重换新件。

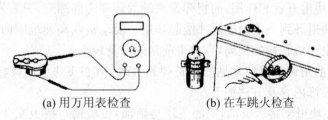

(a) 用万用表检查　　　　(b) 在车跳火检查

图 5.10　分电器盖绝缘性能检查

2. 离心式点火提前角调节器

离心式点火提前角调节器的功用是根据发动机转速的变化自动调节点火提前角。离心式点火提前角调节器安装在分电器内的底板下部,其结构如图 5.11 所示。

离心式点火提前角调节器的托板固定在分电器轴上,托板上安装着两个离心飞块,离心飞块的一端套在托板上的销轴上,离心飞块可绕其销轴转动,飞块的另一端与托板之间装有飞块回位弹簧。两个离心飞块上各有一个拨板销,可以与拨板上的孔插接以驱动点火信号发生器转子。

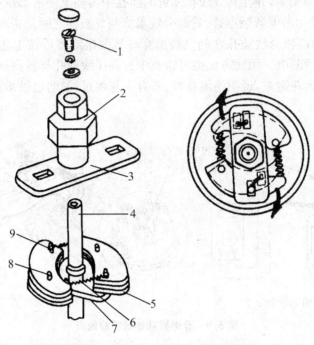

图 5.11　离心式点火提前角调节器结构图
1. 凸轮固定螺钉及垫圈;2. 凸轮;3. 拨板;4. 分电器轴;5. 重块;
6. 弹簧;7. 托板;8. 销钉;9. 柱销

发动机转速提高时,离心飞块在离心力的作用下绕其销轴向外甩开,离心飞块上的拨板销推动拨板连同点火信号发生器转子顺其旋转方向相对分电器轴转过一定角度,使点火信号发生器产生脉冲信号的时刻自动提前,即点火提前角增大。反之,当发动机转速降低时,由于离心飞块的离心力减小,回位弹簧将离心飞块拉拢,点火信号发生器转子逆其旋转方向相对分电器轴转过一定角度,点火提前角自动减小。

为满足发动机的工作需要,离心飞块的回位弹簧通常由一粗一细的两根弹簧组成,较细的弹簧只要离心飞块甩开就起作用,而粗弹簧两端的钩环为椭圆形,只有发动机转速提高到一定程度,离心飞块甩开到一定角度时才能起作用。发动机在高速范围内运转时,由于两弹簧同时起作用,随发动机转速的提高,点火提前角的增量较小。

离心式点火提前角调节器的常见故障是弹簧失效、离心飞块上的拨板销与拨板插孔磨损松旷或卡死等,检修内容及方法如下:

① 检查离心飞块甩动是否灵活,离心飞块与销轴、拨板销与拨板配合是否正常,必要时进行检修或更换。

② 用弹簧秤测量离心飞块回位弹簧的弹力,必要时更换离心飞块回位弹簧。

③ 在专用试验台上检查离心式点火提前角调节器的性能(即点火提前角调整量与转速之间的关系),若不符合规定,可扳动离心飞块回位弹簧支架以调整弹簧预紧力,必要时更换离心飞块回位弹簧。

3. 真空式点火提前角调节器

真空式点火提前角调节器安装在分电器壳外侧,其功用是根据发动机负荷的变化自动调节点火提前角。真空式点火提前角调节器的工作原理如图 5.12 所示。真空式点火提前角调节器的壳体内装有膜片,膜片左侧气室通大气,并用拉杆将膜片与分电器内的活动底板连接;膜片右侧气室装有膜片回位弹簧,并通过真空管与化油器下部位于节气门附近的取真空口相通。发动机节气门开度(即负荷)减小时,取真空口的真空度增大,使膜片克服膜片回位弹簧作用力向右拱曲,并通过推杆拉动分电器内的活动底板使其逆时针方向转过一定角度,由于分电器内的活动底板连同点火信号发生器的定子总成一起转动,且转动方向与点火信号发生器转子旋转方向相反,所以点火信号发生器产生脉冲信号的时刻提前,点火提前角增大。反之,发动机负荷增大时,膜片在膜片弹簧作用下向左拱曲,点火提前角减小。

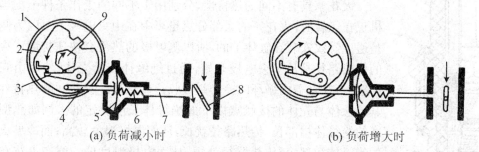

(a) 负荷减小时　　　　　　(b) 负荷增大时

图 5.12　真空式点火提前角调节器工作原理图

1. 分电器壳体;2. 断电器活动底板;3. 触点;4. 推杆;5. 膜片;6. 回位弹簧;7. 真空管;8. 节气门;9. 凸轮

发动机怠速工况、节气门位于最小开度位置时,取真空口位于节气门上方,此时该处的真空度几乎为零,膜片回位弹簧推动膜片使点火提前角达到最小,以满足发动机怠速工况点火提前角小或不提前的要求。

真空式点火提前角调节器的常见故障是弹簧失效、膜片破损、断电器活动底板卡滞等,其检修内容及方法如下:

① 检查膜片是否破损、弹簧是否失效、推杆与活动底板连接是否松动、活动底板转动是否卡滞、真空管接头螺纹是否完好,必要时进行检修或更换。

② 在真空管侧吹气或吸气,以检查真空点火提前角调节器的密封性,如果漏气则应更换该真空式点火提前角调节器总成。

③ 在专用试验台上检查真空式点火提前角调节器性能。在一定转速下,用真空泵给该调节器施加一定的真空度,其点火提前角应符合标准,否则可增减调节器真空管接头处的垫片,调节膜片回位弹簧的预紧力。

(四) 火花塞的结构与检修

1. 火花塞的构造

各种类型的点火系统都使用了火花塞,其作用是将点火线圈产生的高压电流以电弧的形式引入燃烧室,并点燃混合气。火花塞主要由金属杆(钢芯)、瓷绝缘体(能够导热的绝缘体)以及一对电极(其中一个在瓷绝缘体内被绝缘,称为中心电极,另一个在壳体上被搭铁,称为侧电极)等组成,其结构如图 5.13 所示。

火花塞的绝缘体固定在钢制壳体内,以保证中心电极与侧电极之间绝缘。在绝缘体中心孔中装有金属杆和中心电极,金属杆顶端与分高压线插线螺母相连,金属杆底端与中心电极之间用导体玻璃密封。中心电极用镍—锰合金制成,具有良好的耐高温、耐腐蚀和导电性能。壳体下端是弯曲的侧电极,它与中心电极之间保持一定的间隙,间隙的大小是由汽车制造厂决定的。火花塞壳体具有螺纹,用来将火花塞安装在发动机气缸盖上,铜制密封垫圈可起到密封和传热的功用。很多车用火花塞在其顶部的接线柱与中心电极之间有一个电阻器,这个电阻器能够减少射频干扰,从而避免收音机出现噪声。值得注意的是:来自射频干扰的电压也会干扰甚至损坏车载计算机。因此,如果汽车出厂时配有电阻型火花塞,更换火花塞时也必须选用电阻型的。

2. 火花塞的热特性

火花塞具有不同的热特性,分别用于不同的工作条件下。当发动机正在运转时,火花塞的大部分热量集中在中央电极上。因为侧电极是通过螺纹安装在缸体上的,所以侧电极的热量会快速扩散。火花塞的传热路径是从中央电极开始,通过绝缘体传给壳体,然后由壳体传给缸盖,在缸盖内循环的冷却剂吸收这些热量。火花塞的热特性是由其绝缘体与壳体的接触点以下的绝缘体长度决定的。例如热型火花塞的绝缘体裙部长,传热路径就长,从而电极温度较高;而冷型火花塞的绝缘体裙部短,传热路径就短,从而电极温度低。国产火花塞的热特性就是用火花塞绝缘体裙部长度标定的热值来表示,热值代号由 1 到 11,热值代号为 1~3 的称为热型火花塞,热值代号为 4~6 的称中型火花塞,热值代号为 7~11 的称为冷型火花塞。

发动机工作时,火花塞绝缘体裙部的温度对其工作性能有很大的影响。温度过低,落在火花塞绝缘体裙部上的汽油或润滑油容易形成积炭,导致火花塞漏电而不跳火;温度过高,则容易引起发动机早燃或爆震。火花塞绝缘体裙部温度保持 500~700 ℃时,既能使落上的油粒立即燃烧,又不至于引起发动机早火或爆震,该温度称为火花塞的自洁温度。

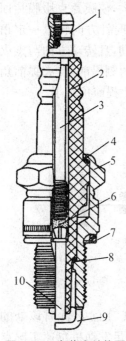

图 5.13 火花塞结构图
1. 插线螺母;2. 瓷绝缘体;3. 金属杆;4、8. 内垫圈;5. 壳体;6. 导体玻璃;7. 密封垫圈;9. 侧电极;10. 中心电极

为保证发动机的正常工作,不同的发动机应配用不同热值的火花塞。对于压缩比低、功率小的发动机,在连续低速运转的工况下,火花塞易被积炭污染,在这种情况下,需要使用热型火花塞。而对于压缩比高、功率较大的发动机,其工作过程中会长时间以极高的速度运行,为防止因温度过高导致早燃或爆震,常采用冷型火花塞。

2. 火花塞的检修

火花塞在高温、高压的环境下工作,而且还要受燃油中添加剂的腐蚀,是易损零件。火花塞常见故障包括绝缘体裂损、电极烧蚀、积炭、电极间隙失准等。

检查时,应注意火花塞壳体与绝缘体的连接是否牢固可靠,若发现火花塞的螺纹及绝缘体有裂纹或壳体与绝缘体连接不牢,应予更换新件,或用万用表测量火花塞绝缘电阻(见图 5.14),电阻值应为 10 MΩ 或更大;检查中心电极是否烧损和侧电极是否开焊或脱落,若发现有以上的现象,应给予更换新件;火花塞积炭较轻时,可用铜丝刷或软钢丝刷进行清理,积炭严重或绝缘体裂损、电极烧蚀时必须更换;火花塞电极间隙一般为 0.7~1.0 mm,近年来,为了适应发动机对排气净化的要求,采用稀薄燃烧,火花塞间隙有增大的趋势,有的已增大为 1.0～1.2 mm,此间隙可用塞尺测量,如图 5.15 所示,若不符合规定标准,应更换火花塞,或用专用工具弯曲侧电极来调整。

火花塞的工作情况检查一般都采取短路法,即当发动机低速运转时,将被测火花塞的高压分火线与缸体间短路或断路,这时若发动机有明显的抖动、运转不稳,说明火花塞工作良好,否则为火花塞损坏。

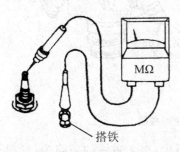

图 5.14 测量火花塞绝缘电阻

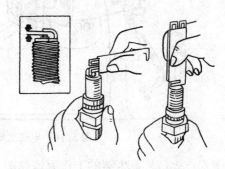

图 5.15 检查火花塞电极间隙

三、普通电子点火系统的构造与维修

(一)普通电子点火系统的基本组成

普通电子点火系统一般由电源、点火开关、点火线圈、电子点火器、分电器(包括点火信号发生器)、高压线及火花塞等组成。

发动机工作时,点火信号发生器代替传统点火系中的断电器凸轮产生脉冲信号输送给电子点火器,脉冲信号控制点火器内晶体管的导通或截止,完全取代了断电器的触点。当输入点火器的脉冲信号使晶体管导通时,点火线圈一次绕组回路接通,贮存点火所需的能量;当输入点火器的脉冲信号使晶体管截止时,点火线圈一次绕组回路断开,二次绕组便产生高压,此高压经配电器和高压线送至火花塞,完成点火。普通电子点火系统能根据发动机转速控制点火系统闭合角,以适应发动机不同转速时的需要,并能限制初级断电电流,使点火系统能量保持恒定及防止点火线圈过热等。

(二)点火信号发生器

点火信号发生器是普通电子点火系统中的重要元件,一般安装在分电器内,其功用是产生控制电子点火器的脉冲信号。按其结构和工作原理的不同,点火信号发生器可分为电磁式、霍尔式和光电式三种类型。

1. 电磁式点火信号发生器

在电磁式电子点火系统中,点火信号发生器利用电磁感应原理产生触发电子点火器的信号,所以称之为电磁感应式点火信号发生器。电磁式电子点火系统的组成如图 5.16 所示,该点火系统主要由电源、点火开关、点火线圈、点火信号发生器、电子点火器、分电器和火花塞等组成。

电磁式点火信号发生器的结构如图 5.17(a)所示,主要由永久磁铁转子、铁心、感应线圈等组成。永久磁铁、铁心、感应线圈等组成电磁感应式点火信号发生器的定子总成,一般安装在分电器内的活动底板上。转子上有与发动机气缸数相同的凸齿,由分电器轴

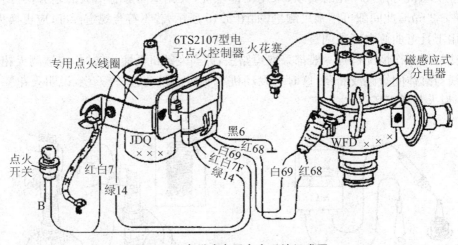

图 5.16　电磁式电子点火系统组成图

电磁式点火信号发生器的工作原理如图 5.17(b)所示,永久磁铁的磁路为:N 极→空气隙→转子→空气隙→铁心→S 极。当发动机工作时,分电器轴带动信号发生器的转子旋转,使转子与铁心之间的空气隙发生有规律的变化,因此穿过感应线圈的磁通量也发生有规律的变化,从而在感应线圈中产生感应电动势(见图 5.17(c))。

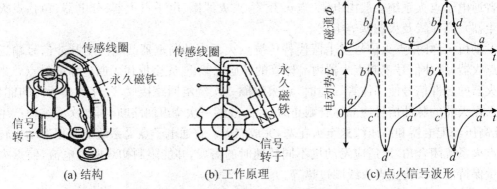

图 5.17　电磁式点火信号发生器

在实际使用中,如怀疑电磁感应式点火信号发生器有故障,可进行如下检测:
① 检查信号发生器转子与铁心之间的间隙,正常应为 0.2～0.4 mm。
② 用万用表测量感应线圈的电阻值,应符合规定标准。常见车型电磁感应式点火信号发生器感应线圈的电阻值如表 5.1 所示。

表 5.1　常见车型电磁感应式点火信号发生器感应线圈电阻值

车型	CA1092 货车	北京切诺基	二汽神龙富康	日本丰田轿车	克来斯勒轿车
电阻(Ω)	600～800	400～800	300	140～180	500～700

2. 霍尔式点火信号发生器

霍尔式电子点火系统的组成如图 5.18 所示,主要标志就是点火信号发生器利用霍尔效应原理产生点火信号,目前国产的桑塔纳、奥迪、捷达、红旗等轿车均装用此类型点火系统。

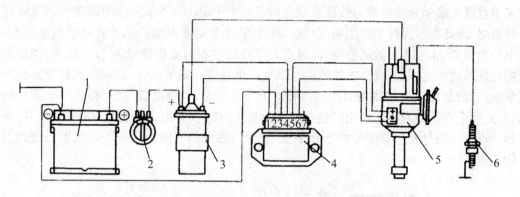

图 5.18　霍尔式电子点火系统组成图
1. 蓄电池；2. 点火开关；3. 点火线圈；4. 点火器；5. 内装霍尔信号发生器的分电器；6. 火花塞

霍尔式点火信号发生器的结构如图 5.19 所示，主要由分电器轴带动的触发叶轮、永久磁铁、霍尔元件等组成。分火头与触发叶轮制成一体，由分电器轴驱动，且触发叶轮的叶片数与发动机的气缸数相等。

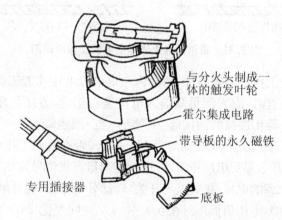

图 5.19　霍尔式点火信号发生器结构图
1. 分火头与触发叶轮；2. 霍尔元件；3. 永久磁铁；4. 线束

霍尔元件实际上是一个霍尔集成电路，内部集成电路原理如图 5.20 所示。在霍尔元件上得到的霍尔电压很小（一般为 20 mV），必须将其放大、整形后才能用来触发电子点火器。

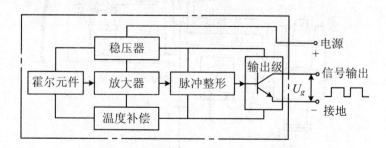

图 5.20　霍尔元件内部集成电路原理图

霍尔式点火信号发生器的工作原理如图 5.21 所示。当发动机工作时，分电器轴带动触发叶轮转动,当触发叶轮的叶片进入永久磁铁和霍尔元件之间的空气隙时(见图 5.21(a)),原来垂直进入霍尔元件的磁力线即被触发叶轮的叶片遮住,霍尔元件的磁路被触发叶轮的叶片旁路,因此霍尔元件不产生霍尔电压,霍尔集成电路输出级的晶体管处于截止状态,其集电极电位为 11~12 V 的高电位,此时点火信号发生器的输出信号为 11~12 V;当触发叶轮的叶片转过空气隙后,永久磁铁的磁力线则可垂直进入霍尔元件,在霍尔元件中便会产生霍尔电压,霍尔集成电路输出级的晶体管处于导通状态,其集电极电位为 0.3~0.4 V 的低电位,此时点火信号发生器输出的信号电压为 0.3~0.4 V。由于触发叶轮有 4 个叶片,所以每转一周点火信号发生器便可产生 4 个脉冲信号,将此信号输送给电子点火器以控制点火系统工作。

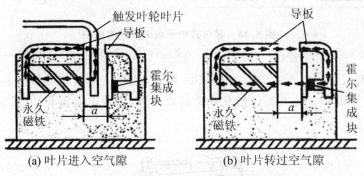

图 5.21 霍尔式点火信号发生器工作原理图

霍尔式点火信号发生器系有源器件,需输入一定电源电压才能工作。因此,在对霍尔式点火信号发生器进行检查时,应先测量其输入电压是否正常,方法是用直流电压表的"+"、"-"表笔分别接与分电器相连接的插接器"+"端子(红/黑色线)、"-"端子(棕/白色线),如图 5.22 所示,打开点火开关,显示电压值应为 11~12 V,否则说明工作电压不正常,需继续检查电子点火组件。若电压表显示电压正常,可进一步测量点火信号发生器的信号输出线(绿白线)与搭铁线(棕白线)之间的电压,接通点火开关,转动分电器轴,随着触发叶轮的叶片离开和进入霍尔传感器的空气隙,电压值低压时在 0.3~0.4 V 之间变化,高压时在 8~9 V 之间变化。如经过上述检测,电压表读数显示正常,可认为霍尔式点火信号发生器无故障。

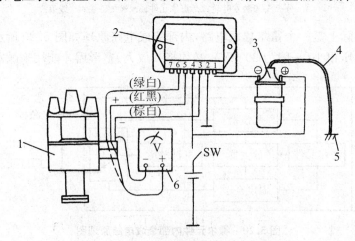

图 5.22 霍尔式点火信号发生器的检查
1. 分电器;2. 电子点火器;3. 点火线圈;4. 高压线;5. 搭铁;6. 直流电压表

对于不同车型的霍尔信号发生器,可参考上述检查方法。但需注意的是:由于车型或生产年代的不同,霍尔式点火信号发生器的电路、内部结构不完全相同,所以正常的电压幅值也会有所不同,检查时,最好参考维修手册的相关说明,或与同期生产的同种车型的测量值相比较。

2. 光电式点火信号发生器

光电式电子点火系统的组成与电磁式电子点火系统、霍尔式电子点火系统基本相同,如图 5.23 所示,主要由蓄电池、点火开关、点火线圈、点火控制器、光电式点火信号发生器和分电器等组成。

光电式点火信号发生器的结构如图 5.24 所示,主要由发光二极管、光敏晶体管和转子三部分组成。作为光源的发光二极管可发出红外线光束,光敏晶体管则为光接收器,当红外线光束照射到光敏晶体管上时,光敏晶体管导通。转子位于发光二极管与光敏晶体管之间,转子的外缘上有与发动机气缸数相等数目的缺口。

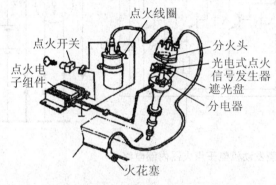

图 5.23 光电式点火系统组成图

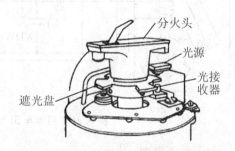

图 5.24 光电式点火信号发生器结构图

光电式点火信号发生器的工作原理如图 5.25 所示。发动机工作时,分电器轴通过离心点火提前角调节器驱动转子旋转,当转子上的缺口通过发光二极管与光敏晶体管之间时,发光二极管所发出的光束直接照到光敏晶体管上,光敏晶体管便产生一个脉冲信号。转子每转一圈,光电式点火信号发生器产生与发动机气缸数相等数量的脉冲信号,该信号输送给电子点火器,控制点火系统的工作。

在使用中,光电式点火信号发生器常因元件脏污或损坏、电路断路或接触不良而发生故障。光电式点火信号发生器发生故障时应进行以下检查:

① 一般检查。打开分电器盖,检查发光二极管及光敏晶体管是否脏污、线路连接是否正常。

② 检查信号电压值。给分电器线束连接器电

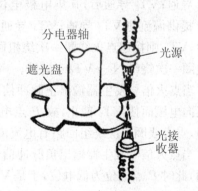

图 5.25 光电式点火信号发生器工作原理

源端子施加 12 V 电压,然后慢慢转动分电器轴,并用万用表测量点火信号发生器输出的信号电压,正常值应在 0~1 V 之间变化,否则说明该点火信号发生器有故障,应更换该分电器总成。

（三）电子点火器

在电子点火系统中，点火器的功用是控制点火线圈一次绕组回路的接通或断开。电子点火器组装在一个小盒内，安装在分电器外部，其内部电路多种多样，下面以日本丰田 20R 型发动机电子点火器为例介绍电子点火器的工作情况。

日本丰田 20R 型发动机电子点火器内部电路如图 5.26 所示。该点火控制器的内部电路由整形电路（VT_2）、放大电路（VT_3 和 VT_4）和开关电路（VT_5）组成。其中 VT_1 主要起温度补偿的作用，由于其发射极和基极相接，故相当于一个二极管。VT_5 为大功率晶体管，用来控制点火线圈一次绕组回路的通断。

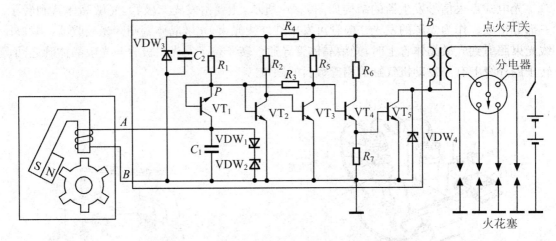

图 5.26　日本丰田 20R 型发动机电子点火器内部电路

1．工作原理

接通点火开关但发动机不工作时，蓄电池"+"→点火开关→R_4→R_1→P 点→VT_1→A 点→感应线圈→B 点→搭铁构成回路，于是电路中的 P 点电位高于 VT_2 的导通电压，使 VT_2 导通；VT_2 导通后，其集电极电位降低，使 VT_3 截止；VT_3 截止时，蓄电池通过 R_5 向 VT_4 提供偏流使 VT_4 导通；VT_4 导通后，R_7 上的电压降给 VT_5 提供正向偏置电压，使 VT_5 导通，VT_5 则接通点火线圈一次绕组回路，回路为：蓄电池"+"→点火开关→附加电阻→点火线圈一次绕组 N_1→VT_5→搭铁。

当点火信号发生器输出正脉冲信号（A 端为"+"、B 端为"-"）时，由于 VT_1 的集电极加反向电压而使 VT_1 截止，故 P 点电位仍是高电位，使 VT_2 导通、VT_3 截止、VT_4 和 VT_5 导通，点火线圈一次绕组回路有电流流过。

当点火信号发生器输出负脉冲信号（A 端为"-"、B 端为"+"）时，VT_1 因加正向电压而导通，此时 P 点电位为低电位，于是 VT_2 截止。当 VT_2 截止时，蓄电池通过 R_2 向 VT_3 提供偏流，使 VT_3 导通、VT_4 和 VT_5 截止，VT_5 断开点火线圈一次绕组回路，从而在点火线圈二次绕组中产生很高的互感电动势。

点火线圈二次绕组产生的高压电经配电器送至火花塞使其跳火，点燃混合气。点火信号发生器转子每转 1 圈，发动机各缸的火花塞按顺序分别点火 1 次。

2．电路中其他元件的作用

VT_1 具有温度补偿的作用。由于 VT_1 与 VT_2 的型号相同、温度系数相同，所以 VT_2 的导通和截止时间不受温度影响,有利于保证点火提前角的控制精度。当温度升高时 VT_2 的导通电压降低,使 VT_2 导通时刻提前而截止时刻滞后,这将导致点火提前角减小(即点火推迟)。将 VT_1 与 VT_2 并联,温度升高时,由于 VT_1 的电压降减小而使 P 点电压下降,正好补偿了温度升高对 VT_2 的影响,使 VT_2 的导通和截止时间不变。

VDW_1 和 VDW_2 反向串联,并与信号发生器的感应线圈并联,其作用是"削平"高速时感应线圈产生的大信号波峰,保护 VT_1 和 VT_2。

VDW_3 的作用是稳定 VT_1 和 VT_2 的电源电压,VDW_4 的作用是保护 VT_5。

C_1 与点火信号发生器的感应线圈并联,可以保证信号电压平滑稳定;C_2 的作用是吸收瞬时过电压,保护 VT_1 和 VT_2。

R_3 是正反馈电阻器,可加速 VT_2、VT_5 翻转。

3. 电子点火器的检查

对于丰田 20R 型发动机等配用的磁感应式点火信号发生器的单功能电子点火组件,其基本检查原理是利用干电池的电压作为电子点火器的点火输入信号,然后用万用表或试灯来判断电子点火器的好坏。检查方法如图 5.27 所示,拆开分电器上的线路插接器,接通点火开关,利用一只 1.5 V 的干电池代替信号发生器,将其正、负极分别与电子点火器的粉红色及白色信号线相连,用万用表电压挡检查点火线圈负接线柱与搭铁间的电压,应为 1~2 V;然后将干电池的极性颠倒,再进行测量,应为 12 V。或用试灯的灭、亮来进行判断。若符合上述标准,说明该点火器正常,否则应更换。

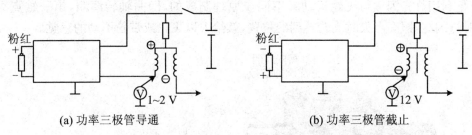

(a) 功率三极管导通　　　　　　(b) 功率三极管截止

图 5.27　用干电池检查电子点火器

(四)普通电子点火系统的维护与故障诊断

1. 使用与维护注意事项

普通电子点火系统的使用与维护应注意以下几点:

① 电子点火系统使用高能点火线圈,不能用普通的点火线圈代替。

② 电子点火系统的分火头及高压线接头都具有高压阻尼电阻,以防无线电干扰,不能用普通件来代替。

③ 发动机的清洗作业必须在发动机熄火后进行。

④ 连接或断开点火系统的线路,以及连接检测仪表时,应在发动机熄火后进行。

⑤ 当点火系统有故障,由其他车辆拖行时,须将点火控制器的插头拔下。

2. 校对点火正时

为保证发动机工作时点火系统能及时点燃混合气,在安装分电器时通常需人工校对点火正时,实质就是设定初始点火提前角。不同类型发动机校对点火正时的方法略有差别,基本步骤如下:

① 转动曲轴，使发动机第一缸活塞处于压缩上止点位置。

② 转动分电器轴或分电器壳体，使分火头指向分电器壳体上的第一缸标记，然后对正分电器壳体与气缸体上的标记，将分电器总成插入安装孔并固定分电器。

③ 盖上分电器盖，将第一缸高压分线插入分电器盖第一缸插孔，顺时针方向按点火顺序插好其他各缸高压分线。

④ 起动发动机，检查点火正时。

1. 点火正时的检查与调整

（1）点火正时的检查

点火正时的检查可用经验方法检查，也可用正时灯检查。

起动发动机，使冷却水温度上升到70~80 ℃，在发动机怠速运转时突然加速。如转速不能随节气门的打开而立即增高，并感到"发闷"，或在排气管中有"突突"声，则说明点火过迟；如发动机内出现金属敲击声，则说明点火过早。

点火正时也可在汽车行驶中进行检查。发动机冷却水温度达到70~80 ℃，在平坦的道路上以直接挡行驶时，突然将加速踏板踩到底，如在车速急增时能听到微弱的金属敲击声，且很快消失，说明点火时间正确；如有明显的金属敲击声，说明点火过早；如加速时感到发闷，且无金属敲击声，说明点火过迟。

用正时灯检查点火正时时，将正时灯接在发动机上（见图5.28），使发动机怠速运转，将正时灯对准正时标记，当第一缸点火时，正时灯闪亮，可观察到正时标记指示的点火提前角。正时灯是利用灯光闪频与飞轮运动频率同步原理制成的，即曲轴转两圈，第一缸点火的同时，正时灯闪亮，照亮点火时飞轮转到的位置，就给人以飞轮或带轮不动的感觉。

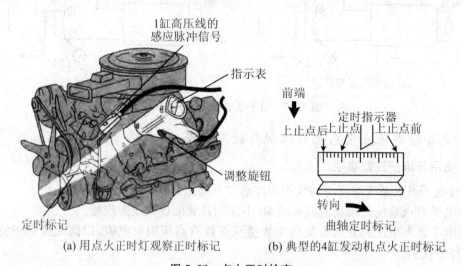

图5.28 点火正时检查

（2）点火正时的调整

点火过早或点火过晚，均会导致发动机动力性、经济性下降，排放污染增多。为此，在使用中，应根据发动机使用条件、燃料及技术状况等的变化，适当调整初始点火提前角。调整时，松开分电器壳体夹板紧固螺钉（见图5.29），顺分电器轴旋转方向转动分电器壳体可减小初始点火提前角（推迟点火），逆分电器轴旋转方向转动分电器壳体可增大初始点火提前角（提前点火）。调整后，拧紧分电器壳体夹板紧固螺钉。

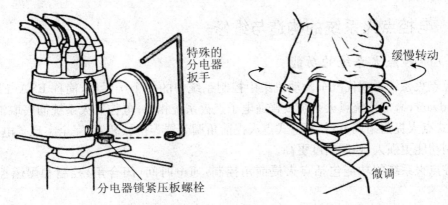

图 5.29 转动分电器壳调整点火正时标记

4. 故障诊断

点火系统故障是汽油机比较常见的故障。点火系统发生故障时一般比较突然,原因也比较复杂,按故障现象不同可将点火系统故障分为两类:发动机不能起动和发动机工作异常。

(1) 发动机不能起动

导致发动机不能起动的原因可能是起动系统、点火系统、燃料供给系统、曲柄连杆机构或配气机构的故障。诊断时,如果确定是点火系统故障导致发动机不能起动,通常先将分电器中央高压线拔出试火,以确定故障范围。

如果中央高压线试火时无火花或火花弱,则说明故障发生在低压电路。此时应先检查电源、点火线圈、点火开关及低压电路线路是否有故障。如果确定故障发生在低压电路,且电源、点火线圈、点火开关及低压电路线路又都正常,则说明点火信号发生器或电子点火器有故障。

如果在用中央高压线试火时,火花正常,但点火系统又确实有故障,说明故障发生在高压电路。应拔出各气缸高压分线试火,若火花正常,说明点火正时失准或火花塞有故障。若无火花或火花弱,说明分电器盖或分火头漏电。

(2) 发动机工作异常

发动机工作异常的现象有很多,如果确认为点火系统故障,可根据不同现象进行诊断。

① 发动机工作时,运转不均匀并有节奏地振抖,同时排气管冒"黑烟"并发出有节奏的"突突"声。这种现象通常是个别缸不工作所致,应首先用单缸断火法确定不工作的气缸,再从不工作气缸的火花塞上拆下高压分线试火,火花正常说明该缸火花塞有故障,火花不正常说明该缸高压分线或分电器盖有故障。

② 发动机急速工况时有发抖现象,加速工况时有突爆声。这种现象通常是点火过早所致,应检查分电器盖是否松动,点火正时是否失准。

③ 发动机不易起动、加速无力、化油器回火、温度过高。这种现象通常是点火过迟所致,应检查分电器盖是否松动,点火正时是否失准。

④ 发动机不易起动,急速工况时运转不稳易熄火,中、高速运转时正常。上述现象说明发动机低速运转时缺火,应检查火花塞间隙是否过小。

⑤ 发动机中、低速运转正常,而高速时运转不稳,且排气管有"突突"声。上述现象说明发动机高速运转时缺火,应检查火花塞间隙是否过大。

四、电控点火系统的构造与维修

(一)电控点火系统的功能

电控点火系统是现代汽车发动机集中控制系统中的一个子系统,简称 ESA(Electronic Spark Advance),与传统点火系统及普通电子点火系统相比,电控点火系统彻底取消了断电器、离心式点火提前角调节器、真空式点火提前角调节器等机械装置,完全实现了电子控制,而且控制功能更强大、控制精度更高。

电控点火系统的功能包括点火提前角控制、通电时间(闭合角)控制和爆燃控制三个方面。

1. 点火提前角控制

汽油机的转速、负荷一定时,其功率和油耗随点火提前角的改变而变化,如图5.30所示,适当的点火提前角可使发动机每循环所做的机械功最多(C曲线下阴影部分)。为使发动机的动力性、经济性、排放性等综合性能达到最佳,应使发动机在各种工况下都在"最佳"点火提前角位置处点火。在现代汽车中,通过试验确定不同工况下发动机的最佳点火提前角数据,并将其存储于ECU中。当发动机运转时,ECU根据发动机的转速和负荷信号,确定基本点火提前角,并根据其他相关信号进行修正,最后确定点火提前角,并向电子点火控制器输出点火指示信号,以控制电控点火系统的工作。

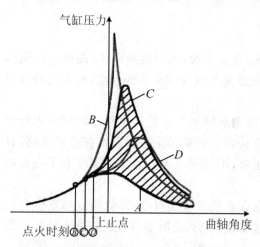

图 5.30 点火提前角对发动机性能的影响

2. 通电时间控制

在电感储能式点火系统中,点火线圈初级回路导通后,其电流是按指数规律增长的,必须经过一定的时间才能达到饱和。如果初级线圈通电时间不足,当回路被断开时,因初级回路电流达不到额定值,将导致点火线圈次级回路产生的感应电压下降,影响点火系统工作的可靠性。但点火线圈初级绕组的通电时间也不能过长,否则会导致点火线圈发热并增大电能消耗。因此,为保证点火线圈既能产生足够高的次级电压,同时又防止因通电时间过长使点火线圈过热而损坏,电控点火系统必须能够根据蓄电池电压及转速等信号,对点火线圈初级电路的通电时间进行控制。

在高能点火装置中,还增加了恒流控制电路,以便初级电流在极短时间内迅速增长到额定值,减小因转速过快对次级电压的影响,改善点火性能。

3. 爆燃控制

爆燃是汽油机工作时的一种不正常燃烧现象,轻微的爆燃,可使发动机功率上升,油耗下降,但爆燃严重时,气缸内发出特别尖锐的金属敲击声,且会导致冷却水过热,功率下降,油耗上升,成为汽油机运行中最严重的一种故障现象。

爆燃产生的原因是:在正常火焰传播的过程中,处在最后燃烧位置上的那部分未燃混合气(常称末端混合气),进一步受到压缩和热辐射的作用,加速了先期反应。如果在正常火焰前锋尚未到达之前,末端混合气开始自燃,则这部分混合气燃烧速度极快,火焰速度可达每秒百米甚至数百米，使燃烧室内的局部压力、温度很高，并伴随有冲击波。爆燃严重时，爆燃产生的冲击波反复撞击缸壁，会发出尖锐的金属敲击声；冲击波还会破坏附着在气缸壁表面的气膜和油膜，使传热损失增加、润滑遭破坏，从而导致发动机过热、功率下降、耗油率增加，甚至会造成活塞、气门烧坏等故障。因此，汽油机工作时，应对爆燃加以控制。

点火提前角是影响爆燃的主要因素之一，推迟点火（即减小点火提前角）是消除爆燃最有效的措施。在电控点火系统中，ECU根据爆燃传感器信号，判定有无发生爆燃及爆燃的强度，并根据其判定结果对点火提前角进行反馈控制，使发动机处于爆燃的边缘工作，既能防止爆燃发生，又能有效地提高发动机的动力性和经济性。

（二）电控点火系统的基本原理

1. 基本组成

电控点火系统主要由电源、点火开关、传感器、ECU、点火器、点火线圈、分电器（有分电器电控点火系统）、火花塞等组成，如图5.31所示。

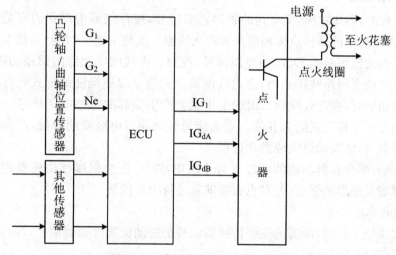

图5.31 电控点火系统基本组成图

（1）电源和点火开关

电控点火系统的电源和点火开关与普通电子点火系统相同。电源为蓄电池或发电机，其功用是给点火系统提供所需的电能，点火开关则用来接通或断开电源电路。

（2）传感器

电控点火系统中的传感器主要用于检测发动机各种运行参数的变化，为ECU提供点火控制所需的信号，主要传感器有凸轮轴位置传感器、曲轴位置传感器、爆燃传感器、进气管绝对压力传感器（或空气流量计）、节气门位置传感器和冷却水温度传感器等。

（3）ECU

ECU是电控点火系统的中枢。在发动机工作时，ECU不断地接收各传感器输送来的信号，并按内存的程序对接收到的信号进行运算、存储和分析处理，最后向点火器发出控制信号，以完成对点火提前角、通电时间和爆燃的控制。

（4）点火控制器

点火控制器是电控点火系统的执行元件，其功用是对ECU输送来的控制信号进行功率放大,以便驱动点火线圈工作。

(5) 点火线圈

在电控点火系统中,有些只有一个点火线圈(有分电器电控点火系统),有些则有多个点火线圈(无分电器电控点火系统)。在所有类型的电感储能式点火系统中,点火线圈的功用都一样:在不需点火时,以磁场能的形式贮存点火所需的能量;在需要点火时,释放点火能量,并将电源提供的低压电转变为足以在火花塞电极间击穿点火的高压电。

(6) 分电器

在有分电器的电控点火系统中,分电器的功用与普通电子点火系统相同,主要是根据发动机的点火顺序,将点火线圈产生的高压电依次输送给各气缸火花塞。

(7) 火花塞

火花塞的功用与普通电子点火系统相同,主要是利用点火线圈产生的高压电产生电火花,点燃气缸内的混合气。

2. 基本工作原理

发动机工作时,ECU根据接收到的各传感器信号,按存储器中存储的有关程序和相关数据,确定出该工况下的最佳点火提前角和点火线圈一次绕组通电时间,并依次向点火器发出控制信号。点火器则根据ECU的控制信号,控制点火线圈一次绕组回路的接通或切断。当点火线圈一次绕组回路被接通时,点火线圈将点火能量以磁场能的形式贮存起来。当一次绕组回路被切断时,在点火线圈二次绕组中就会产生很高的互感电动势(15~20 kV),经分电器或直接送至工作气缸的火花塞。点火能量经火花塞电极瞬间释放,产生的电火花点燃气缸内的混合气,使发动机完成做功过程。

此外,在具有爆燃控制功能的电控点火系统中,ECU还根据爆燃传感器的信号来判断发动机有无爆燃及爆燃的强度,并对点火提前角进行闭环控制。

(1) 主要传感器信号

电控点火系统工作时,所需的主要传感器信号是曲轴位置传感器信号(Ne信号)和凸轮轴位置传感器信号(G信号)。

Ne信号指发动机曲轴转角信号,它是根据曲轴位置传感器产生的信号经过整形和转换而获得的脉冲信号。在电控点火系统中,Ne信号主要用来计量点火提前角和通电时间。ECU计算点火提前角或通电时间时,其控制精度要求必须精确到1°曲轴转角,而目前车用汽油发动机的最高转速高达6000 r/min,发动机正常工作时,转过1°曲轴转角所用的时间相当短,用传感器产生1°曲轴转角信号有一定的困难。以安装在分电器内的电磁感应式曲轴位置传感器为例,其转子一般为24个齿,曲轴每转720°只能向ECU输送24个Ne信号,其信号周期为30°曲轴转角,显然以此信号来直接控制点火提前角和通电时间是不能满足要求的。为此,在发动机电控系统中,通常利用具有高速运算功能的微型计算机系统,将曲轴位置传感器产生的Ne信号通过分频转换成1°曲轴转角信号。

G信号是指活塞运行到压缩上止点位置的判别信号,它是根据凸轮轴位置传感器产生的信号经过整形和转换而获得的脉冲信号。在电控点火系统中,G信号主要用来确定计量点火提前角的基准。G信号一般为周期等于做功间隔角的脉冲信号,而且G信号发生时,并不是各气缸活塞运行到压缩上止点的时刻,而是在压缩上止点前某一固定的曲轴转角,一般为上止点前70°。部分发动机的凸轮轴位置传感器,曲轴每转两圈产生两个信号,分别对应第一缸的压缩上止点和排气上止点；两个信号分别称为 G_1 信号和 G_2 信号。

发动机工作时，ECU 如果收不到 G 信号，因无法确定计量点火提前角的基准，则无法对点火提前角进行控制，为防止造成燃油浪费和其他事故，失效保护系统将自动停止电控燃油喷射系统工作，发动机无法起动。曲轴每转两圈凸轮轴位置传感器产生两个信号的发动机，只要有一个 G 信号（G_1 信号或 G_2 信号）正常，其电控点火系统就能正常工作，所以此类发动机工作可靠性较高。

（2）点火提前角控制原理

电控点火系统对点火提前角的控制方法，在发动机起动时和起动后是不同的。

在发动机起动过程中，发动机转速变化大，且由于转速较低（一般低于 500 r/min），进气管绝对压力传感器信号或空气流量计信号不稳定，ECU 无法正确计算点火提前角，一般将点火时刻固定在设定的初始点火提前角。此时的控制信号主要是发动机转速信号（Ne 信号）和起动开关信号（STA 信号）。发动机起动过程中，设定的初始点火提前角预先存储在 ECU 内，设定值随发动机而异，一般为 10°左右。

发动机起动后正常运转时，ECU 首先根据发动机的转速信号和负荷信号，确定基本点火提前角，再根据其他有关信号进行修正，最后确定实际点火提前角，并向执行元件（点火器）输出点火控制信号，控制点火系统的工作。ECU 确定基本点火提前角时，发动机怠速工况与非怠速工况下也是不同的：

① 怠速工况下基本点火提前角的确定。发动机处于怠速工况时，ECU 根据节气门位置传感器信号（IDL 信号）、发动机转速传感器信号（Ne 信号）和空调开关信号（A/C 信号）确定基本点火提前角，如图 5.32 所示。空调工作时的基本点火提前角比空调不工作时大，目的是保证发动机怠速工况运转稳定。

② 非怠速工况下基本点火提前角的确定。发动机起动处于怠速工况以外的其他工况时，ECU 根据发动机的转速信号和负荷信号（单位转数的进气量或基本喷油量）确定基本点火提前角。不同转速和负荷时的

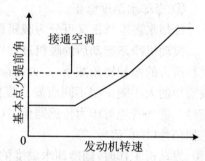

图 5.32 怠速运转时基本点火提前角的确定

基本点火提前角数值存储在 ECU 内的存储器中，基本点火提前角控制模型如图 5.33 所示。

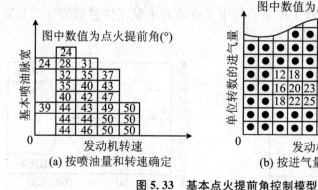
(a) 按喷油量和转速确定

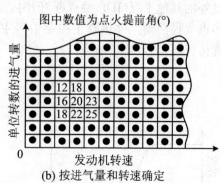
(b) 按进气量和转速确定

图 5.33 基本点火提前角控制模型

发动机处于怠速工况以外的其他工况时，控制点火提前角的信号主要有进气管绝对压

力传感器信号(PIM信号)或空气流量计信号(VS信号)、发动机转速信号(Ne信号)、节气门位置传感器信号(IDL信号)、燃油选择开关或插头信号(R、P信号)、爆燃信号(KNK信号)等。按燃油辛烷值的不同,在ECU存储器中存有两张基本点火提前角的数据表格时,驾驶员可根据使用燃油的辛烷值,通过燃油选择开关或插头进行选择。具有爆燃控制功能的电控点火系统中,ECU内还存有专用于爆燃控制点火提前角的数据。

发动机起动后对点火提前角的修正方法(不同的发动机控制系统中,对点火提前角的修正方法是不同的)主要有以下两种:

① 修正系数法。如在日本日产车系ECCS系统中,实际点火提前角等于基本点火提前角与点火提前角修正系数之积,即

实际点火提前角=基本点火提前角×点火提前角修正系数

② 修正点火提前角法。如在日本丰田车系TCCS系统中,实际点火提前角等于初始点火提前角、基本点火提前角和修正点火提前角之和,即

实际点火提前角=初始点火提前角+基本点火提前角+修正点火提前角

修正系数或修正点火提前角都存储在ECU中,发动机工作时,ECU根据初始点火提前角、基本点火提前角和修正系数(或修正点火提前角)计算实际点火提前角。

起动后点火提前角的修正项目(发动机起动后正常运转时,对点火提前角的修正项目也随发动机而异)主要有以下三种:

① 冷却水温度修正。

冷却水温度修正又可分为暖机修正和过热修正。

发动机冷车起动后的暖机过程中,随冷却水温度的提高,混合气的燃烧速度加快,燃烧过程所占的曲轴转角减小,点火提前角也应适当减小,如图5.34所示。修正曲线的形状与提前角的大小随车型不同而异。暖机修正控制信号主要有冷却水温度传感器信号(THW信号)、进气管绝对压力传感器信号(PIM信号)或空气流量计信号(VS信号)、节气门位置传感器信号(IDL信号)等。

发动机工作时,随冷却水温度的逐渐提高,爆燃倾向逐渐增大。冷却水温度过高时,为了避免产生爆燃,必须修正点火提前角,如图5.35所示。发动机处于怠速工况(IDL触点接通)时,冷却水温度过高一般是由于燃烧速度慢、燃烧过程占的曲轴转角过大所致,所以为了避免发动机长时间过热,应增大点火提前角,以提高燃烧速度,减小散热损失。发动机处于怠速工况以外的其他工况(IDL触点断开)时,如果冷却水温度过高,为了避免产生爆燃,则应适当减小点火提前角。过热修正控制信号主要有冷却水温度传感器信号(THW信号)、节气门位置传感器信号(IDL信号)等。

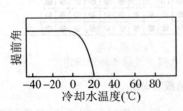

图5.34 点火提前角暖机修正曲线

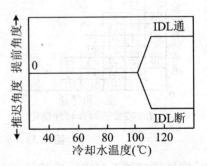

图5.35 点火提前角过热修正曲线

② 怠速稳定修正。

发动机在怠速运转过程中，由于负荷等因素的变化会导致转速改变，所以 ECU 必须根据实际转速与目标转速的差值修正点火提前角，以便保持发动机在规定的怠速转速下稳定运转，如图 5.36 所示。怠速稳定修正控制信号主要有发动机转速信号（Ne 信号）、节气门位置传感器信号（IDL 信号）、车速传感器信号（SPD 信号）、空调开关信号（A/C 信号）等。

③ 空燃比反馈修正。

由于空燃比反馈控制系统是根据氧传感器的反馈信号调整喷油量的多少来实现最佳空燃比控制的，所以这种喷油量的变化必然带来发动机转速的变化。为了稳定发动机转速，点火提前角需根据喷油量的变化进行修正，如图 5.37 所示。

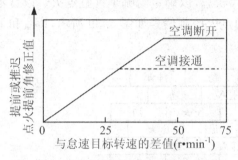
图 5.36 点火提前角怠速稳定修正曲线

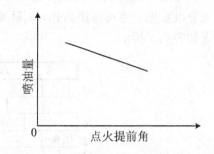
图 5.37 点火提前角空燃比反馈修正曲线

例如日产公司的 ECCS 系统在发动机的某种工况下，ECU 计算出的最佳点火提前角为上止点前 40°，点火提前角控制原理如图 5.38 所示。根据凸轮轴位置传感器转换得到 G 信号为间隔 120°曲轴转角（六缸发动机）的脉冲信号，G 信号设定在各气缸活塞压缩上止点前 70°，ECU 设定的基准信号比 G 信号滞后 4°，所以实际控制点火提前角的基准为上止点前 66°。ECU 从接收到间隔 120°的 G 信号开始，即确认某气缸活塞位于压缩上止点前 70°，由于点火基准信号滞后 G 信号 4°，所以 ECU 从压缩上止点前 66°开始，计数 26（66－40＝26）个 1°信号，然后 ECU 向点火器发出控制信号，使点火线圈一次绕组断电、二次绕组产生高压并输送给火花塞，即可保证火花塞在压缩上止点前 40°点火。

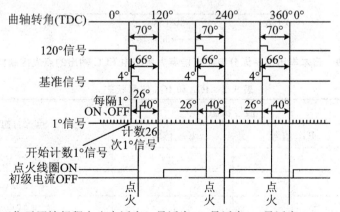
图 5.38 点火提前角控制原理图

（3）控制信号

电控点火系统工作时，ECU 向点火器发出的控制信号有 IG_t 和 IG_d 两个信号。

IG_t 信号是 ECU 向点火器中功率晶体管发出的通断控制信号。

IG_d 信号是在无分电器的电控点火系统中，为保证点火顺序，ECU 向点火器输送的判别气缸的信号，以便与 G 信号共同决定需点火的气缸。IG_d 信号存储在 ECU 内的存储器中，实际就是点火顺序信息。在采用同时点火方式的无分电器电控点火系统中，IG_d 信号又分为 IG_{dA} 信号和 IG_{dB} 信号。同时点火方式是指让接近压缩上止点的气缸与接近排气上止点的气缸同时点火的方式，这种点火方式应用在部分无分电器电控点火系统中，给接近压缩上止点的气缸点火是有效的，给接近排气上止点的气缸点火是无效的（即不起作用）。

ECU 根据 G 信号和 Ne 信号选择 IG_d 信号状态，以确定给哪个气缸点火。以日本丰田车系无分电器电控点火系统为例，ECU 输出的点火控制信号如图 5.39 所示，IG_{dA} 和 IG_{dB} 信号状态如表 5.2 所示。

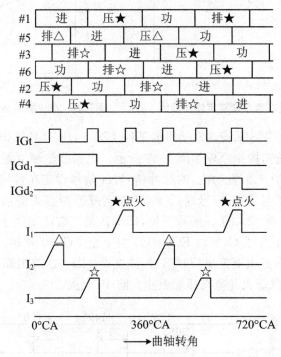

图 5.39　日本丰田车系无分电器电控点火系统中 ECU 输出的点火控制信号

表 5.2　IG_{dA} 和 IG_{dB} 信号状态

序　号	信号状态		点火气缸
	IG_{dA} 信号	IG_{dB} 信号	
1	0	1	1、6 缸点火
2	0	0	2、5 缸点火
3	1	0	3、4 缸点火

（4）IG_f 信号

IG_f 信号是指完成点火后，点火器向 ECU 输送的点火确认信号。

电控燃油喷射系统中,喷油器的驱动信号也来自于曲轴位置传感器,点火系统出故障使火花塞不能点火而曲轴位置传感器仍工作正常时,喷油器仍会照常喷油。为防止因喷油过多,导致燃油浪费、发动机再起动困难或行车时三元催化反应器过热等现象的发生,特设定当完成点火过程后,点火器应及时向 ECU 返回点火确认信号(IG_f 信号)。

发动机工作时,ECU 向点火器发出点火控制信号(IG_t 信号)后,若有 3~5 次均收不到返回的点火确认信号(IG_f 信号),ECU 便以此判定点火系统有故障,并强行停止电控燃油喷射系统继续喷油,使发动机熄火。

(5) 爆燃控制

爆燃控制过程如图 5.40 所示。爆燃传感器安装在气缸体或气缸盖上,其功用是将爆燃时传到气缸体或气缸盖上的机械振动转换成电压信号输送给 ECU,ECU 则根据此电压信号判断发动机是否发生爆燃及爆燃的程度。有爆燃时,则逐渐减小点火提前角(推迟点火),直到爆燃消失为止。无爆燃时,则逐渐增大点火提前角(提前点火),当再次出现爆燃时,ECU 又开始逐渐减小点火提前角。爆燃控制过程就是对点火提前角进行反复调整的过程。

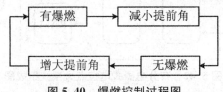

图 5.40 爆燃控制过程图

爆燃控制实质就是对点火提前角的反馈控制,如图 5.41 所示。爆燃传感器向 ECU 输入爆燃信号时,电控点火系统采用闭环控制模式,并以固定的角度使点火提前角减小,若仍有爆燃存在,则再以固定的角度减小点火提前角,直到爆燃消失为止。爆燃消失后的一定时间内,电控点火系统使发动机维持在当前的点火提前角下工作,此时间内若无爆燃发生,则以一个固定的角度逐渐增大点火提前角,直到爆燃再次发生,然后又重复上述过程。

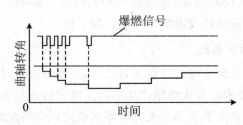

图 5.41 爆燃控制过程中点火提前角的变化

发动机负荷较小时,发生爆燃的倾向几乎为零,所以电控点火系统在此负荷范围内采用开环控制模式。而当发动机的负荷超过一定值时,电控点火系统自动转入闭环控制模式。发动机工作时,ECU 根据节气门位置传感器信号判断发动机的负荷大小,从而决定点火系统是采用开环控制还是闭环控制。

(三) 典型电控点火系统

电控点火系统可分为两大类:有分电器式和无分电器式。

1. 有分电器式电控点火系统

有分电器式电控点火系统的主要特点是:只有一个点火线圈,点火线圈产生的高压电通过分电器按照发动机的做功顺序依次输送给各气缸火花塞。有分电器式电控点火系统的组成如图 5.42 所示。

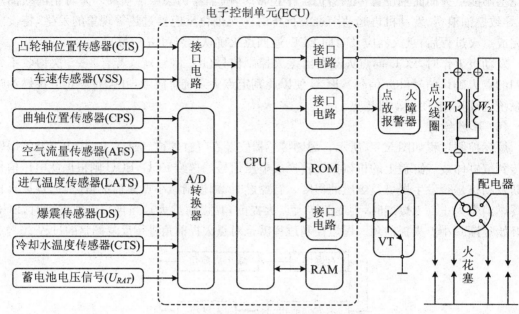

图 5.42 有分电器式电控点火系统组成图

电控点火系统中的 ECU 和传感器都是与汽油机电控燃油喷射系统共用的。凸轮轴/曲轴位置传感器信号、空气流量计(或进气管绝对压力传感器)信号、起动开关信号是点火提前角控制和通电时间控制的主要信号,而冷却水温度传感器信号、节气门位置传感器信号、空调开关信号和车速传感器信号用于修正点火提前角。

有分电器式电控点火系统,由于保留了分电器这一机械装置,分电器中机械装置的磨损,必然会对点火提前角的控制精度、稳定性和均匀性产生影响。此外,分火头与旁电极这一中间跳火间隙也存在能量损耗及由此产生的射频干扰。

2. 无分电器式电控点火系统

无分电器式电控点火系统又称直接点火系统,其主要特点是:用电子控制装置取代了分电器,利用电子分火控制技术将点火线圈产生的高压电直接送给火花塞进行点火,点火线圈的数量比有分电器式电控点火系统多。无分电器式电控点火系统的组成如图 5.43 所示。

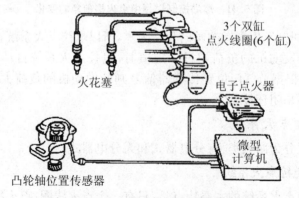

图 5.43 无分电器式电控点火系统组成图

无分电器式电控点火系统与有分电器式电控点火系统的工作原理及各元件功能基本相同,不同的是无分电器式电控点火系统具有电子配电功能,即在发动机工作时,ECU除向点火器输出IG_t点火控制信号外,还必须输送ECU内存储的气缸判别信号IG_d,以便控制多个点火线圈的工作顺序,按做功顺序完成各气缸点火的控制。

根据点火线圈的数量和高压电分配方式的不同,无分电器式电控点火系统又可分为独立点火方式、同时点火方式和二极管配电点火方式3种类型。

(1) 独立点火方式

无分电器式独立点火方式电控点火系统电路如图5.44所示。其特点是:每个气缸均有一个点火线圈,即点火线圈的数量与气缸数相等。

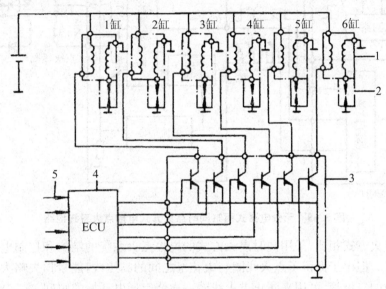

图5.44 无分电器式独立点火方式
1. 点火线圈;2. 火花塞;3. 点火器;4. ECU;5. 传感器

由于每个气缸都有各自独立的点火线圈,所以即使发动机的转速很高,点火线圈也有足够的通电时间,保证足够高的点火能量。与有分电器式电控点火系统相比,在发动机转速和点火能量相同的情况下,这种方式单位时间内通过点火线圈一次绕组回路的电流要小得多,点火线圈不易发热,且点火线圈的体积又可以非常小巧,一般直接将点火线圈压装在火花塞上。

无分电器式独立点火方式电控点火系统,由于彻底取消了分电器和高压线,分火性能较好,但其结构和控制电路复杂。

(2) 同时点火方式

无分电器同时点火方式电控点火系统电路如图5.45所示。其特点是:活塞同时到达上止点位置的两个气缸(一个为压缩上止点,另一个为排气上止点)共用一个点火线圈,即点火线圈的数量等于气缸数的一半。

以六缸发动机为例,1缸和6缸、2缸和5缸、3缸和4缸的活塞分别同时到达上止点,称为同步缸,两同步缸共用一个点火线圈,两个缸的火花塞与共用的点火线圈中的二次绕组串联。当点火线圈一次绕组断电时,一个气缸接近压缩行程的上止点,火花塞跳火可点燃该缸的混合气,称为有效点火;而另一气缸接近排气行程的上止点,火花塞跳火不起作用,称为无效点火。由于处于排气行程气缸内的压力很低,加之废气中导电离子较多,其火花塞很容易被高压电击穿,消耗的能量就非常少,所以不会对压缩行程气缸点火产生影响。

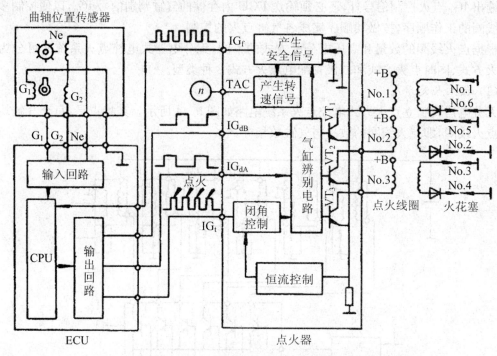

图 5.45 无分电器式两缸同时点火方式电控点火系统电路

与独立点火方式相比,采用同时点火方式的电控点火系统的结构和控制电路较简单,所以应用也较多。但由于保留了点火线圈与火花塞之间的高压线,能量损失略大。此外,串联在高压回路中的二极管,可用来防止点火线圈一次绕组通电开始的瞬间,在二次绕组内产生的互感电动势(约 1000~2000 V)加在火花塞上发生误点火。

(3)二极管配电点火方式

二极管配电点火方式电控点火系统电路如图 5.46 所示。其特点是:4 个气缸(四缸发动机)共用 1 个点火线圈,点火线圈为内装双一次绕组、双二次绕组的特制点火线圈,利用 4 个二极管的单向导电性交替完成对 1 缸和 4 缸、2 缸和 3 缸的配电过程。

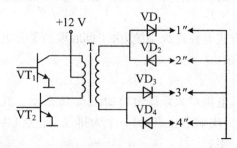

图 5.46 二极管配电点火方式电控点火系统电路

二极管配电点火方式的特性与同时点火方式相同,但对点火线圈要求较高,而且发动机的气缸数必须是数字 4 的整倍数,所以在应用上受到一定的限制。

（四）电控点火系统主要元件的构造与维修

电控点火系统中的分电器和点火线圈与普通电子点火系统基本相同，主要区别是电控点火系统的分电器中只有配电器（有关分电器和点火线圈的构造与维修，在此不再详述）。

1. 点火器

在有分电器式电控点火系统中，点火器和点火线圈一般都与分电器组装在一起，称之为整体式点火组件，其组成如图5.47所示。点火器的主要功能是根据ECU的控制信号，控制点火线圈一次绕组回路的通电或断电，并在完成点火后向ECU输送点火确认信号IG_f（又称反馈信号或安全信号）。

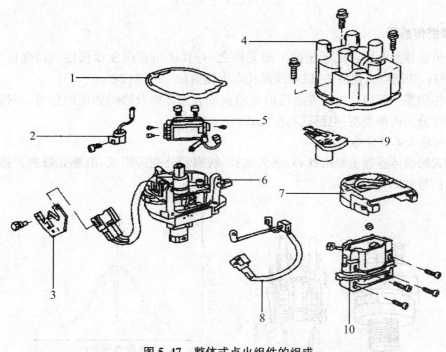

图 5.47 整体式点火组件的组成

1. 垫片；2. 电容器；3. 导线夹；4. 分电器盖；5. 点火器；6. 分电器壳体；7. 点火线圈防尘罩；
8. 分电器电缆；9. 分火头；10. 点火线圈

在无分电器式电控点火系统中，点火器一般单独安装在点火线圈附近，如图5.48所示。在此种系统中，点火器除需根据ECU的控制信号控制点火线圈一次绕组回路通电或断电，并向ECU发回点火确认信号外，还必须根据ECU的控制信号控制各点火线圈的工作顺序，以保证发动机各气缸做功顺序。

在使用中，接好点火线圈与点火器的线束连接器，用万用表或示波器检测发动机ECU相应端子间的电压，应符合表5.3规定，否则说明点火器或ECU有故障。

表 5.3 点火器检查标准

检测端子	检查条件	检查标准
+B与搭铁	点火开关"ON"	蓄电池电压
IG_t与搭铁	发动机工作	有脉冲
IG_f与搭铁	发动机工作	有脉冲

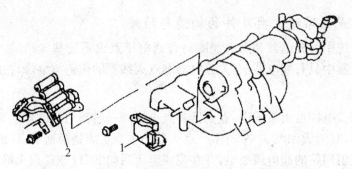

图 5.48　无分电器式电控点火系统点火器安装位置
1. 点火器；2. 点火线圈

2. 爆燃传感器

爆燃传感器是电控点火系统的主要元件之一，其功用是向发动机输入爆燃信号，经过ECU处理后，控制点火提前角，以实现最佳点火提前角的反馈控制。

爆燃传感器一般通过检测发动机的振动获取有无爆燃及爆燃强度的信号，根据其工作原理不同可分为两种类型：电感式和压电式。

(1) 电感式爆燃传感器

电感式爆燃传感器主要由铁心、永久磁铁、线圈及外壳等组成，电感式爆燃传感器的结构及输出信号如图5.49所示。

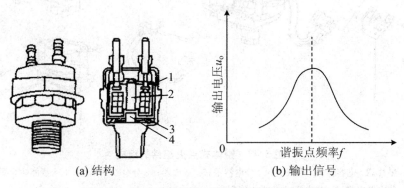

(a) 结构　　　(b) 输出信号

图 5.49　电感式爆燃传感器的结构及输出信号
1. 线圈；2. 铁心；3. 壳体；4. 永久磁铁

电感式爆燃传感器利用电磁感应原理检测发动机爆燃。当发动机发生爆燃时，铁心受振动而使线圈磁通发生变化，从而产生感应电动势。当电感式爆燃传感器的固有振动频率与发动机爆燃时的振动频率相同时，该传感器输出的信号电压最大。

(2) 压电式爆燃传感器

压电式爆燃传感器利用结晶或陶瓷多晶体的压电效应而工作，也有利用掺杂硅的压电阻效应的，可分为共振型、非共振型和火花塞座金属垫型三种。非共振型爆燃传感器的结构如图5.50所示，其内部设置了一个配重块，并以一定预应力压紧在压电元件上，通过接收加速度信号的形式来检测爆燃。当发动机发生爆燃时，配重块以正比于振动加速度的交变力施加在压电元件上，压电元件则将此压力信号转变成电信号输送给ECU。此种传感器通用性强，只需调整滤波器的频率范围，就能用于不同的发动机。

爆燃传感器通常安装在发动机缸体上，或安装在火花塞上，如图5.51所示。

爆燃传感器可通过检查电阻来判断其好坏。检查时,需拔下爆燃传感器导线插头,用欧姆表检测爆燃传感器接线端子与外壳间的电阻,若正常应为∞(不导通),若电阻为0(导通),则说明其内部短路,需更换爆燃传感器。

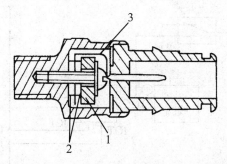

图 5.50 压电式非共振型爆燃传感器结构图
1. 配重块；2. 压电元件；3. 引线

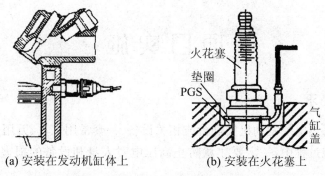

(a) 安装在发动机缸体上　　(b) 安装在火花塞上

图 5.51 爆燃传感器的安装位置

在发动机怠速工况时,可通过示波器检查爆燃传感器工作情况,方法是:拆开传感器线束连接器,用示波器检查传感器端子与搭铁之间的信号电压,应有脉冲信号输出,否则说明传感器不良,应更换新件。

3. 点火控制电路

(1) 控制电路原理

各车型的点火控制电路基本相同,以日本丰田皇冠 3.0 轿车为例,其点火控制电路如图 5.52 所示。点火开关接通后,蓄电池经 30 A 熔体和点火开关向点火器的＋B 端子及点火线圈的⊕端子供电,点火线圈的⊖端子和点火器的 C⊖端子经点火器内的晶体管搭铁,从而形成回路。ECU 根据各种传感器的信号,通过 IGT 端子控制点火器内晶体管的导通或截止。点火后,点火器通过 IGF 端子向 ECU 反馈点火确认信号。

(2) 控制电路检修

控制电路的检修内容及方法如下:

① 点火开关接通后,用万用表分别检查点火器＋B 端子、点火线圈＋端子与搭铁之间的电压值,应为蓄电池电压,否则说明电源电路有故障。

② 发动机处于怠速工况时,检查点火器 IG_t 端子与搭铁之间的电压信号,正常应有脉冲信号,否则说明控制线路或 ECU 有故障。

③ 发动机处于怠速工况时,检查 ECU 的 IG_f 端子与搭铁之间的电压信号,正常应有脉冲信号,否则说明点火器或信号线路有故障。

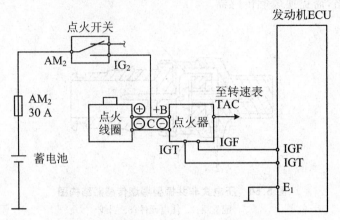

图 5.52　日本丰田皇冠 3.0 轿车点火控制电路

项目实施

一、项目要求

① 需具备桑塔纳电控发动机实训台或相关设备、一套常用工具、万用表或示波器等。

② 本项目实施过程中,一定要注意防止高压电对人身和设备的损害,选择好万用表的量程和挡位。

③ 对于点火器的检查,要注意瞬间的高压易使晶体管被击穿。

二、实施步骤

1. 蓄电池的检查

① 电解液液面高度检查。蓄电池电解液液面一般应高出极板 10~15 mm,位于蓄电池外壳上 MAX 与 MIN 液位线之间。

② 测量电解液密度。在冬季开始时应测量电解液相对密度,以判断其充电状态。若不能测时,可测其开路电压来判断其充电状态。

在常温下,全充电状态电解液相对密度为 1.28 g/mL,半充电状态相对密度为 1.20 g/mL,放电状态相对密度为 1.12 g/mL。当发现电解液密度降至 1.24 g/mL(冬天)或 1.20 g/mL(夏天)以下时,应卸下蓄电池进行车外充电。

③ 清除接线柱表面氧化物,在接线柱、接头和安装附件表面应涂一层耐酸油脂。安装时应首先连接正接头,然后连接负接头。拆卸时应先拆负极。

④ 蓄电池漏电检查。一般当发现蓄电池放置数小时后就感觉电量不足时,必须进行漏电检查。检查方法是:取下蓄电池的负极接头,切断其他所有设备与电源的连接,并将取下的接头与负极桩碰击,如有火花说明系统有漏电存在,应逐步排查漏电故障,并恢复正常。若排除故障后,再次出现不正常的电量降低,就应检查蓄电池本身的故障。

⑤ 检查时发现电池中某一槽的密度小于其他槽中的电解液密度时,可认为蓄电池可能因内部短路而损坏,需要更换或维修。

2. 点火线圈的检查

① 通过维护,保证点火线圈绝缘盖板清洁、干燥、不漏电、接线正确。

② 检查点火线圈电阻。拆去所有连接电线,用欧姆表检查点火线圈的初级绕组和次级绕组的电阻,应符合规定值,如表5.4所示。若不符合,应更换点火线圈。

③ 检查点火线圈中央插孔四周是否有裂纹,若有应更换新件。

表5.4 桑塔纳点火线圈电阻额定值

类型	初级绕组	次级绕组
有触点式	1.7~2.1 Ω	7.0~12.0 kΩ
无触点式	0.53~0.76 Ω	2.4~3.5 kΩ

3. 分电器的检查

① 检查分电器盖和分火头有无裂纹或污垢,若有电极腐蚀现象应用细砂纸打光。

② 检查中心电极碳精柱是否上下运动自如,磨损是否过量,若有损坏应更换新件。

③ 检查断电器底板的转动情况,有轻微阻力为正常,若阻力过大或卡滞,应更换新件。

④ 检查离心调节装置的弹簧是否锈蚀或折断,离心块是否发卡或过度磨损,凸轮轴是否转动自如,若有损坏应更换新件。

⑤ 检查真空调节装置膜体室是否漏气,连接杆是否变形,有损坏应更换新件。

⑥ 检查分电器壳体是否有裂纹或损坏,分电器轴是否弯曲或过于松动,驱动齿轮是否损坏,若有损坏应更换新件。

4. 火花塞的检查

检查火花塞是否积炭,绝缘体是否损坏,电极间隙是否符合标准,必要时调整电极间隙。

5. 点火系统电阻的检查

① 如图5.53所示,检查分火头电阻,应符合额定值,否则应更换新件。

② 如图5.54所示,检查火花塞高压线插头电阻,应符合额定值,否则应更换新件。

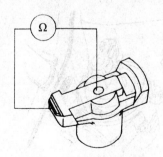
图5.53 分火头电阻的检查

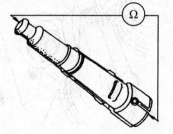
图5.54 火花塞插头电阻的检查

③ 如图5.55所示,检查防干扰接头电阻,应符合额定值,否则应更换新件。

④ 如图5.56所示,检查高压导线的整体电阻,应符合额定值,否则应更换新件。

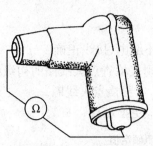
图 5.55 抗干扰电阻检查

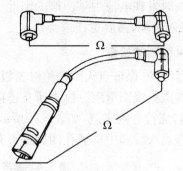
图 5.56 高压导线电阻检查

6. 电子点火器的检查

检查电子点火器的接线是否正确,搭铁是否可靠,电源电压是否正常。判断电子点火器的信号输出是否正常,若不符合要求,应更换新件。

7. 霍尔信号发生器的检查

霍尔信号发生器与点火分电器装于一体,应先检测其输入电压是否正常,若正常,打开点火开关,转动分电器轴,检查其信号输出端电压是否符合要求,若不符合要求,应更换新件。

8. 正时调整

① 通过变速器壳体上的观察孔,将发动机第一缸置于上止点,如图 5.57(a)所示。

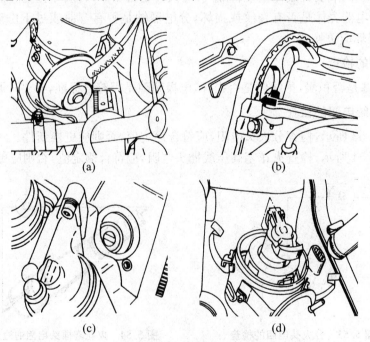

图 5.57 点火正时的调整

② 使凸轮轴齿形轮上的标记与气门室罩盖底面平齐,如图 5.57(b)所示。
③ 使机油泵轴驱动端端部的矩形块长边方向与曲轴方向一致,如图 5.57(c)所示。
④ 使分电器上的分火头指向分电器壳体上的第一缸标记,如图 5.57(d)所示,然后将分

电器总成插入安装孔,使其轴端部凹槽与机油泵轴端部相配,并进行初置角调整,最后用压紧板固定。例如初置角为曲轴转角 6°时(提前角),是在分电器压板未固定前,将分电器壳体逆时针转动 3°角度,然后再压紧分电器。进行点火正时调整时,可利用频闪灯或点火测试仪检查。

项目小结

通过点火系统的检查与调整项目的实施,了解和掌握如下知识和技能点:
(1) 点火系统应具有三项功能:
① 能向火花塞提供极高的电压,以击穿火花塞间隙,形成电火花引燃气缸内的空气、燃油混合气。
② 能对点火时刻进行调整,以适应发动机在不同转速、不同负荷工况下的需求。
③ 必须在压缩行程的适当时刻向正确的气缸输送电火花,以便开始燃烧过程。
(2) 点火系统由初级回路和次级回路两个相互关联的电路组成。其中,初级回路向点火线圈的初级绕组提供低电压,以建立磁场;次级回路在初级回路断开时,产生高压脉冲,并将高压脉冲送给火花塞。
(3) 传统点火系统中的分电器内容纳了离心式或真空式点火提前装置。离心式提前装置随着转速变化调节点火提前角,真空式提前装置使信号板朝着与分电器轴旋转方向相反的方向转动。电控点火系统取消了离心式点火提前装置和真空式点火提前装置,而由 ECU 通过接收传感器的输入信号,以此为基础,确定出最佳的点火时间,并向点火器发送点火信号,从而在所需要的精确时刻接通次级电路。
(4) 磁脉冲传感器和霍尔效应传感器是使用最广泛的曲轴位置传感器,它们在曲轴旋转的特定时刻产生电信号,这些电信号触发开关设备以便控制点火正时。
(5) 当正常燃烧太慢时会发生发动机爆燃故障,因此会造成一些未燃可燃混合气点火并与正常的火焰前锋相碰撞。早爆是由于点火系外的热源点燃混合气引起的。

思考练习

1. 汽油机点火系统有几种类型?说出汽油机点火系统的三个主要功能。
2. 典型点火系统初级回路和次级回路的部件各有哪些?
3. 点火线圈是如何将蓄电池电压转换为能够使火花塞跳火的高电压的?如何检查点火线圈的好坏?
4. 发动机不工作而点火开关打开时,线圈正极的电压应是多少?为什么?
5. 在发动机起动工况下,线圈正极的电压应是多少?为什么?
6. 在讨论点火系统的组成时,A 说点火器是次级电路的一部分,B 说火花塞属于次级电路。试分析他们的说法是否正确。
7. 在讨论开关设备切断点火线圈初级绕组内的低压电流会发生什么情况时,A 说磁场消失,B 说点火线圈次级绕组内感应出高压脉冲。试分析他们的说法是否正确。
8. 怎样检查分火头或分电器盖的绝缘性能?

9. 火花塞间隙对发动机工作有何影响？如何调整其间隙？
10. 普通电子点火系统的点火信号发生器有几种？各有何特点？
11. 电子点火器有何功用？如何检查其好坏？
12. 普通电子点火系统中的分电器基本组成有哪些？各有何功用？
13. 怎样检查霍尔式点火信号发生器？
14. 怎样检查磁感应式点火信号发生器？
15. 如何检查与调整点火正时？
16. 电控点火系统有哪些功能？
17. 电控点火系统由哪些基本元件组成？它是如何工作的？
18. 电控点火系统有几种类型？各有何特点？
19. 电控点火系统与普通电子点火系统有何区别？
20. 点火系统常见故障有哪些？如何诊断？

照明、信号、仪表、报警电路的检修

项目描述

现代汽车为了保证行驶安全,装备了多种照明与信号装置。照明系统不但要符合交通法规的要求,还要满足运行安全的要求,不同汽车照明与信号系统不尽相同。汽车仪表用来指示汽车运行及发动机工作的状况,以便驾驶员能随时了解各系统的工作情况,保证汽车安全可靠的行驶。汽车报警系统主要由报警指示灯和传感器两部分组成,当汽车或发动机的某一系统处于不良或特殊状况时,报警指示灯点亮,以提示驾驶员注意安全。由此可见,汽车照明信号、仪表报警系统都是汽车电气系统不可或缺的组成部分,只有充分理解汽车照明信号、仪表报警装置的作用、结构和工作原理,会识读控制电路,才能有效地进行故障诊断和维修。

在汽车照明信号系统和仪表报警系统的故障检修中,应遵循咨询、计划、决策、实施、检查和评估6步法。咨询——根据故障案例,查阅相关的维修技术资料;计划——针对故障现象制定相应的工作计划可行性方案;决策——对可行性方案进行论证;实施——进行故障的检修;检查——对所排除故障进行检查确认;评估——工作总结,对故障现象进行深度分析。

1. 知识要求
① 掌握汽车照明、信号系统的结构和工作原理。
② 掌握汽车仪表、报警系统的结构和工作原理。

2. 能力要求
① 学会照明、信号系统电路分析及常见故障诊断方法。
② 学会前照灯的检测和调整方法。
③ 学会闪光器的检测方法。
④ 学会仪表、报警装置电路分析及故障诊断方法。

相关知识

一、照明、信号系统的作用、类型和基本组成

为了保证汽车行驶安全,现代汽车上都装备了多种照明及信号装置,但不同汽车的照明与信号系统是不同的,除了美观实用外,还必须符合交通法规的要求并保证行车安全。汽车照明与信号系统包括的典型照明灯和信号灯如图6.1所示。

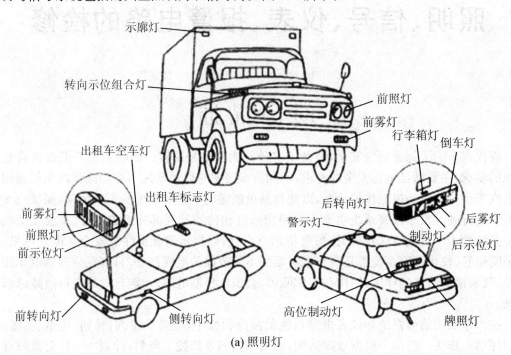

(a) 照明灯

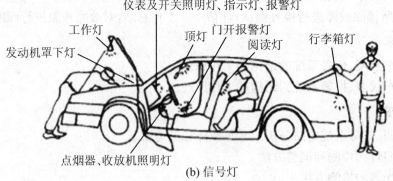

(b) 信号灯

图 6.1 汽车照明灯和信号灯

(一)照明系统的作用、类型和基本组成

1. 汽车照明装置的作用及类型

汽车照明系统由电源、照明装置和控制部分组成,主要用于夜晚道路照明、车厢内部照明、仪表和夜间检修照明等。汽车照明装置根据安装位置和用途不同,一般可分为外部照明

装置和内部照明装置。控制部分主要包括各种灯光开关、继电器等。

汽车典型照明装置的种类、特点及用途如表6.1所示。

表6.1 汽车主要照明装置的种类、特点及用途

种类	外部照明灯			内部照明灯		
	前照灯	雾灯	牌照灯	顶灯	仪表灯	行李箱灯
安装位置	汽车头部两侧,有两灯制和四灯制之分	汽车头部、尾部	汽车尾部牌照上方或左右	汽车内部	汽车仪表板内部	汽车行李箱内部
工作特点	白色常亮,远近光变化	黄色或白色单丝常亮	白色常亮	白色常亮	白色常亮	白色常亮
功率	40~60 W	前45 W,后21 W或6 W	5~10 W	5~15 W	2 W	5 W
用途	为驾驶人安全行车提供保障	雨、雪、雾天保证有效照明及提供信号	用于照亮汽车尾部牌照	用于夜间车内照明	用于夜间观察仪表时的照明	用于夜间拿取行李时的照明

2. 汽车照明装置的基本组成

(1) 前照灯

前照灯(前大灯)装于汽车头部两侧,用于夜间行车道路的照明。有两灯制和四灯制之分,功率一般为40~60 W。

(2) 雾灯

雾灯有前雾灯和后雾灯两种。前雾灯装于汽车前部比前照灯稍低的位置,用于在雨雾天气行车时道路的照明。为保证雾天高速行驶的汽车向后方车辆或行人提供本车的位置信息,交通管理部门规定,运行车辆应在车辆后部加装功率较大的后雾灯,以降低交通事故发生率。雾灯的光色规定为光波较长的黄色、橙色或红色。

(3) 牌照灯

牌照灯装于汽车尾部的牌照上方,用于夜间照亮汽车牌照。

(4) 仪表灯

仪表灯装于汽车仪表板上,用于仪表照明,以便驾驶员获取行车信息和进行正确操作,其数量根据仪表设计布置而定。

(5) 顶灯

顶灯装于驾驶室或车厢顶部,用于车内照明。

(6) 工作灯

车上一般只装工作灯插座,配带导线及移动式灯具等,用于在排除汽车故障或检修时提供照明。

(二) 信号系统的作用、类型和基本组成

1. 汽车信号装置的作用及类型

汽车信号装置包括灯光信号装置和声响信号装置两部分。主要作用是向他人或其他车

辆发出警告和示意的信号,以引起有关人员注意,确保车辆行驶的安全。灯光信号主要有转向信号灯、危险警告灯、制动灯、倒车灯、示廓灯、尾灯等。声响信号主要有倒车蜂鸣器、电喇叭等。汽车主要信号灯的种类、特点及用途如表 6.2 所示。

表 6.2 汽车主要信号灯的种类、特点及用途

种类	转向灯	制动灯	倒车灯	示宽灯	尾灯
安装位置	汽车头部、尾部两侧	汽车尾部	汽车尾部	车身的前后左右四角	汽车尾部
工作特点	黄色闪亮	红色,制动时亮	白色,倒车时亮	白色或黄色	红色
功率	21 W	21 W	21 W	3～5 W	5 W
用途	告知路人或其他车辆将转弯	表示已减速或将停车	告知路人或其他车辆将倒车	标志汽车宽度轮廓	向后面的车辆或行人提供位置信息

2. 汽车信号装置的基本组成

(1) 转向信号灯

转向信号灯一般有 4 只或 6 只,装在汽车前、后或侧面,功率一般为 20 W 左右,用于在汽车转弯时发出明暗交替的闪光信号,使前后车辆、行人、交警知其行驶方向。

(2) 危险报警灯

危险报警灯与转向信号灯共用。当车辆出现故障停在路面上时,按下危险警报开关,全部转向灯同时闪亮,提醒后方车辆避让。

(3) 示宽灯

示宽灯(前小灯)装于汽车前后两侧边缘,呈白色,用于标示汽车夜间行驶或停车时的宽度轮廓。

(4) 尾灯

尾灯装于汽车尾部,左右各一只,呈红色,用于在夜间行驶时向后面的行人或车辆提供位置信息。

(5) 制动灯

制动灯装于汽车后面,当汽车制动或减速停车时,向车后发出灯光信号,以警示随后车辆及行人。多采用组合式灯具,一般与尾灯共用灯泡(双丝灯),但制动灯功率较大,一般为 20 W 左右。

(6) 倒车灯

倒车灯装于汽车尾部,一只或两只,呈白色,用于照亮车后路面,并警告车后的行人和车辆,该车正在倒车。

二、汽车照明系统

(一) 前照灯的基本要求

① 前照灯应保证车前有明亮而均匀的照明,使驾驶员能看清车前 100 m 以内路面上的任何障碍物。

② 应具有防眩目的装置,确保夜间两车迎面相遇时,不使对方驾驶员因产生眩目而造成事故。

（二）前照灯的组成

汽车前照灯一般由光源（灯泡）、反光镜、配光镜（散光镜）三部分组成，如图 6.2 所示。

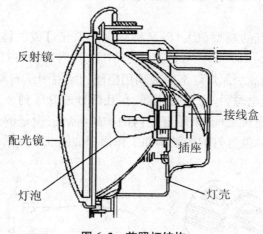

图 6.2 前照灯结构

1. 灯泡

目前汽车前照灯所用的灯泡有普通充气灯泡（白炽灯泡）、卤钨灯泡和高压放电氙灯等，前两种灯泡的灯丝均采用熔点高发光强的钨制成，如图 6.3 所示。

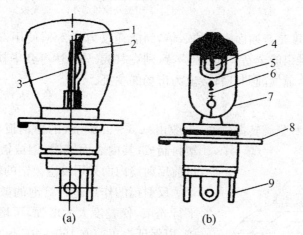

图 6.3 前照灯灯泡

1、7. 配光屏；2、4. 近光灯丝；3、5. 远光灯丝；6. 定焦盘；
8. 泡壳；9. 插片

（1）充气灯泡

普通充气灯泡的灯丝用钨丝制成，玻璃泡内抽出空气，然后充以由约 86% 的氩气和约 14% 的氮气组成的混合惰性气体以减少钨丝受热蒸发，延长其使用寿命，灯丝制成紧密的螺旋状。灯泡在长期使用后发黑，表明灯丝的损耗依然存在，因此并不能阻止钨丝的蒸发。

（2）卤钨灯泡

卤钨灯泡是在惰性气体中加入了一定量的卤族元素（如碘、溴），使得从灯丝上蒸发出来的气态钨与卤族元素反应生成一种挥发性的卤化钨,在扩散到灯丝附近的高温区域后又受热分解,使钨重新回到灯丝上,如此循环防止钨的蒸发和灯泡黑化。由于卤钨灯泡体积小、耐高温、发光强度高、使用寿命长,因此目前得到了广泛的应用。

（3）氙气灯泡

氙灯是一种含有氙气的新型前大灯,又称高亮度弧光灯或气体放电灯,英文简称 HID (HighIntensity Discharge Lamp)。与普通灯泡不同,其内部没有灯丝,而是由小型石英灯泡、变压器和电子单元组成。氙灯灯泡的玻璃用坚硬的耐温耐压石英玻璃(二氧化硅)制成,灯内充入高压氙气,接通电源后,通过变压器,在几微秒内升压到 2 万伏以上的高压脉冲电加在石英灯泡内的金属电极之间,激励灯泡内的物质(氙气、少量的水银蒸气、金属卤化物)在电弧中电离产生光亮。氙气灯泡的结构和工作原理如图 6.4 所示。

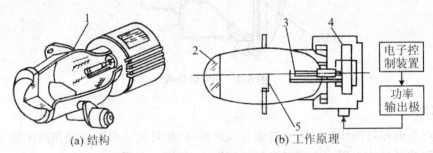

图 6.4 氙气灯泡结构及工作原理
1. 总成;2. 透镜;3. 弧光灯;4. 引燃及稳弧部件;5. 遮光板

氙气灯的光照亮度是普通卤素灯的 2 倍,而能耗仅为其 2/3,使用寿命可达普通卤素灯的 10 倍。目前国内推出的全新奥迪、帕萨特、别克君威、马自达等豪华款轿车均配备了氙气前照灯。从市场上看,氙气前照灯将会成为市场的主流。

2. 反射镜

反射镜的表面形状呈旋转抛物面,一般由 0.6～0.8 mm 的薄钢板冲压而成或由玻璃、塑料制成;其内表面镀银、铝或镀铬,然后抛光处理。目前反射镜内面采用真空镀铝的较多。

反射镜的作用是将灯泡的散射(直射)光反射成平行光束,使光度大大增强,可增强几百倍乃至上千倍,以保证汽车前方 150～400 m 范围内足够的照明。如图 6.5 所示。

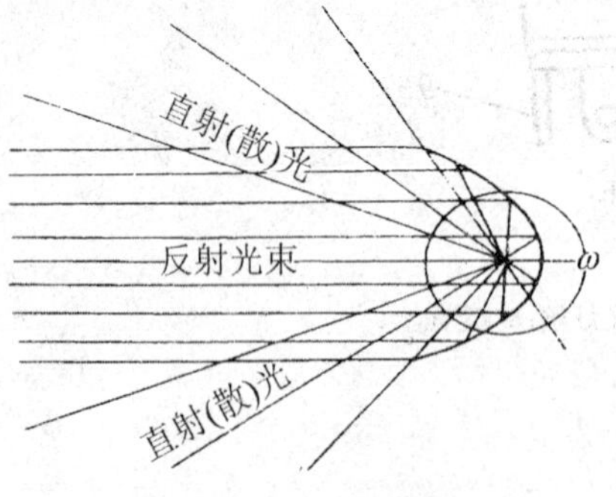

图 6.5 反射镜作用

3. 配光镜

配光镜又称散光玻璃,由透光玻璃压制而成,是多块特殊棱镜和透镜的组合,外形一般为圆形或矩形。配光镜的作用是将反射镜反射出的平行光束进行折射,使车前的路面有良好而均匀的照明。配光镜的结构和作用如图 6.6 所示。

（三）前照灯的防眩目措施

前照灯射出的强光束,突然射入人的眼睛,人会因瞳孔来不及收缩而本能地闭上眼睛,这种现象称为眩目。为了避免前照灯的强光线使对面来车驾驶员产生眩目而造成交通事故,并保持良好的路面照明,在现代汽车上通常采用以下防眩目措施。

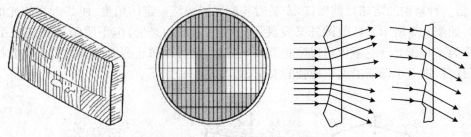

图 6.6 配光镜的结构与作用

1. 采用双丝灯泡

近光灯光线经反射镜后,只照亮本车前约 50 m 范围路面,夜晚会车时,使用近光灯有一定的防眩目作用。常用双丝灯泡的远光灯丝位于反射镜的焦点上,而近光灯丝则位于焦点的上方并稍向右偏移,如图 6.7 所示。

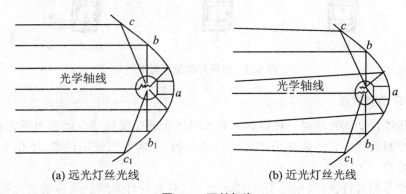

(a) 远光灯丝光线　　　　　　(b) 近光灯丝光线

图 6.7 双丝灯泡

2. 采用带配光屏的双丝灯

远光灯丝仍位于反射镜焦点处,而近光灯丝则位于焦点前上方,并在灯丝下面装有金属制的配光屏,由于近光灯丝射向反射镜上部的光线倾向路面,而配光屏挡住了灯丝射向反射镜下半部的光线,故没有向上反射可能引起眩目的光线。工作情况如图 6.8 所示。

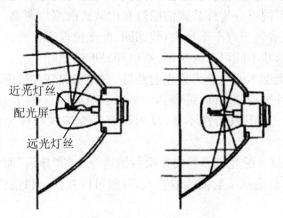

图 6.8 带配光屏的双丝灯泡

3. 采用非对称光形

这是一种新型的防炫目前照灯,安装时将配光屏偏转一定的角度,使其近光的光形分布不对称,如图 6.9 所示。目前国外又发展了一种更优良的光形,由于明暗截止线呈 Z 字形状,故称为 Z 型配光。它不仅可以防止驾驶人眩目,还可以防止迎面而来的行人和非机动车骑行者眩目,进一步保证了汽车行驶的安全,如图 6.9(c)所示。

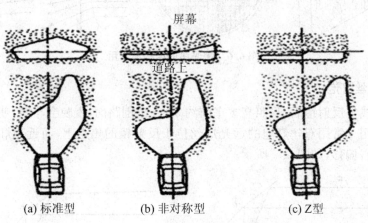

(a) 标准型　　　　(b) 非对称型　　　　(c) Z型

图 6.9　前照灯的配光光形

4. 采用自动变光器

汽车前照灯自动变光器是一种根据对方车辆灯光的亮度自动变远光为近光或变近光为远光的自动控制装置。它的优点是实现了自动控制,不需要驾驶员操纵,体积小、性能稳定可靠且灵敏度高。

在夜间两车相对行驶,当相距 150～200 m 时,对方的灯光照射到自动变光器上,本车就立即变远光为近光,从而有效地避免了远光给对面来车造成的眩目。当两车交会后,变光器又自动变近光为远光,汽车即可恢复原来的行驶速度。

(四) 前照灯的类型

按照安装数量的不同可分为两灯制前照灯和四灯制前照灯两类。前者每只灯具有远、近光双光束;后者外侧一对灯为远近双光束,内侧一对灯为远光单光束。

按照安装方式的不同可分为外装式前照灯和内装式前照灯两类。前者整个灯具在汽车上外露安装;后者灯壳嵌装于汽车车身内,装饰圈、配光镜裸露在外。

按照灯的配光镜形状不同可分为圆形、矩形和异形前照灯三类。

按照发射的光束类型不同可分为远光前照灯、近光前照灯和远近光前照灯三类。

按前照灯光学组件结构的不同,可将其分为以下四类:

① 可拆式前照灯。因其气密性不良,反射镜容易受潮气和灰尘污染而降低反射能力,现已基本淘汰。

② 半封闭式前照灯。配光镜靠卷曲在反射镜边缘上的"牙齿"而紧固在反射镜上,二者之间垫有橡胶密封圈,灯泡从反射镜后端装入,灯泡可以互换。目前仍被各国广泛采用。其结构如图 6.10 所示。

③ 封闭式前照灯。全封闭式的散光玻璃与反射镜用玻璃制成整体,灯丝直接焊在反射镜的底座上,泡体内充入惰性气体。它可完全避免反射镜被污染,但灯丝损坏时,需整体更

换,维修成本高。如图 6.11 所示。

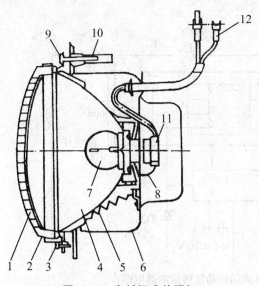
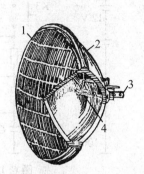

图 6.10 半封闭式前照灯　　　　　图 6.11 封闭式前照灯

1. 配光镜;2. 固定圈;3. 调整圈;4. 反射镜;5. 拉紧弹簧;　　1. 配光镜;2. 反射镜;3. 插头;4. 灯丝
6. 灯壳;7. 灯泡;8. 防尘罩;9. 调节螺钉;10. 调整螺母;
11. 胶木插座;12. 接线片

④ 投射式前照灯。投射式前照灯的反射镜近似为椭圆形,它具有两个焦点,第一焦点处放置灯泡,第二焦点是由光线形成的,凸形配光镜聚成第二焦点,再通过配光镜将聚集的光投射到前方。第二焦点附近设有遮光板,可遮挡上半部分光,形成明暗分明的配光。由于它的这种配光特性,因此也可用于雾灯。投射式前照灯所采用的灯泡为卤钨灯泡,其结构原理如图 6.12 所示。

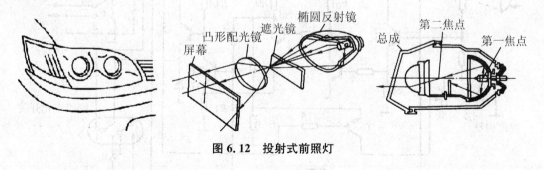

图 6.12 投射式前照灯

(五) 前照灯的电子控制

1. 前照灯的延时控制

前照灯关闭自动延时控制装置的主要功用是:当汽车夜间停入车库后,为驾驶员下车离开车库提供一段时间的照明,以免驾驶员摸黑走出车库时造成事故。图 6.13 为集成电路 ICCSG5551 和继电器 J 组成的前照灯关闭延时装置电路,其延时关闭时间为 50 s。

2. 前照灯的自动变光

汽车前照灯自动变光器是一种根据对方车辆灯光的亮度自动变远光为近光或变近光为

远光的自动控制装置。它的优点是实现了自动控制,不需要驾驶员操纵,体积小、性能稳定可靠、灵敏度高。

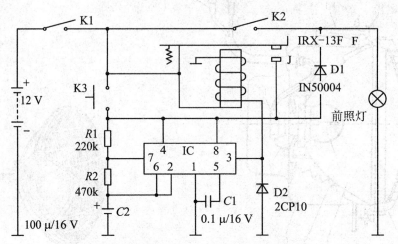

图 6.13　前照灯关闭自动延时控制器电路

K_1. 电源开关；K_2. 车灯开关；K_3. 延时按钮

如图 6.14 所示为具有光敏电阻的自动变光器的电路图。它主要由电子电路(包括晶体管 T1～T6、二极管 D)及电阻 R1～R15、光敏电阻 R、继电器 D 组成。为了防止电子电路出故障后影响夜间行驶,还保留脚踏变光开关。

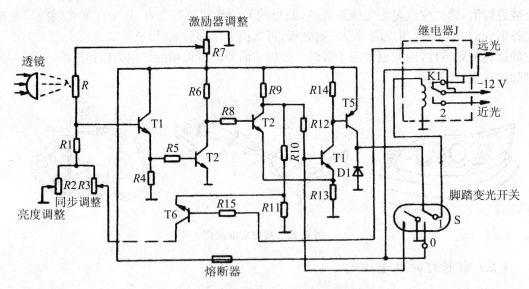

图 6.14　具有光敏电阻的自动变光器电路

3. 前照灯的状态自动调整

前照灯的照明范围随汽车的负荷变化而变化,当汽车的负荷较大时,前灯距地面变近,使照明范围变小,反之使照明范围增大,但这样会造成对面来车驾驶员的眩目,可能会造成安全事故。为了克服负荷对照明的影响,有些先进的车上装设有前照灯状态自动调整系统,根据汽车负荷的不同自动调整前照灯前倾的角度,使照明范围保持不变。如图 6.15 所示为波许公司生产的前照灯自动调整系统的工作原理图。

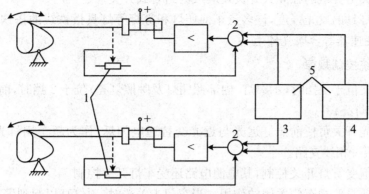

图 6.15 前照灯状态自动调整系统
1. 电感传感器；2. 信号合成器；3. 前桥；4. 后桥；5. 标准信号发生器

4. 前照灯昏暗自动发光控制

昏暗自动发光控制系统的功用是在行驶中当车前的自然光的强度减低到一定程度时，自动将前照灯的电路接通，以确保行车安全，同时还有延时关灯的作用。如图 6.16 所示为昏暗自动发光控制系统电路，它主要由光传感器和控制元件及晶体管放大器组件两大部分组成。

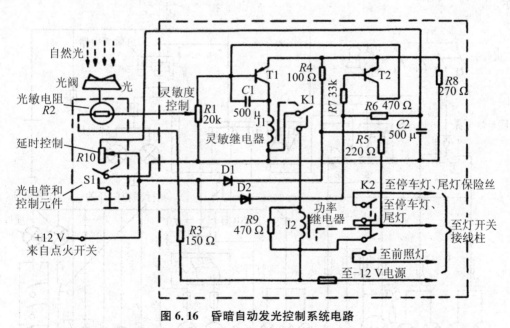

图 6.16 昏暗自动发光控制系统电路

（六）典型汽车照明系统的控制电路

1. 照明系统控制电路的特点

① 为了提高工作可靠性，车灯均采用并联电路，在每个灯具的支路上还安装了熔断器，以确保某支路出现故障时，不会影响其他支路电器的工作。

② 为确保照明系统正常工作，不但配备了灯光开关、变光开关和雾灯开关等，许多汽车

还加装了前照灯继电器和雾灯继电器。

③ 车灯开关由分散的独立式开关发展成为组合式开关。

④ 为确保灯具的发光强度,许多汽车前照灯和雾灯等灯具搭铁线的搭铁部位逐渐移动到了发动机和变速器等金属壳体上。

2. 照明系统控制规律

① 车灯开关位于 1 挡时,示廓灯、内部照明灯及牌照灯亮;位于 2 挡时,前照灯亮的同时 1 挡接通的所有灯亮。

② 通过变光开关可使前照灯远光与近光交替通电闪烁,作为超车用灯光信号,变光开关一般控制前照灯相线支路。

③ 雾灯不但受雾灯开关控制,其电源电路还受车灯开关控制。

④ 顶灯还兼具监视车门关闭的作用。当车门未关严时,顶灯亮以起到警示作用。

3. 照明系统控制电路

汽车照明系统的控制电路一般由灯具、开关和电路等组成。灯光开关一般安装在仪表板上或转向柱上。随车型不同,控制电路控制方式也不同。

(1) 传统照明系统控制电路

当灯泡的功率较小时,灯泡的电流直接受车灯总开关的控制;当灯的数量多、功率大时,为减少开关的热负荷,减少线路压降,采用继电器控制。传统照明系统的控制电路如图 6.17 所示。

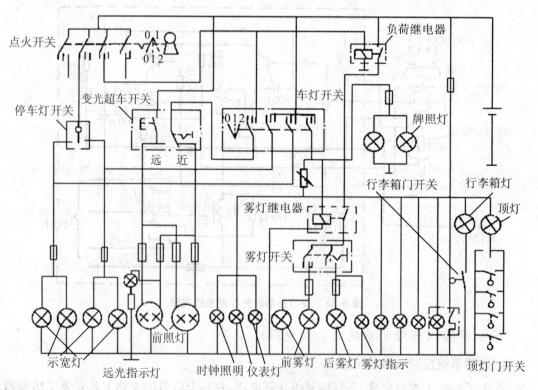

图 6.17 传统照明系统控制电路

电路分析如下:

前照灯由点火开关和车灯开关共同控制,当点火开关置于1挡、车灯开关置于2挡时,电流由电源正极→点火开关第三掷(从左起)1挡→车灯开关第一掷0挡→变光开关→保险丝→前照灯→地,前照灯亮。通过变光开关控制远光、近光变换。此外,远光灯还由超车开关直接点动控制,在汽车超车时当作超车信号灯用。

雾灯由点火开关、雾灯继电器、车灯开关控制,雾灯继电器线圈由车灯开关控制,雾灯继电器触点由负荷继电器控制,负荷继电器由点火开关控制。若要使用雾灯,点火开关必须置于1挡使负荷继电器接通,为雾灯继电器触点供电;车灯开关必须置于1挡或2挡使雾灯继电器接通,这时,雾灯开关就可以控制雾灯了。雾灯开关置于1挡接通前雾灯的电路,2挡同时接通前雾灯、后雾灯和雾灯指示灯的电路。

牌照灯由车灯开关直接控制,不受点火开关控制,在车灯开关置于1挡或2挡时亮。仪表板、时钟、点烟器、雾灯开关、后风窗除霜器开关、空调开关等的照明灯均由车灯开关直接控制。当车灯开关在1挡或2挡时,上述照明灯均被接通,其亮度可通过仪表灯调光电阻进行调节。

顶灯由顶灯开关和门控开关共同控制,当顶灯开关接通(手动)时,顶灯亮。当顶灯开关断开时,顶灯由4个门控开关控制,只要其中一个门关闭不严,这个门控开关就接通,顶灯就亮。

行李箱灯由行李箱灯门控开关控制,当行李箱门打开时,门控开关闭合,行李箱灯亮。

(2)计算机控制照明系统电路

在现代汽车上,大部分车灯的控制电路如图6.18所示。控制开关将信号首先送给汽车灯光系统的计算机,由计算机分析计算处理后发出指令控制照明灯具工作。

(七)照明电路常见故障诊断与排除

1. 常见故障现象及原因

照明电路常见故障及原因如表6.3所示。

表6.3 照明系统常见故障及原因

故障现象	故障原因
所有灯均不亮	蓄电池到点火开关之间火线断;车灯开关损坏;电源总保险断
前照灯远、近光不全	变光开关损坏;远、近光电路中的一条导线断路;双灯丝灯泡中某灯丝烧断;灯光继电器损坏;车灯开关损坏
前照灯一侧亮,另一侧暗	前照灯暗的一侧存在搭铁不良;变光开关接触不良;左右两侧灯泡的功率不同
前照灯灯光暗	电源电压低;大灯开关或继电器触点接触不良;保险丝松;导线接头松动

2. 故障诊断与排除

诊断时,应根据不同的故障现象采取不同的诊断方法。下面举例说明:

(1)前照灯的远、近光均不亮

如果远光灯和近光灯都不亮,应先查仪表灯是否亮,如果仪表灯亮,说明车灯开关的电源线正常,将点火开关接通、车灯开关置于2挡位置,测变光开关上的火线接线柱电压是否正常,若电压为零,说明车灯开关至变光开关之间断路或车灯开关有故障;若电压正常,可以用线短接变光开关试验,若灯亮,说明变光开关损坏,应予以更换,若灯不亮则检查变光开关后的线路和灯丝。

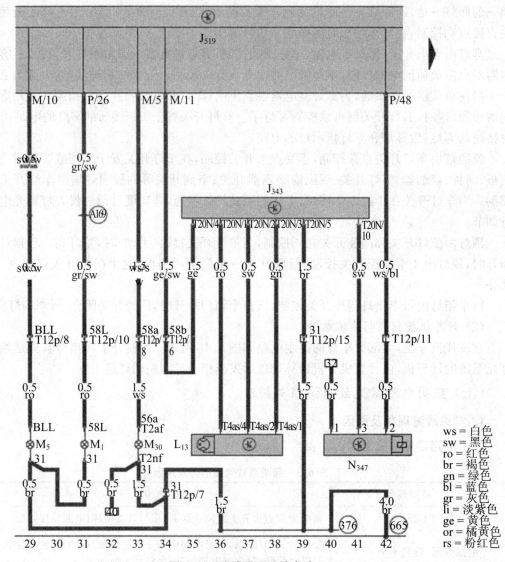

图 6.18　速腾照明系统电路

J343. 左侧气体放电灯控制单元;J519. 车载电网控制单元;L13. 左侧气体放电灯泡;M1. 左侧停车灯泡;M5. 左侧转向信号灯泡;M30. 左侧远光灯泡;N347. 左侧远光灯/近光灯转换磁铁;T2af. 2 芯插头连接;T4as. 4 芯插头连接;T12p. 12 芯插头连接;T20h. 20 芯插头连接;⑩. 主线束中的接地连接 11;㊿. 左大灯上的接地点;⑩. 仪表板线束中的连接 2(58L)

(2) 前照灯一侧亮,另一侧暗

先检查两侧灯泡的功率是否相同,可采用互换左右灯泡的办法进行判断。若灯泡功率一致,可用一根导线,一端接车身,另一端接灯光暗淡的灯泡搭铁接柱,若恢复正常,则表明该灯搭铁不良。若灯光无变化,常为变光开关接触不良、连接该灯泡灯丝的插头松动或锈蚀使接触电阻过大所致。可用电源短接法迅速判明故障部位。灯泡搭铁不良时,灯光暗淡,表现为灯泡远光与近光均发光微弱。否则不是灯泡搭铁不良故障,一般是前照灯反射镜有灰尘或氧化,可通过清洁或更换反射镜来排除故障。

三、汽车信号系统

(一)转向信号装置及闪光器

转向信号装置一般由转向信号灯、闪光器和转向开关等组成。驾驶员还可以通过操纵危险警告灯开关使全部转向灯闪亮,以发出警示。

转向灯的闪烁由闪光器控制,国际标准中规定转向灯的闪烁频率为60~120次/min。闪光器按结构和工作原理不同主要有电热式、电容式和电子式三种类型。电热式闪光器结构简单,制造成本低,但闪光频率不够稳定,使用寿命短,已被淘汰。而电容式闪光器闪光频率稳定,电子式闪光器具有性能稳定、可靠等优点,故得到广泛应用。

1. 电容式闪光器

电容式闪光器的外形和结构原理如图6.19所示。

工作原理:汽车转向时,接通转向开关,电流经蓄电池正极→电源开关→接线柱B→串联线圈→常闭触点→接线柱L→转向开关→转向灯及转向指示灯→搭铁→蓄电池负极,构成回路。

流经串联线圈的电流产生的吸力大于弹簧片的作用力,将触点迅速打开,由于电流流过转向灯灯丝时间很短,故灯泡处于暗的状态(未来得及亮)。触点打开后,蓄电池开始向电容器C充电,回路为:蓄电池正极→电源开关→接线柱B→串联线圈→并联线圈→电容C→转向开关→转向灯及转向指示灯(左或右)→搭铁→蓄电池负极。由于线圈丝电阻较大,充电电流较小,仍不足以使转向灯亮。同时,两线圈产生的电磁吸力方向相同,使触点维持在打开状态。随着电容器C两端电压升高,充电电流逐渐减小,电磁吸力也减小,在弹簧片作用下,触点闭合。随后,电源通过串联线圈、触点、转向开关向转向灯供电,电容器经并联线圈、触点放电。由于此时两线圈磁力方向相反,产生的合成磁力不足以使触点打开,此时转向灯亮。随着C两端电压下降,流经并联线圈的电流减少,产生的磁力减弱,串联线圈产生的电磁吸力又将触点打开,转向灯变暗。如此反复循环使转向灯以一定的频率闪烁。

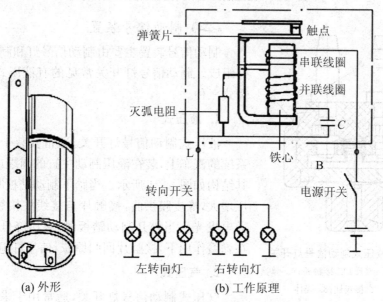

图6.19 电容式闪光器的外形和工作原理

2. 电子式闪光器

电子式闪光器可分为触点式（带继电器）和无触点式（不带继电器）两种，下面以无触点式电子闪光器为例介绍其工作原理。

电子闪光器的引脚和工作原理如图 6.20 所示。

工作原理：接通转向开关，+12 V 电源→B 接柱→$R2$→T3 发射结→L 接柱→转向开关→转向灯→搭铁→电源负极。T3 饱和导通，T2、T1 截止。由于 T3 的发射极电流很小，此时转向灯较暗。同时，电源通过 $R3$ 对 C 充电（上"+"下"−"），使得 T3 的基极电位下降，达一定值时，T3 截止。T3 截止后，T2 通过 $R1$ 得到正向电流而饱和导通，T1 也随之饱和导通，+12 V 电源→T1→L 接柱→转向开关→转向灯→搭铁→电源负极。转向灯中有较大电流通过而变亮。同时，C 经 $R3$、$R2$ 放电，一段时间后，随着 C 放电电流减小，T3 基极电位又逐渐升高，当高于其正向导通电压时，T3 又导通，T2、T1 又截止，转向信号灯由亮变暗。如此循环，使转向灯闪烁。电容 C 的充放电时间决定闪光频率。

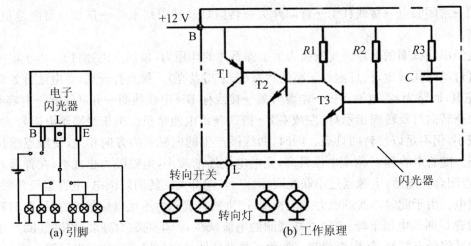

图 6.20 无触点式电子闪光器引脚及工作原理

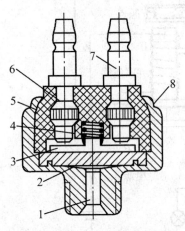

图 6.21 液压式制动信号灯开关

1. 通制动液；2. 膜片；3. 接触桥；4. 弹簧；
5. 胶木底座；6、7. 接线柱；8. 壳体

（二）制动信号装置

制动信号装置主要由制动信号灯和制动信号灯开关等组成。制动信号灯开关常见的有液压式、气压式和弹簧式三种。

1. 液压式

液压式制动信号灯开关，通常安装于采用液压制动系统的汽车上，装在液压制动主缸的前端或制动管路中。其结构如图 6.21 所示。当踏下制动踏板时，制动系中液压增大，橡皮膜拱曲，接触片与接线柱接触，制动信号灯通电发光。当松开制动踏板时，液压降低，橡皮膜挺直，在弹簧作用下，接触片回归原位，信号灯熄灭。

2. 气压式

气压式制动信号灯开关，通常用于采用气压制动系

统的汽车,安装在制动系统管路中或制动阀上,控制制动信号灯的火线。结构如图 6.22 所示。制动时,气压推动橡皮膜向上拱曲,压缩弹簧,使触点接通制动信号灯电路,制动信号灯亮。当抬起制动踏板时,气压下降,橡皮膜复原,触点断开,切断电路,制动灯熄灭。

3. 弹簧式

弹簧式制动信号灯开关是一种较为常用的制动开关,装在制动踏板的后面,如图 6.23 所示。

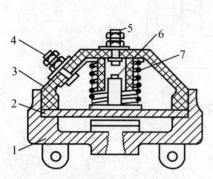

图 6.22 气压式制动信号灯开关
1. 壳体;2. 膜片;3. 胶木盖;4、5. 接线柱;
6. 触点;7. 弹簧

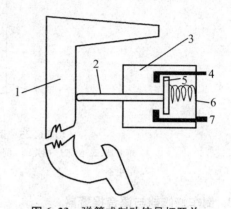

图 6.23 弹簧式制动信号灯开关
1. 制动踏板;2. 推杆;3. 制动信号灯开关;
4、7. 接线柱;5. 接触桥;6. 回位弹簧

(三)倒车信号装置

1. 倒车灯开关

倒车灯开关通过控制倒车灯,来提示车后的行人和车辆注意安全。倒车灯开关常安装在变速杆上,其结构如图 6.24 所示,主要由弹簧、触点、膜片、钢球等组成。钢球平时被倒车挡叉轴顶起,当挂入倒挡时,钢球被松开,使触点闭合,将倒车信号电路接通,倒车灯亮。

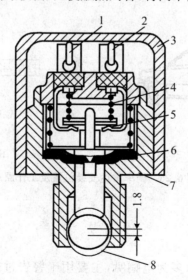

图 6.24 倒车灯开关结构
1、2. 接线柱;3. 外壳;4. 弹簧;5. 触点;6. 膜片;
7. 底座;8. 钢球

2. 倒车信号电路

倒车信号电路如图 6.25 所示，主要包括继电器、蜂鸣器、倒车灯开关、熔丝等。

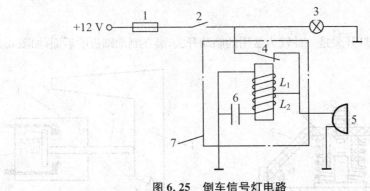

图 6.25　倒车信号灯电路

1. 熔断器；2. 倒车灯开关；3. 倒车灯；4. 触点；5. 蜂鸣器；6. 电容器；
7. 继电器

3. 倒车蜂鸣器与语音报警器

随着集成电路技术的发展，在汽车倒车电路中已广泛应用了集成电路蜂鸣器和语音报警器装置，当汽车倒车时，蜂鸣器能发出间歇的鸣叫，语音报警器能重复发出"请注意，倒车！"等声音，以此提醒过往行人避让车辆而确保车辆安全倒车。

4. 倒车雷达系统

倒车雷达系统在倒车时起到辅助报警作用，大大提高了倒车安全性。倒车雷达系统由倒车雷达侦测器、控制器、蜂鸣器等组成。倒车雷达侦测器安装在车辆后部保险杠上，其安装位置及工作原理如图 6.26 所示。

(a) 安装位置　　　　　　　　　　　　(b) 工作原理

图 6.26　倒车雷达安装位置及工作原理

（四）喇叭

1. 汽车喇叭的分类

目前汽车上所装用的喇叭多为电喇叭，主要用于警告过往行人和其他车辆，以引起注意，保证行车安全。

① 喇叭按发音动力可分为气喇叭和电喇叭。气喇叭是利用气流使金属膜片振动产生音响，外形一般为筒形，多用在具有空气制动装置的重型载重汽车上。电喇叭是利用电磁力

使金属膜片振动产生音响,其声音悦耳,广泛使用于各种类型的汽车上。

② 按外形可分为螺旋形喇叭、筒形喇叭、盆形喇叭三种。

③ 按声频可分为高音喇叭和低音喇叭。

④ 按接线方式可分为单线制喇叭和双线制喇叭。

⑤ 按有无触点可分为普通电喇叭(有触点式)和电子电喇叭(无触点式)。普通电喇叭主要是靠触点的闭合和断开,控制电磁线圈激励膜片振动而产生音响的;电子电喇叭中无触点,它是利用晶体管电路激励膜片振动产生音响的。

2. 电喇叭的结构和工作原理

在中小型汽车上,由于安装位置的限制,多采用螺旋形和盆形电喇叭。盆形电喇叭具有体积小、重量轻、指向好、噪声小等优点。盆形电喇叭的结构如图6.27所示。螺旋形电喇叭的工作原理与盆形电喇叭的工作原理相同。

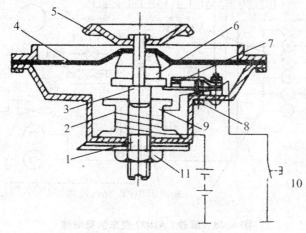

图 6.27 盆形电喇叭结构

1. 下铁心;2. 线圈;3. 上铁心;4. 膜片;5. 共鸣板;6. 衔铁;7. 触点;
8. 调整螺母;9. 铁心;10. 按钮;11. 锁紧螺母

工作原理:当按下喇叭按钮时,喇叭线圈的供电电路为:蓄电池正极→喇叭线圈→触点→喇叭按钮→搭铁→蓄电池负极。喇叭线圈通电后产生电磁吸力,吸动上铁心及衔铁下移,带动膜片向下变形,同时,衔铁下移将触点打开,线圈断电,电磁力消失,上铁心及衔铁在膜片弹力的带动下复位,触点再次闭合。重复以上过程,膜片与共鸣板就不断共鸣发声。

(五)典型汽车信号系统的控制电路

1. 解放 CA1092 汽车信号电路

解放车信号电路由转向、倒车、制动、喇叭四种信号组成,如图6.28所示。

① 转向信号电路

由转向开关、闪光器、转向灯三部分组成。当转向时,拨动转向开关(左或右),电流由电源正极→10 A 保险→闪光继电器 B→闪光继电器 L→转向开关→转向灯→搭铁→电源负极。转向灯开关装在转向盘下部的转向柱上,由驾驶员操纵,具有自动回位机构,当转向盘回位时,将转向开关自动地回归原始的断开位置。

② 倒车信号电路

由倒车灯和倒车警报器两部分组成。当倒车灯开关闭合时,倒车灯和倒车警报器电路被接通。电流由电源正极→5 A 保险→倒车开关→倒车灯与倒车警报器→搭铁→电源负极。

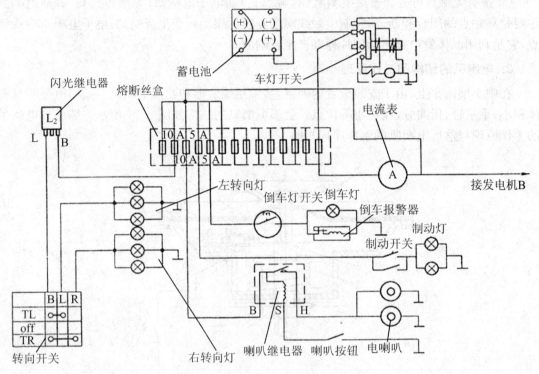

图 6.28　解放 CA1092 汽车信号电路

③ 制动信号电路

由制动信号灯和制动开关两部分组成。当汽车制动时,安装在制动阀上的两个制动开关(双回路气制动系统)闭合,使制动灯电路接通。

④ 喇叭信号电路

由喇叭和喇叭继电器两部分组成。当按下喇叭按钮时,电流由电源正极→5 A 保险→喇叭继电器线圈→喇叭按钮→搭铁→电源负极,使喇叭继电器触点闭合,随后喇叭被通电而发声。该车喇叭为盆式双音(高、低音)喇叭。

2. 捷达轿车转向及危险警告灯电路

捷达轿车转向及危险警告灯电路如图 6.29 所示。

① 转向信号

当点火开关处于 I 挡,并拨动转向开关时,蓄电池正极→点火开关触点→熔断器 S15→转向指示灯→转向开关触点 49a→转向开关→左(或右)侧转向灯→搭铁→蓄电池负极,转向指示灯亮。由于这一电流较小,故转向灯不亮。当闪光器触点闭合时,转向灯亮。其电流由蓄电池正极→点火开关→熔断器 S17→危险警报灯开关常闭触点→闪光器触点 49→49a→转向开关左(或右)触点→转向灯→搭铁→蓄电池负极。这时转向指示灯两端电位差为零,转向指示灯灭。因此,转向指示灯的频闪状态与转向信号灯相反。

② 危险警告信号

当汽车有紧急情况时,按下危险警报开关,则所有转向灯一起闪烁。其电流由蓄电池正极→危险警报开关(见图左)→闪光器触点 49→49a→危险报警开关(见图右)→所有转向灯→搭铁→蓄电池负极。从这一线路可知无论点火开关处于什么位置,只要按下危险警报开关,危险报警灯(即转向灯)都可以工作。

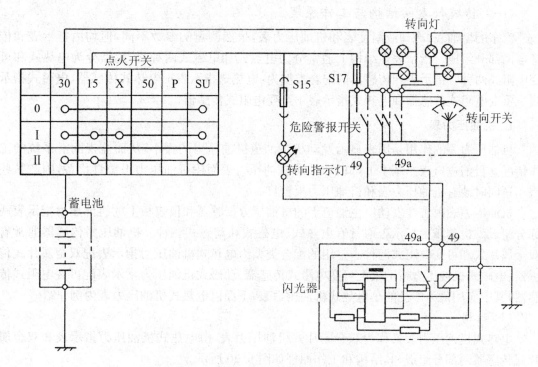

图 6.29　捷达轿车转向及危险警告灯电路

（六）信号系统电路常见故障的诊断与排除

1. 转向灯和危险报警灯

常见故障有转向信号灯均不亮、转向信号灯闪光频率不正常等。

故障原因有熔断器熔断、闪光继电器损坏、转向信号灯开关损坏、导线接触不良、灯泡功率不当或某一边灯泡烧坏等。

所有的转向信号灯都不亮,一般是闪光器电源线或保险装置断路所致。

转向信号灯闪光频率不正常,一般是闪光器、转向信号灯开关接线松动,闪光器等故障所致。

2. 倒车时倒车灯不亮

一般是倒车灯的灯泡损坏,倒车灯开关损坏,线路有断路等故障所致。

3. 喇叭不响故障

一般是喇叭损坏,熔断器烧断,喇叭继电器损坏,喇叭按钮故障,线路出现故障等所致。可用分段短路法诊断出故障部位。

三、仪表系统

汽车仪表的作用是显示汽车运行及发动机的工作状况,以便驾驶员能随时了解各系统的工作情况,保证汽车能安全可靠地行驶。汽车仪表一般包括冷却液温度表、燃油表、车速里程表、发动机转速表等,不同车型装用的个数及结构类型有所不同。

(一)传统仪表的结构与工作原理

汽车的燃油表、冷却液温度表和机油压力表,虽然测量的参数不同,但均由指示表和传感器两部分组成。指示表在结构上通常分为电热式和电磁式两种,传感器分为电热式和可变电阻式两种。指示表和传感器的配合类型为:电热式指示表+电热式传感器、电磁式指示表+可变电阻式传感器和电热式指示表+可变电阻式传感器。

1. 机油压力表

机油压力表的作用是用来显示发动机主油道机油压力的大小,从而监视润滑系统的工作情况。目前进口汽车基本上都已取消了机油压力表而用机油压力报警灯代替,国产某些汽车还同时装有机油压力表和机油压力报警灯。

机油压力表由装在发动机主油道上的机油压力传感器和仪表板上的机油压力指示表两部分组成。机油压力指示表通常有电热式、电磁式和动磁式三种。机油压力传感器通常有双金属片式和可变电阻式两种。常用的配合类型为电热式机油压力指示表配双金属片式传感器、电磁式机油压力指示表配可变电阻式传感器、动磁式机油压力指示表配可变电阻式传感器,其中应用最为广泛的是电热式机油压力表,下面以电热式机油压力表为例介绍。

(1)结构

电热式机油压力表又称为双金属片式机油压力表,由电热式机油压力指示表和双金属片式传感器两部分组成,其结构和工作原理如图6.30所示。

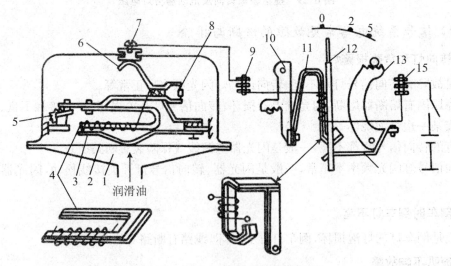

图6.30 电热式机油压力表结构原理
1.油腔;2.膜片;3.弹簧片;4.双金属片;5.调节齿轮;6.接触片;7.机油压力传感器接线柱;8.校正电阻;9、15.机油压力表接线柱;10、13.调节齿扇;11.双金属片;12.指针;14.弹簧片

传感器内有膜片,膜片的上部顶着弓形弹簧片,弹簧片的一端与外壳固定搭铁,另一端

通过焊接的触点与双金属片触点接触,双金属片上绕有加热线圈,加热线圈通过接触片与外接线柱连接,电阻与加热线圈并联。膜片下方油腔与发动机主油道相通,机油压力可直接作用在膜片上。

机油压力指示表内有特殊形状的双金属片,双金属片上绕有加热线圈,两线端分别与两接线柱连接,一端固定在调节齿扇上,另一端与指针相连。

(2) 工作原理

当点火开关闭合时,电流回路为:蓄电池正极→点火开关→机油压力表接线柱→机油压力表内双金属片的加热线圈→机油压力表接线柱→机油压力传感器接线柱→接触片→机油压力传感器内双金属片上的加热线圈→触点→弹簧片→搭铁→电源负极。

若机油压力很低,则传感器膜片变形很小,作用在触点上的压力也很小,通电时,温度略有上升,传感器双金属片稍有变形,就会使触点分开,切断电路;冷却后触点又接通电路,循环工作。因触点压力小,分开时长,接触时短,平均电流小,压力表内双金属片变形小,指针偏转量小,指示低油压。

当机油压力升高时,则传感器膜片变形增大,作用在触点上的压力也增大,传感器内双金属片被压向上弯曲,需要通电时间长双金属片变形量大才能使触点分开,切断电路;稍一冷却触点又接通电路,循环工作。因此,机油压力升高时,触点分开时短,接触时长,平均电流大,压力表内双金属片变形大,指针偏转量大,指示高油压。

2. 冷却液温度表

冷却液温度表用来显示发动机冷却液的工作温度,通常由装在发动机气缸盖水套中的传感器和装在仪表板上的指示表两部分组成。

冷却液温度指示表有电热式和电磁式两种,冷却液温度传感器有双金属片式和热敏电阻式两种。常用的配合类型为电热式冷却液指示表配双金属片式传感器、电热式冷却液指示表配热敏电阻式传感器、电磁式冷却液指示表配热敏电阻式传感器。其中电热式冷却液温度表与电热式机油压力表结构原理相同,下面以后面两种类型为例介绍。

(1) 电热式冷却液指示表配热敏电阻传感器

① 结构

电热式冷却液指示表配热敏电阻传感器的基本结构与工作原理如图 6.31 所示,其中热敏电阻为负温度系数热敏电阻。

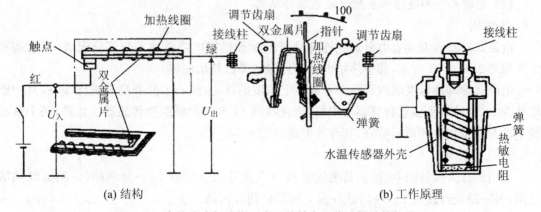

图 6.31 电热式冷却液指示表配热敏电阻传感器结构与原理

② 工作原理

当点火开关闭合时,电流回路为:蓄电池正极→点火开关→电源稳压器→温度表内双金属片的加热线圈→传感器接线柱→热敏电阻→传感器外壳→搭铁→电源负极。

当冷却液温度低时,传感器中热敏电阻的阻值大,电路中电流的平均值小,温度表的双金属片弯曲变形小,表针指向低温刻度。

当冷却液温度高时,传感器中热敏电阻的阻值小,电路中电流的平均值大,温度表的双金属片弯曲变形大,表针指向高温刻度。

③ 电源稳压器

由于电源电压波动会影响仪表读数的准确性,所以在这种电路中需配有电源稳压器。电源稳压器的作用是当电源电压变化时稳定仪表电压,避免仪表的指示误差。适用于电热式冷却液温度表或电热式燃油表配可变电阻式传感器电路。

电源稳压器由双金属片、一对动断触点、电热线圈、底板和外壳等部分组成,其结构和工作原理如图 6.32 所示。

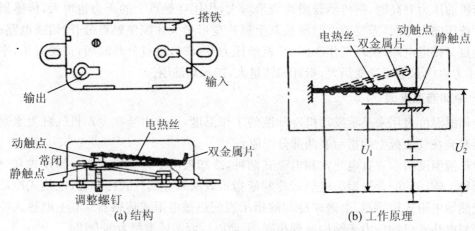

图 6.32 电热式仪表电源稳压器结构与原理

工作原理:当电源电压偏高时,电热丝中的电流增大,双金属片加热快,触点很快断开,断开的触点需要较长时间冷却才能闭合,这样触点闭合时间短,断开时间长,从而将偏高的电源电压降低为某一输出电压平均值。

(2)电磁式冷却液指示表配热敏电阻传感器

① 结构

电磁式冷却液温度表由电磁式冷却液指示表和热敏电阻传感器两部分组成,其结构和工作原理如图 6.33 所示,其中热敏电阻为负温度系数热敏电阻。

电磁式冷却液温度表内有两个互成一定角度的铁心,铁心上分别绕有磁化线圈,其中磁化线圈 L_2 与冷却液温度传感器 3 串联,磁化线圈 L_1 与冷却液温度传感器 3 并联,两个铁心的下端对着带指针的偏转衔铁,其等效电路如图 6.33 所示。

② 工作原理

当电源开关接通时,电流由蓄电池正极→点火开关→线圈 L_2→分两路(一路流经热敏电阻;另一路流经线圈 L_1)→搭铁→蓄电池负极构成回路。

当冷却液温度低时,传感器中热敏电阻的阻值大,电流经 L_2 后,大部分流入 L_1 中,产生的合成磁场使带指针的衔铁向左偏转,表针指向低温刻度。

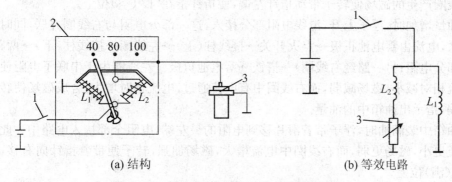

(a) 结构　　　　　　　　　　　　(b) 等效电路

图 6.33　电磁式冷却液温度表的结构与原理
1. 点火开关；2. 冷却液温度表；3. 冷却液温度传感器

当冷却液高时,传感器中热敏电阻的阻值减小,L_1 中的电流相对减少,产生的合成磁场使带指针的衔铁向右偏转,表针指向高温刻度。

3. 燃油表

燃油表用来显示燃油箱内燃油的多少。常用的有电热式、电磁式、电子式三种。其中电热式燃油表的结构原理与电热式机油压力表基本相同,下面主要以电磁式和电子式燃油表为例介绍。

(1) 电磁式燃油表

① 结构

电磁式燃油表由装在燃油箱内的浮筒传感器和装在仪表板上的燃油指示表等组成。其结构和工作原理如图 6.34 所示。浮筒传感器由电阻、滑杆、浮子等组成。燃油指示表由两个绕在铁心上的线圈、转子、指针、分流电阻等组成。

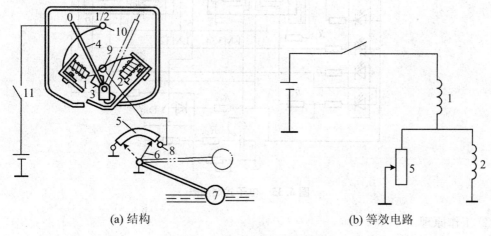

(a) 结构　　　　　　　　　　　　(b) 等效电路

图 6.34　电磁式燃油表的工作电路
1. 左线圈；2. 右线圈；3. 转子；4. 指针；5. 可变电阻；6. 滑片；7. 浮子；8. 传感器接线柱；9、10. 燃油表接线柱；11. 点火开关

② 工作原理

当油箱无油时,浮子下沉,滑线电阻上的滑片移至最右端,将右线圈短路,电流由蓄电池

正极→点火开关→接线柱(上)→左线圈→接线柱(下)→浮子滑片→滑杆→搭铁→蓄电池负极。左线圈产生的磁场使转子带动指针左偏,使指针指在"E"(空)位上。

当油量增加时,浮子上升,滑线电阻部分接入,这一部分电阻与右线圈并联,同时又与左线圈串联,电流由蓄电池正极→点火开关→接线柱(上)→左线圈→接线柱(下)→两路(一路经滑线部分电阻;另一路经右线圈)→搭铁→蓄电池负极。左线圈由于串联了电阻使左线圈中的电流相对减小,磁场减弱,而右线圈中有电流通过,电流相对增大,合成磁场使转子带动指针右偏,指示出油箱中的油量。

当油箱中装满油时,浮子带着滑片移到电阻的最左端,电阻全部接入电路中。此时左线圈中电流更小,磁场更弱,而右线圈中电流增大,磁场加强,转子便带着指针向右移,使指针指在"F"(满)位上。

(2) 电子式燃油表

① 结构

电子式燃油表的结构和工作原理如图6.35所示。电路由两块IC电压比较器及相关电路、发光二极管显示器、浮筒传感器三大部分组成。R_x是传感器的可变电阻,电阻R_{15}和二极管VD_8组成稳压电路,给IC_1、IC_2两块电压比较器反向输入端提供基准电压信号。电容C和电阻R_{16}组成延时电路,接到电压比较器的同向输入端,R_x产生的变化电压信号经延时与基准电压信号进行比较后放大。

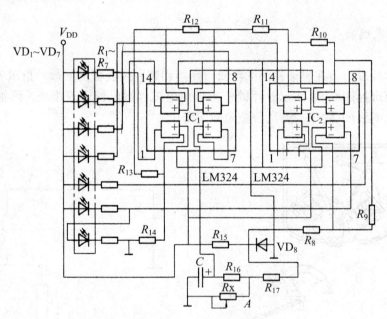

图6.35 电子式燃油表

② 工作原理

当油箱内燃油加满时,R_x阻值最小,A点电位最低,IC_1、IC_2两块电压比较器输出为低电平,6只绿色发光二极管全部点亮,而红色发光二极管VD_1熄灭,表示油箱已满。

当油箱内的燃油量逐渐减少时,R_x阻值逐渐增大,A点电位逐渐增高,绿色发光二极管VD_7,VD_6,VD_5,…,VD_2依次熄灭。燃油量越少,绿色发光二极管亮的个数越少。

当油箱内燃油用完时,R_x的阻值最大,A点电位最高,IC_1、IC_2两块电压比较器输出为高电平,6只绿色发光二极管全部熄灭,而红色发光二极管VD₁亮,表示油箱无油。

4. 车速里程表

车速里程表用来显示汽车行驶速度和行驶里程。常用的车速里程表有磁感应式和电子式两种,它们都由车速表和里程表两部分组成。

(1) 磁感应式车速里程表

① 结构

磁感应式车速里程表的结构如图6.36所示,车速表由永久磁铁、带轴及指针的铝碗、罩壳、刻度盘组成,里程表由三对蜗轮蜗杆、中间齿轮、里程计数器等组成。其主动轴由变速器输出轴通过齿轮啮合及软轴驱动。

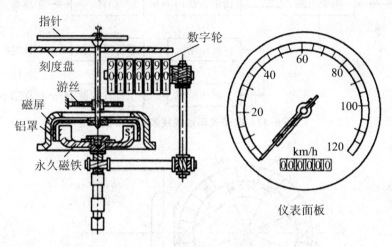

图6.36 磁感应式车速里程表

② 工作原理

汽车静止时,在游丝的作用下,铝罩指针位于刻度盘零位。汽车行驶时,主动轴带着永久磁铁旋转,磁力线磁化铝碗,使铝罩产生磁场,永久磁铁磁场与铝罩磁场相互作用产生力矩,克服游丝的弹力,指针被铝罩带着转动一个与主动轴转速大小成正比例的角度,即在刻度盘上显示出相应的车速。

主动轴与蜗轮蜗杆机构具有一定的传动比,汽车行驶时,软轴带动主动轴,经三对蜗轮蜗杆减速后驱动里程表右边第一数字轮,并从右向左逐级传到其余的数字轮,累计出行驶里程。同时,里程表上的齿轮通过中间齿轮,驱动短里程数字轮,并向左逐级传到其余的数字轮,记录短程行驶里程。当需要清除短里程记录时,按一下短里程表复位杆,可使短里程计数器的指示回零。

(2) 电子式车速里程表

电子式车速里程表主要由车速传感器、电子电路、车速表和里程表四部分组成,既能指示汽车行驶速度,又能记录行驶里程(包括累计里程和单程里程),且具有复零功能。目前很多轿车都采用了电子式车速里程表。

① 结构

如图6.37所示为电子式车速里程表结构框图。

② 工作原理

车速传感器一般采用舌簧开关式或磁感应式传感器,由变速器驱动,能够产生与汽车行驶速度成正比的电信号。例如桑塔纳2000型、奥迪100型轿车均采用舌簧开关式传感器，由一个舌簧开关和一个具有4对磁极的转子组成。转子每转一周，舌簧开关中的触点闭合8次，产生8个脉冲信号，该脉冲信号频率与车速成正比。车速传感器的原理如图6.38所示。

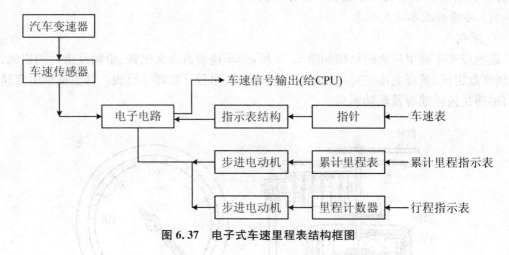

图6.37　电子式车速里程表结构框图

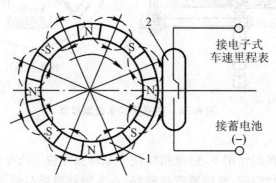

图6.38　奥迪100型轿车车速传感器
1. 塑料环；2. 舌簧开关

电子电路的作用是将车速传感器送来的具有一定频率的电信号，经整形、触发后输出一个与车速成正比的电流信号。该电子电路主要包括稳压电路、恒流电源驱动电路、64分频电路和功率放大电路等电路，如图6.39所示。

车速表实际上是一个磁电式电流表，当汽车以不同车速行驶时，从电子电路接线端子输出的与车速成正比的电流信号便驱动车速表指针偏转，从而指示相应的车速。

里程表由一个步进电动机及六位数字的十进制齿轮计数器组成。步进电动机是一种利用电磁感应原理将脉冲信号转换为线位移或角位移的电动机，其结构如图6.40所示。车速传感器输出的信号经64分频后，经功率放大器放大到足够的功率，驱动步进电机带动数字轮转动，从而记录行驶的里程。

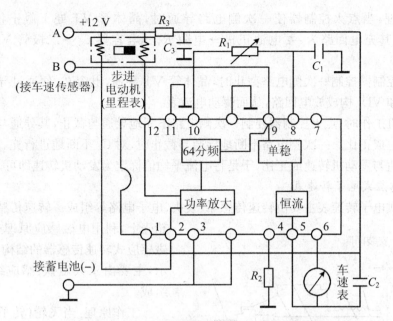

图 6.39 奥迪 100 型轿车电子式车速里程表电路

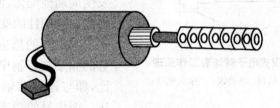

图 6.40 里程表步进电机结构

5. 发动机转速表

发动机转速表用于指示发动机的运转速度。目前汽车多采用电子式发动机转速表,具有结构简单、指示精确、安装方便等优点。电子式转速表获取转速信号的方式有三种,分别取自点火线圈、发动机转速传感器和发电机。根据发动机转速表的信号源不同分为脉冲式电子转速表和磁感应式电子转速表。

（1）磁脉冲式电子转速表

如图 6.41 所示为桑塔纳轿车电子式转速表电路原理图,其转速信号取自点火系的初级电路。

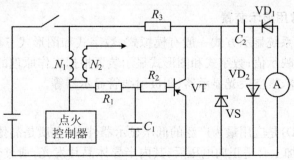

图 6.41 脉冲式电子转速表电路原理

工作原理：当点火控制器使一次侧电路导通时，晶体管 VT 处于截止状态，电容器 C_2 被充电。其充电回路为：蓄电池正极→电阻 R_3→电容器 C_2→二极管 VD_2→蓄电池负极。

当点火控制器控制一次侧电路截止时，晶体管 VT 导通，电容 C_2 便通过导通的晶体管 VT、电流表和 VD_1 构成放电回路，从而驱动电流表。

当发动机工作时，点火控制器控制一次侧电路不断地导通与截止，其导通与截止的次数与发动机转速成正比。一次侧电路不断地导通与截止时，对 C_2 不断地进行充、放电，其放电电流的平均值与发动机转速成正比，于是将电流平均值标定为发动机转速即可。

（2）磁感应式电子转速表

磁感应式电子转速表主要由转速传感器、表头、电子电路等组成。转速传感器安装在飞轮壳上，利用电磁感应原理产生电信号。磁感应式转速传感器的结构如图 6.42 所示，主要由永久磁铁、感应线圈、外壳等组成。

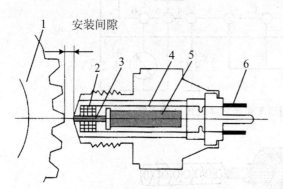

图 6.42　电磁感应式电子转速表工作原理
1. 转子；2. 感应线圈；3. 芯轴；4. 连接线；5. 永久磁铁；6. 接线柱

工作原理：当飞轮（转子）转动时，齿顶与齿底不断地通过芯轴，其间隙的大小发生周期性变化，使穿过芯轴的磁通也随之发生周期性的变化，于是在感应线圈中感应出交变的感应电动势。该交变电动势的频率与芯轴中磁通变化的频率成正比，即与通过芯轴端面的飞轮齿数成正比。而信号的频率和幅值与发动机转速成正比，当转速升高时频率高，幅值增大，指针摆动角度也相应增大，于是转速表指示的转速就提升。

（二）数字仪表的结构与工作原理

1. 数字仪表的特点

汽车数字仪表系统以微处理器为核心，利用来自不同传感器的模拟信号或数字信号，通过中央处理器的运算处理，最后在电子仪表显示器上显示所有信息。汽车数字仪表系统能准确、迅速地处理各种复杂信息，并能以数字、文字或图形的形式显示出来，向驾驶员发出汽车各种工作状态的信号和故障信息。数字仪表系统的基本组成有传感器与开关、电子控制器及显示装置，如图 6.43 所示。

2. 数字仪表的常用显示装置

汽车数字的仪表系统显示方式一般有模拟式、数字式和图形式三种。模拟式显示装置是通过指针的偏摆反映示值；数字式和图形式显示装置根据工作原理的不同，分为发光二极管显示器、液晶显示器、真空荧光显示器、阴极射线管显示器等。

1. 发光二极管

发光二极管（LED）是应用最为广泛的低压显示器件，其实质是晶体管，结构及应用如图 6.44 所示。正、负极加上合适正向电压后，其内半导体晶片发光，通过带颜色透明的塑料外壳显示出来。发光的颜色有红、绿、黄、橙等。可单独使用，也可用来组成数字、字母、发光条图。汽车上一般用于指示灯、数字符号段或点数不太多的光杆图形显示。

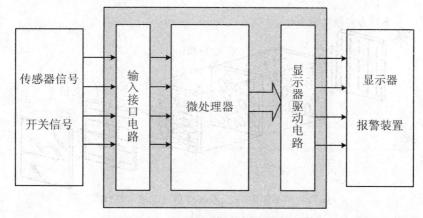

图 6.43 汽车数字仪表系统基本组成

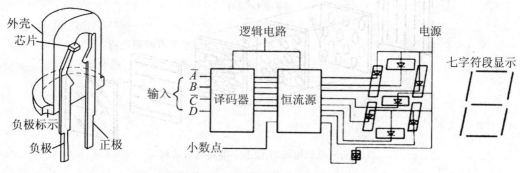

图 6.44 发光二极管结构及应用

（2）液晶显示器

液晶显示器（LCD）是最常用的非发光型显示器，其结构如图 6.45 所示。前玻璃板和后玻璃板之间加有一层液晶，外表面贴有垂直偏光镜和水平偏光镜，最后面是反射镜。

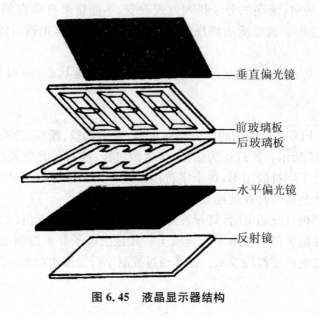

图 6.45 液晶显示器结构

液晶显示器的工作原理如图 6.46 所示。

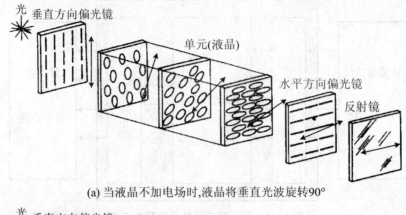

(a) 当液晶不加电场时,液晶将垂直光波旋转90°

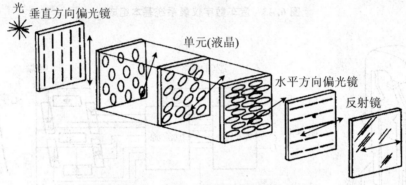

(b) 当液晶加电场时,液晶不能将光波旋转

图 6.46　液晶显示器(LCD)工作原理

当液晶不加电场时,液晶的分子排列方式可将来自垂直偏光镜的垂直方向的光波旋转90°,再经水平偏光镜后射到反射镜上,经反射后按原路回去,这时透过垂直偏光镜看液晶时,液晶呈亮的状态。

当液晶加一电场时,液晶的分子排列方式改变,不能将来自垂直偏光镜的垂直方向的光波旋转,不能通过水平偏光镜达到反射镜,这时透过垂直偏光镜看液晶时,液晶呈暗的状态。

这样将液晶制成字符段,通过控制每个字符段的通电状态,就可使液晶显示不同的字符。

(3) 真空荧光管

真空荧光管(VFD)是最常用的发光型显示器,它由钨丝、栅极、涂有磷光物质的玻璃组成,其结构如图 6.47 所示。钨灯丝为阴极,接电源负极;涂有荧光物质的屏幕为阳极,接电源正极,其上制有若干字符段图形,每个字符段由电子开关单独控制通电状态;栅格置于灯丝和屏幕之间;整个装置密封在被抽真空的玻璃罩内。

工作原理:当阴极灯丝通电时,灯丝发热,释放电子,电子被电位较高的栅格吸引,并穿过栅格,均匀地打在电位最高的屏幕字符段上。凡是由电子开关控制通电的字符段受电子轰击后发亮,而未通电的字符段发暗。这样通过控制字符段通电状态,就可形成不同的显示数字。

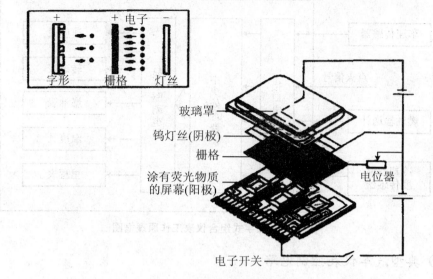

图 6.47 真空荧光管结构

3. 数字式组合仪表

数字式组合仪表由各种传感器、微机、显示器三大部分组成。一般都具有自诊断功能，若仪表发生故障，则其故障码会存储在组合仪表的 RAM 存储器里，用专用仪器调码后，可以读出故障内容。如图 6.48 所示为杆图式数字组合仪表，仪表板内有车速里程表、发动机转速表、机油压力表、电压表、冷却液温度表、燃油表等。组合仪表的部件不可分解，只有普通灯泡的指示灯可以单独更换。

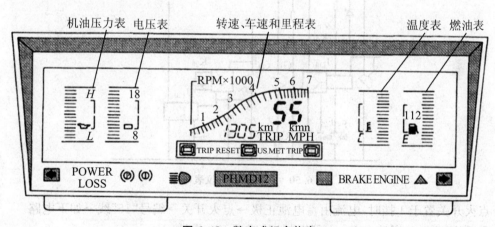

图 6.48 数字式组合仪表

数字式组合仪表的工作原理如图 6.49 所示。

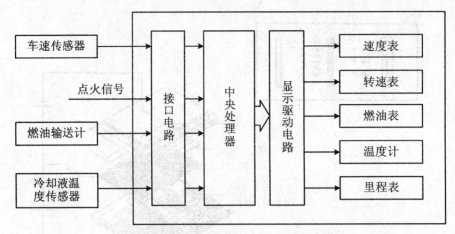

图 6.49 数字式组合仪表工作原理框图

(三) 典型汽车仪表控制电路

1. 传统仪表电路

桑塔纳轿车仪表电路如图 6.50 所示。所有仪表由点火开关控制,点火开关接通后,仪表及传感器进入正常工作状态。

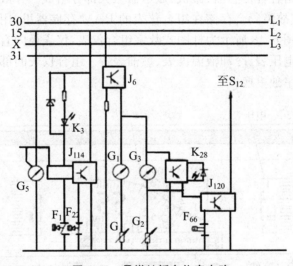

图 6.50 桑塔纳轿车仪表电路

点火开关置于1挡时,电流由蓄电池正极→点火开关→编号"15"线→如下电路。

① 稳压器 J_6 →燃油表 G_1 →浮筒燃油传感器 G →搭铁。
② 稳压器 J_6 →水温表 G_3 →水温传感器 G_2 →搭铁。
③ 稳压器 J_6 →水位报警灯 K_{28} →水温传感器 G_2 →搭铁;同时,至液位控制器 J_{120} →水位不足开关 F_{66} →搭铁。
④ "15"→转速表 G_5 →搭铁;同时,转速信号来自于点火线圈。

2. 数字仪表电路

(1) 分装式数字仪表

分装式数字仪表具有各自独立的控制电路,如图 6.51 所示为一款数字燃油表的控制电路。

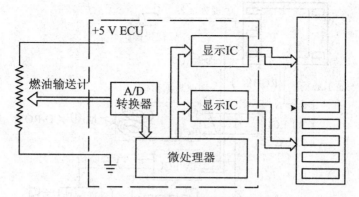

图 6.51 微机控制的燃油表电路

(2) 组合式数字仪表

分装式数字仪表具有各自独立的电路,所有仪表加在一起体积过大,且安装不方便。现代汽车多采用数字组合仪表,如图 6.52 所示为汽车智能组合仪表电路原理图。

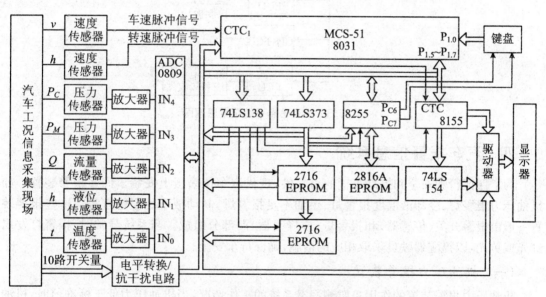

图 6.52 单片机控制的汽车智能组合仪表原理图

(3) 综合信息系统

综合信息系统就是将各种仪表、报警装置和舒适性控制器组合到一起而形成的系统。如图 6.53 所示为综合信息系统配置原理图,该综合信息系统的显示器可显示电子行车地图、燃料消耗和行程信息等综合信息。

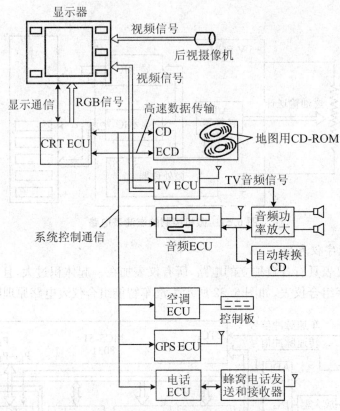

图 6.53 综合信息系统配置原理图

四、汽车报警信息系统

为了保证行驶安全和提高车辆的可靠性,现代汽车仪表板上安装了许多报警装置。如机油压力报警灯、冷却液温度报警灯、燃油不足报警灯、制动液不足报警灯等。这些报警装置一般由报警开关(传感器)和报警灯(或蜂鸣器)两部分组成。当系统异常时,报警灯发出红光或黄光,以提醒驾驶员采取相应的措施,确保行车安全。

(一)机油压力报警装置

机油压力报警装置的作用是监测润滑系统的工作情况,当机油压力低于标准值时,机油压力警报灯点亮,给驾驶员以警示。机油压力报警装置由安装在发动机主油道的报警开关和安装在仪表板上的红色报警灯两部分组成,现在汽车上使用的报警开关通常有弹簧管式和膜片式两种。

1. 弹簧管式机油压力报警装置

弹簧管式机油压力报警开关结构及控制电路如图 6.54 所示。传感器内的管形弹簧一端与发动机主油道连接,另一端与动触点连接,静触点经导电片与接线柱连接。

当润滑系统机油压力低于允许值时,管形弹簧几乎无变形,动、静触点闭合,报警灯中有电流通过,机油压力报警灯亮,提醒驾驶员注意安全;当润滑系统机油压力达到允许值时,管形弹簧变形程度增大,使动、静触点分开,报警灯中无电流通过,机油压力报警灯熄灭。

2. 膜片式机油压力报警装置

膜片式机油压力报警开关结构及控制电路如图 6.55 所示。

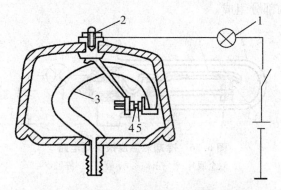

图 6.54 弹簧管式机油压力报警灯电路
1. 机油压力报警灯；2. 弹簧管式机油压力报警开关接线柱；
3. 管形弹簧；4. 静触点；5. 动触点

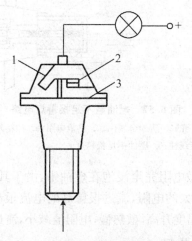

图 6.55 膜片式机油压力报警灯电路
1. 弹簧片；2. 触点；3. 膜片

当机油压力正常时，机油压力推动膜片向上弯曲，推杆将触点打开，机油压力报警灯熄灭；当机油压力低于标准值时，膜片在弹簧压力作用下向下移动，从而使触点闭合，机油压力报警灯亮，警告驾驶员机油压力不足。

（二）冷却液温度报警装置

冷却液温度报警灯的作用是当冷却液温度升高至一定限度时，报警灯自动点亮，以示报警。图 6.56 所示为常见的冷却液温度报警灯电路，它由双金属片式温度传感器、仪表板上的冷却液温度报警灯两部分组成。

当发动机冷却液的温度达到或超过极限温度时，传感器内双金属片受热温度高，变形程度大，使其内动、静触点闭合，报警灯中有电流通过，灯亮，提醒驾驶员及时停车检查和冷却；当发动机冷却液的温度正常时，传感器内双金属片受热温度较低，变形程度小，其内动、静触点断开，报警灯中无电流通过，灯灭。

(三)燃油量不足报警装置

如图 6.57 所示为常见的燃油量报警装置电路,它由负温度系数热敏电阻传感器、仪表板上的燃油量报警灯两部分组成。

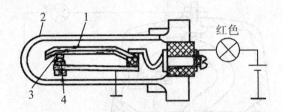

图 6.56 冷却液温度报警灯电路
1. 双金属片;2. 壳体;3. 动触点;4. 静触点

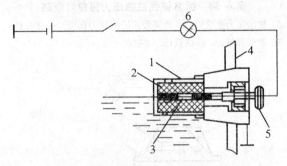

图 6.57 燃油量不足报警灯电路
1. 外壳;2. 防爆金属网;3. 热敏电阻;4. 油箱外壳;
5. 接线柱;6. 燃油不足报警灯

当油箱燃油量较多时,热敏电阻完全浸泡在燃油中,由于其散热快,温度低,阻值大,报警灯电路中相当于串联了一个很大的电阻,流过报警灯的电流很小,灯灭;当燃油减少到热敏电阻露出油面时(规定值以下),温度升高,散热慢,电阻值减小,流过报警灯的电流增大,灯亮。

(四)制动液不足报警装置

制动液不足报警装置的作用是当制动液液面过低时,报警灯亮,以提醒驾驶员注意。如图 6.58 所示为制动液液面过低报警装置电路,它由安装在制动液储液罐内的浮子式传感器和报警灯两部分组成。

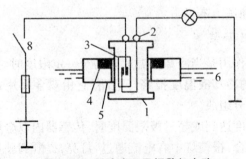

图 6.58 制动液不足报警灯电路
1. 舌簧开关外壳;2. 接线柱;3. 舌簧开关;4. 永久磁铁;5. 浮子;6. 制动液液面;7. 制动液不足报警灯;8. 点火开关

当制动液充足时,浮子的位置较高,此时永久磁铁高于舌簧开关的位置,舌簧开关处于断开状态,制动液不足报警灯不亮;当浮子低于规定值时,永久磁铁接近舌簧开关,使舌簧开关触点闭合,制动液不足报警灯电路导通,报警灯亮。

(五)制动摩擦片磨损极限报警装置

制动器摩擦片磨损极限报警装置的作用是当制动器摩擦片磨损到使用极限厚度时,发出报警信号,表示制动器摩擦片需要更换。其控制电路如图6.59所示。

在制动器摩擦片内部埋有导线,该导线与组合仪表中的电子控制器相连,当制动器摩擦片没有到达磨损极限时,电子控制器中的晶体管截止,制动器摩擦片磨损极限报警灯不亮;当制动器摩擦片到达磨损极限时,制动器摩擦片中埋设的导线被磨断,电子控制器中的晶体管导通,报警灯亮。

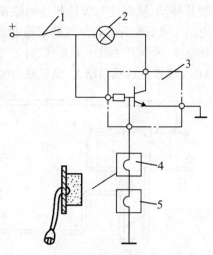

图6.59 制动器摩擦片磨损极限报警灯电路
1. 点火开关;2. 警报灯;3. 电子控制器;
4. 左前制动器摩擦片;5. 右前制动器摩擦片

一般情况下,制动器摩擦片磨损极限报警与制动液不足报警共用一个报警灯。

(六)制动灯线路故障报警装置

如图6.60所示为制动灯信号断线报警装置,它由电磁线圈与舌簧开关构成的控制器、仪表板上的报警灯两部分组成。

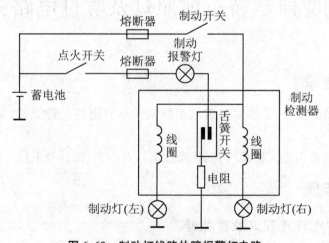

图6.60 制动灯线路故障报警灯电路

汽车制动时,制动灯开关闭合,电流分别经点火开关、制动灯开关、控制器两并联线圈、左右制动信号灯、搭铁,使制动信号灯亮。同时两线圈所产生的磁场相互抵消,舌簧开关维持常开状态,报警灯不亮。当某一侧制动信号灯线路出现故障时,控制器线圈中只有一个有电流通过,通电的线圈产生电磁吸力使舌簧开关闭合,报警灯亮。

(七)空气滤清器堵塞报警装置

空气滤清器堵塞报警装置由与空气滤清器滤芯内外侧相连通的气压式开关传感器和报

警灯两部分组成,其结构如图 6.61 所示。气压式传感器是利用其上、下气室产生的压力差,推动膜片移动,从而使与膜片相连的磁铁跟随移动。磁铁的磁力使舌簧开关开或闭,控制报警灯电路接通或断开。若空气滤清器滤芯未堵塞,则传感器上、下气室间压差小,膜片及磁铁的移动量小,舌簧开关处于常开状态;若空气滤清器滤芯被堵塞,则传感器上、下气室间压差增大,膜片及磁铁的移动量增大,磁铁磁力吸动舌簧开关而闭合,报警灯电路被接通,报警灯亮。

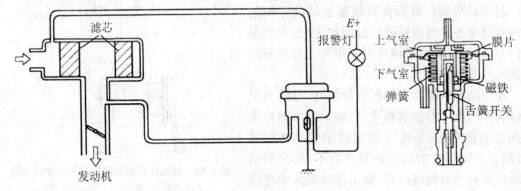

图 6.61　空气滤清器堵塞报警灯电路

项目实施

内容一　别克凯越轿车前照灯及雾灯电路分析与检修

一、项目要求

① 通过本项目的实施,能够对典型汽车照明及雾灯电路进行识读,掌握相应常见故障检修方法。

② 本项目应具备别克凯越实训整车(或台架)、万用表、探针等工具。

二、实施步骤

(一) 前照灯电路原理及故障检修

如图 6.62 所示,为别克凯越轿车前照灯控制电路。

1. 前照灯电路识读

(1) 前照灯近光电路

将点火开关置于"ON"位,并将灯光开关开至前照灯位,前照灯的近光应点亮。其电路有两条,一条为前照灯继电器线圈回路,另一条为继电器开关触点控制的近光灯电路。电路回路具体为:

运行时通电→仪表板保险丝盒 F19→前照灯继电器线圈→灯开关(近光)→搭铁→电源负极。

随时通电→发动机保险丝盒 Ef12→前照灯继电器开关触点→发动机保险丝盒 Ef20→左、右近光灯→搭铁→电源负极。

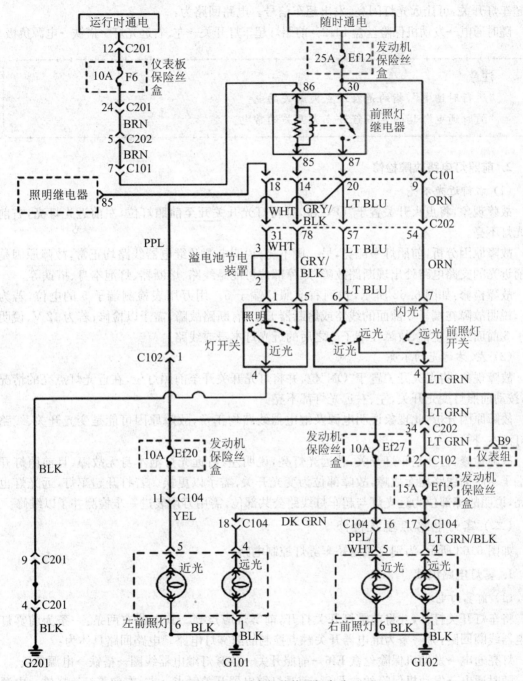

图 6.62 别克凯越前照灯电路

(2) 前照灯远光电路

在近光灯点亮的情况下,按动前照灯变光开关,远光灯应点亮。其电路回路为:

随时通电→发动机保险丝盒 Ef12→前照灯继电器开关触点→前照灯开关(远光)→左、右远光灯→搭铁→电源负极。

(3) 超车灯电路

远光灯还可由超车灯开关直接控制,此电路不受点火开关控制。夜晚会车时,拨动前照灯超车灯开关,可让远光灯闪亮,发出超车信号。电路回路为:

随时通电→发动机保险丝盒 Ef12→前照灯超车灯开关→左、右远光灯→搭铁→电源负极。

> **注意**
> "运行时通电",指的是经过点火开关的电。
> "随时通电",指的是不经过点火开关的常电。

2. 前照灯电路故障检修

(1) 右前近光不亮

故障现象:将点火开关置于"ON"位,并将灯光开关开至前照灯位,左前近光灯亮,右前近光灯不亮。

故障原因分析:前照灯一侧亮,另一侧不亮,说明电源及继电器线路均正常,故障原因是右前近光的支路电路处出现断路故障,故障部位可能是线路、熔断器、灯泡本身、搭铁等。

故障检修:如图 6.62 所示,找到右前照灯端子 5。用万用表检测端子 5 的电位,若为 0 V,说明故障在端子 5 前面的线路或熔断器 Ef18 有断路故障,需予以检修;若为 12 V,说明端子 5 前面线路正常,故障在端子 5 之后的近光灯本身或线路。

(2) 左、右远光均不亮

故障现象:将点火开关置于"ON"位,并将灯光开关开至前照灯位,在近光灯点亮的情况下,按动前照灯变光开关,左、右远光灯都不亮。

故障原因分析:此现象说明电源及继电器线路均正常,故障原因可能是变光开关、线路或灯泡本身等。

故障检修:打开超车灯开关,若远光灯亮,说明左、右远光灯泡本身无故障,且前照灯开关端子 4 后面线路均无故障,故障部位为变光开关,需予以更换。若打开超车灯,远光灯也不亮,说明故障部位为远光灯与超车灯线路公共部位,需用万用表进一步检测并予以维修。

(二) 雾灯电路原理及检修

如图 6.63 所示,为别克凯越轿车雾灯控制电路。

1. 雾灯电路识读

(1) 前雾灯电路

将车灯开关打开,并将前雾灯开关打开,前雾灯应点亮。其电路有两条:一条为前雾灯继电器线圈回路,另一条为继电器开关触点控制的前雾灯电路。电路回路具体为:

灯亮通电→发动机保险丝盒 Ef6→前照开关→前雾灯继电器线圈→搭铁→电源负极。

随时通电→发动机保险丝盒 Ef8→前雾灯继电器开关触点→左、右前雾灯→搭铁→电源负极。

> **注意**
> 在前雾灯开关打开,前雾灯点亮的同时,仪表内前雾灯指示灯点亮。

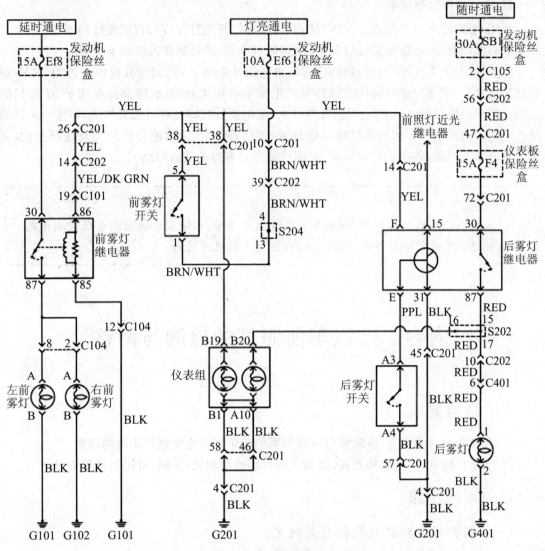

图 6.63 别克凯越雾灯电路

(2) 后雾灯电路

在前雾灯打开的同时,打开后雾灯开关,后雾灯点亮。后雾灯与前雾灯控制原理相同,由后雾灯开关控制后雾灯继电器线圈,再由继电器开关触点控制后雾灯。电路回路具体为:

随时通电→发动机保险丝盒 SB1→仪表板保险丝盒 F4→后雾灯继电器开关触点→后雾灯→搭铁→电源负极。

> **注意**
> 在别克凯越车型中,后雾灯只有一个,在左后侧。
> 在后雾灯开关打开,后雾灯点亮的同时,仪表内后雾灯指示灯点亮。

2. 雾灯电路故障检修

故障现象：将点火开关置于"ON"位，并将前雾灯开关打开，左、右前雾灯均不亮。

故障原因分析：可能是前雾灯开关、前照灯继电器、线路断路或搭铁不良等。

故障检修：如图 6.63 所示，找到前雾灯继电器开关端子 87，测量其电位。若为 12 V，说明前雾灯开关、前雾灯继电器线圈回路及继电器本身均无故障，故障部位在端子 87 之后的线路。若测量电位为 0 V，则说明前雾灯开关、继电器及线路均有可能有故障，需进一步往前排查。此时需观察仪表板前雾灯指示灯是否正常，若正常，说明前雾灯开关及线路正常，故障在继电器及线路；若指示灯也不亮，说明故障在前雾灯开关或线路。

> **注意**
> 在电路故障检测过程中，检测步骤及方法并不唯一，常用方法为测电位或测通断。测电位过程中要让电路通电，测通断时应在断电情况下进行。

内容二　汽车前照灯的检测与调整

一、项目要求

① 通过本项目的实施，应能够对一般车辆的前照灯的光束进行正确的调整。
② 本项目应具备屏幕、集光式、银幕式或投影式检测仪，车辆，常用工具等工具。

二、实施步骤

（一）国家标准对前照灯的有关规定

国内外对汽车前照灯的检查和调整十分重视，因为前照灯光束调整正确与否，将极大地影响行车安全、运输效率和驾驶员的疲劳程度。前照灯光束的调整标准各国略有差异，调整时应参考原车说明书或技术手册进行。

我国对于前照灯的技术标准和要求为：

① 近光光束照射位置为其水平方向位置向左、向右偏均不得大于 100 mm。
② 远光光束照射位置为其左灯向左偏不得大于 100 mm，向右偏不得大于 170 mm，右灯向左或向右偏均不得大于 170 mm。
③ 前照灯发光强度，对于新车，两灯制的为 15000 cd，四灯制的为 12000 cd；对于在用车，两灯制的为 12000 cd，四灯制的为 10000 cd。

（二）前照灯的检测与调整方法

汽车前照灯调整时，相关参数应参照调整车辆的说明书和技术手册进行。目前，主要采用屏幕检验法或仪器检验法，汽车检测站多用仪器检验法。由于各仪器型号不同，其使用方法也不相同，只能参照仪器说明书进行。

1. 利用屏幕调整

在离前照灯 S 处挂一幕布（或利用白墙壁），在屏幕上画出两条水平线，一条离地 H mm，另一条比它低 D mm。再画一条汽车的垂直中心线，在它两侧距中心线 $A/2$（A 为两灯中心距）处再画两条垂直线，与离地 H mm 处的线相交点即为大灯中心点，与下一条线相交点即为光点中心（图中 A、D、H、S 应参见车型规定标准数据），如图 6.64 所示。

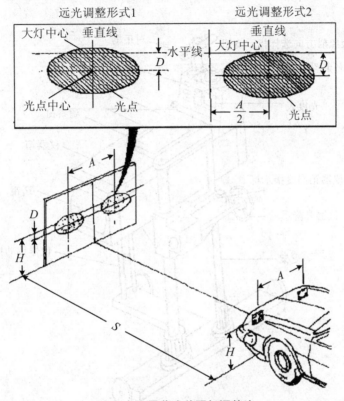

图 6.64 屏幕式前照灯调整法

调整时，先遮住右侧的大灯，调整左侧大灯，其射出的光束中心应对准屏幕上大灯光点中心，否则应予以调整，采取同样的方法调整右侧大灯。调整部位如图 6.65 所示。

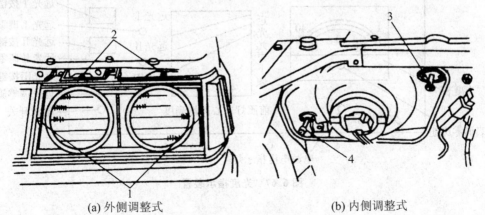

图 6.65 前照灯调整部位
1、3. 左、右调整螺钉；2、4. 上、下调整螺钉

2. 利用前照灯检验仪调整

前照灯检验仪根据其结构与原理的不同，可分为聚光式、屏幕式、投影式及自动追踪式四种，它们的检验项目基本相同，可以检验前照灯的光束照射位置与发光强度(cd)或光照度(lx)。

国产 QD-2 型前照灯检验仪属于屏幕式，其结构如图 6.66 所示，光度指示装置如图 6.67 所示。

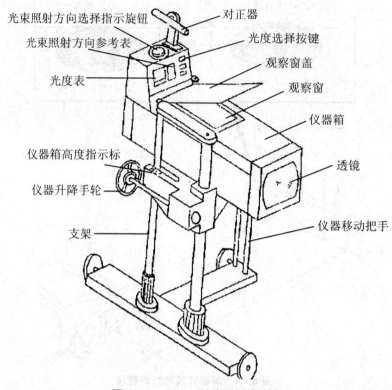

图 6.66 QD-2 型前照灯检验仪

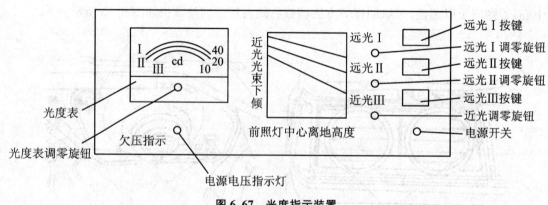

图 6.67 光度指示装置

内容三　闪光继电器的检测

一、项目要求

① 通过本项目的实施,应掌握闪光继电器检测的一般方法,能够利用现有工具、仪器进行检测。

② 本项目应具备闪光继电器、导线、试灯、万用表、稳压电源、常用工具等工具。

二、实施步骤

将稳压电源、闪光继电器、试灯按如图6.68所示接入试验电路,检测闪光继电器工作情况。将稳压电源的输出电压调至12 V,接通试验电路,观察灯泡闪烁情况。如果灯泡能够正常闪烁,则表明闪光继电器完好;如果灯泡不亮,则表明闪光继电器损坏。

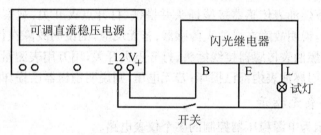

图6.68　闪光继电器试验电路

内容四　传统仪表故障诊断

一、项目要求

① 通过本项目的实施,应掌握传统仪表的故障诊断方法。

② 本项目应具备万用表、试灯、旋具等工具。

三、实施步骤

在所有传统汽车仪表电路中,大部分都配有电源稳压器,而且不论是电磁式仪表还是电热式仪表,又都配有传感器。这样,在仪表故障中,若两个或两个以上仪表同时不工作时,应先检查仪表熔丝和电源稳压器是否有故障;若单个仪表不工作时,应首先确定故障是在传感器还是在仪表。

在掌握仪表工作原理与电路工作过程后,仪表电路检修起来较容易,因为它们由传感器和仪表两部分构成,所以可采用分段的方法处理。

(一)燃油表无指示

如图 6.69 所示为燃油表电路。

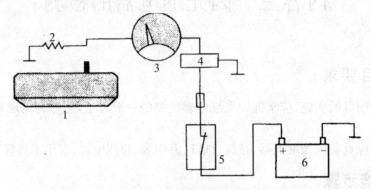

图 6.69 燃油表电路
1. 燃油箱;2. 传感器;3. 燃油表;4. 电源稳压器;5. 点火开关;6. 蓄电池

故障现象:油箱内无论有多少燃油,指针总显示无油。

故障原因:燃油表本身故障;电路有断路处;燃油表传感器故障;稳压器工作异常等。

检修方法:拔下燃油表传感器接线插头并搭铁,打开点火开关,观察燃油表。若指针向满油刻度方向移动,说明故障在燃油表传感器;若无反应,则说明故障在仪表本身或稳压器,或线路断路。接好燃油表传感器接线插头,打开点火开关,用万用表测量仪表上的电源进线电压,若有电压,表明燃油表内部已损坏;若无电压,则说明稳压器已损坏或电路线已断。

(二)所有仪表无指示

如图 6.70 所示为电源稳压器控制的多个仪表电路。

故障现象:打开点火开关,所有仪表均无指示。

故障原因:保险装置断路;稳压器故障;电路接线断等。

检修方法:先查保险装置是否断路,然后查电路接线头是否松动、脱落,搭铁是否良好,最后用万用表测量稳压电源电压。

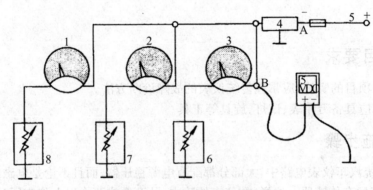

图 6.70 电源稳压器电路
1、2、3. 仪表;4. 电源稳压器;5. 蓄电池"+";6、7、8. 传感器

(三)电子式车速里程表故障诊断

电子式车速里程表的常见故障是不工作。

故障现象：汽车行驶中车速里程表指针不动。

故障原因：传感器故障；仪表故障；线路故障。

检修方法：拔下仪表线束连接器，变速器置空挡，举升车辆用手转动左前轮，从仪表线束端测量两端的电阻，若电阻在0和∞之间交替变化，说明电源线断路；若电阻不在0和∞之间交替变化，再从传感器端测量传感器两端的电阻，若电阻值在0和∞之间交替变化，则说明线路故障，否则说明传感器故障。

（四）发动机转速表故障诊断

发动机转速表的常见故障是不工作，下面以桑塔纳轿车转速表为例说明其故障诊断方法。如图6.71所示，为桑塔纳轿车转速表电路。

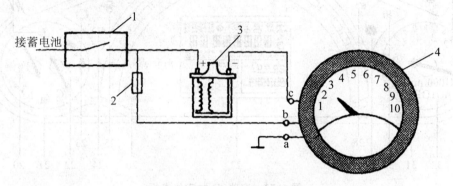

图6.71 桑塔纳轿车转速表电路
1. 点火线圈；2. 熔断器；3. 点火线圈；4. 转速表

故障现象：发动机正常运转，转速表指针不动。

故障原因：仪表故障；线路故障。

检修方法：检查点火线圈负极接线柱是否接触良好；检查转速表后面的黑色三孔插座是否接触良好；用万用表检查三孔插座的工作状况，点火开关置ON，c脚、b脚应为电源电压，a脚应搭铁。

内容五　奇瑞X1轿车数字仪表故障诊断

一、项目要求

① 通过本项目的实施，应掌握数字仪表的故障诊断方法。

② 本项目应具备X-431诊断仪、数字万用表等工具及实训整车一辆。

三、实施步骤

（一）奇瑞X1数字仪表板

奇瑞X1数字仪表板是一个高度集成的数字仪表显示系统，主要由转速表、燃油表、水温表、车辆表、综合信息显示和警告标志符号等组成。综合显示信息主要显示车辆信息和娱乐信息。车辆信息主要包含时钟、小计里程、总里程、瞬时油耗、车辆速度、巡航范围、维护里程和倒车雷达距离显示等。娱乐信息显示包括无线电接收机和CD信息显示等。仪表板面板如图6.72所示。

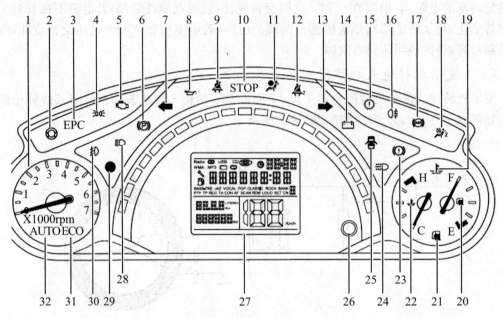

图6.72 奇瑞X1数字仪表板

1.转速表;2.电动转向警告灯(储备);3.EPC故障警告灯;4.小灯指示灯;5.发动机故障警告灯;6.停车制动指示灯;7.左转向信号指示灯;8.低油压警告灯;9.驾驶员安全带提醒指示灯;10.停车警告灯;11.驾驶员SRS警告灯;12.前乘客安全带提醒;13.右转向信号指示灯;14.充电指示灯;15.传输故障警告灯(1.3 L AMT车型);16.后雾灯指示灯;17.ABS警告灯;18.前乘客SRS警告灯(储备);19.冷却液温度报警灯;20.燃油表;21.燃油量过低警告灯;22.冷却液温度表;23.制动系统故障警告灯;24.日间行车灯指示灯(储备);25.车门开启警告灯;26.重置按钮;27.多功能信息显示屏;28.前照灯远光指示灯;29.防盗指示灯;30.前雾灯指示灯;31.节油驾驶模式指示灯(1.3 L AMT车型);32.自动模式指示灯(1.3 L AMT车型)

(二)常见故障及检修方法

奇瑞X1数字仪表板常见故障现象、原因及检修方法如表6.4所示。

表6.4 奇瑞X1数字仪表板常见故障

故障现象	故障原因	检修方法
整个仪表板不工作	仪表板熔断器	检查并更换熔断器
	仪表板线束或连接器	检查并更换仪表板线束或连接器
	仪表板	检查并更换仪表板总成
车速显示异常	车速传感器	检查并更换车速传感器
	仪表板显示屏	检查并更换仪表板总成
	通信线路或连接器	检查并更换线路或连接器

续表

故障现象	故障原因	检修方法
转速表异常	通信线路或连接器	检查并更换线路或连接器
	仪表板	检查并更换仪表板总成
	曲轴转速传感器	检查并更换曲轴转速传感器
燃油表异常	燃油量传感器	检查并更换燃油量传感器
	线束或连接器	检查并更换线束或连接器
	仪表板	检查并更换仪表板总成
冷却液温度表异常	通信线路或连接器	检查并更换线路或连接器
	仪表板	检查并更换仪表板总成
	冷却液温度传感器	检查并更换冷却液温度传感器
转向指示灯异常	转向灯开关(组合开关)	检查并更换组合开关
	线束或连接器	检查并更换线束或连接器
	仪表板	检查并更换仪表板总成
远光指示灯异常	前照灯(远光)开关	检查并更换组合开关
	线束或连接器	检查并更换线束或连接器
	仪表板	检查并更换仪表板总成
前后雾灯指示灯异常	前后雾灯开关	检查并更换前后雾灯开关
	线束或连接器	检查并更换线束或连接器
	仪表板	检查并更换仪表板总成
显示器异常	显示屏线路	检查并更换显示屏
	线束或连接器	检查并更换线束或连接器
	仪表板	检查并更换仪表板总成
充电系统警告灯异常	发电机	检查并更换发电机
	线束或连接器	检查并更换线束或连接器
	仪表板	检查并更换仪表板总成
机油压力过低警告灯异常	机油压力传感器	检查并添加发动机机油
	机油压力开关	检查并更换发动机机油压力开关
	线束或连接器	检查并更换线束或连接器
	仪表板	检查并更换仪表板总成
ABS警告灯异常	通信线路或连接器	检查并更换线路或连接器
	仪表板	检查并更换仪表板总成
	ABS控制模块	检查并修复ABS制动系统

续表

故障现象	故障原因	检修方法
燃油量过低警告灯异常	油箱燃油量	检查并添加燃油
	燃油量传感器	检查并更换燃油量传感器
	线束或连接器	检查并更换线束或连接器
	仪表板	检查并更换仪表板总成
EPC 故障警告灯异常	电子油门	检查并更换电子油门
	仪表板	检查并更换仪表板总成
	线束或连接器	检查线束或连接器
	发动机防盗系统	检查发动机防盗系统
发动机故障警告灯异常	发动机	检查发动机
	线束或连接器	检查并更换线束或连接器
	仪表板	检查并更换仪表板总成
ECO 模式指示灯异常（1.3 L AMT 车型）	ECO 开关	检查 ECO 开关
	线束或连接器	检查并更换线束或连接器
	仪表板	检查并更换仪表板总成
AUTO 模式指示灯异常（1.3 L AMT 车型）	AUTO 开关	检查 AUTO 开关
	线束或连接器	检查并更换线束或连接器
	仪表板	检查并更换仪表板总成
SRS 警告灯异常	SRS 系统	检查 SRS 系统
	线束或连接器	检查并更换线束或连接器
	仪表板	检查并更换仪表板总成
安全带提醒灯异常	安全带锁扣开关	检查安全带锁扣
	线束或连接器	检查并更换线束或连接器
	仪表板	检查并更换仪表板总成
车门未关警告灯异常	车门触点开关	检查并更换车门触点开关
	线束或连接器	检查并更换线束或连接器
	仪表板	检查并更换仪表板
	BCM	检查并更换车身控制模块
驻车制动指示灯异常	驻车制动开关	检查驻车制动开关
	线束或连接器	检查并更换线束或连接器
	仪表板	检查并更换仪表板总成

续表

故障现象	故障原因	检修方法
制动系统警告灯异常	制动液面	检查并添加制动液
	制动系统	检查制动系统
	线束或连接器	检查并更换线束或连接器
	仪表板	检查并更换仪表板总成
小灯指示灯异常	小灯开关	检查组合开关
	线束或连接器	检查并更换线束或连接器
	仪表板	检查仪表板总成
冷却液温度警告灯异常	冷却液液位	检查并添加冷却液
	冷却液温度过高	检查发动机冷却液温度
	线束或连接器	检查并更换线束或连接器
	仪表板	检查并更换仪表板总成
防盗指示灯异常	BCM及每个接触开关	检查BCM及每个接触开关
	线束或连接器	检查并更换线束或连接器
	仪表板	检查并更换仪表板总成

(三) 数字仪表故障自诊断

奇瑞X1数字仪表板由传感器、ECU和显示屏三部分组成。EUC接收传感器和危险警告灯开关信号,并显示每个系统的运行状况。除此之外,该组合仪表还具有故障自诊断的功能。

1. 故障诊断说明

① 奇瑞X1数字仪表板属于组合仪表,某个仪表有故障,必须整体更换。
② 检修仪表时,必须进行故障自诊断,使用X-431读取并清除故障码。
③ 只能使用数字万用表测量仪表系统的电压。
④ 如果出现多个故障代码,应查阅电路图寻找公共搭铁或电源线路。

2. 故障诊断步骤

诊断前应确保电源正常(至少9.0 V),熔断器正常,接地线良好。
① 关闭点火开关。
② 连接X-431诊断仪到数据链路连接器(DLC)——使用最新的软件。
③ 打开点火开关,读取并清除故障码。
④ 起动发动机并预热到正常的工作温度。
⑤ 选择读取故障代码和数据流。
⑥ 如果检测出故障码,故障码所显示的故障即为当前故障。
⑦ 如果没有检测出故障码或故障码显示为间歇性故障,则需要根据电路图逐步检测。

> **注意**
> 在执行任何故障诊断程序之前,确保仪表组的电源和搭铁电路是正确连接的。
> 在进行故障诊断和测试过程中,应根据电路图获取相关电路和元件信息。

3. 故障码

奇瑞 X1 汽车仪表故障码(1.3 L MT/1.5 L MT 车型)如表 6.5 所示。

表 6.5　故障码表(1.3 L MT/1.5 L MT 车型)

故障码	故障码含义
B1701	燃油传感器未连接或对电源(B+)短路
B1702	燃油传感器接地故障
B1703	温度传感器未连接或对电源(B+)短路
B1704	温度传感器接地故障
B1705	电压过高
B1706	电压不足
B1723	EEPROM 校验错误
B1724	EMS 脱离 CAN 总线
B1726	ICU 脱离 CAN 总线

拓展知识

一、汽车前照灯的发展

汽车前照灯,从早期乙炔气前照灯发展到当今的氙气前照灯,差不多经历了 120 年。其发展历程主要经历了以下七个阶段:

第一代——乙炔气前照灯。

前照灯具有高的轮廓亮度,乙炔气火焰的亮度比当时的电光源所能达到的亮度高出一倍,因而 1925 年以前使用的汽车前照灯几乎都是乙炔前照灯。

第二代——电光源前照灯。

1913 年带螺旋灯丝的充气白炽灯泡问世,因其具有较高亮度,给电光源前照灯开辟了广阔的前景。然而由于当时汽车电气设备系统的制约,直到 1925 年,电气照明才得到广泛的应用。

第三代——双光灯芯前照灯。

为解决在会车时因前照灯的强光造成驾驶员眩目而导致发生交通事故和撞车的严重问题,双光灯芯前照灯出现。但它的发明,也没有完全解决汽车车灯的配光问题,汽车会车时的眩目问题,依然是汽车照明技术中最难以解决的问题。

第四代——不对称近光前照灯。

双光灯芯前照灯系统属于对称近光系统,为使在会车过程中,前照灯既不产生眩目,又能保证对道路具有良好的照明,1932年发明了不对称前照灯。它是以基准轴为中心,将光束一分为二,靠近来车一侧的落地距离短(即光束压低,从而防止眩目),而另一侧光束的落地距离长(即光束抬高,从而增加视野)。

第五代——卤钨前照灯。

第一批装有卤钨灯泡的汽车前照灯是由法国斯贝公司在1964年生产的,其灯丝允许工作温度较普通白炽灯泡高,光效增加约50%,寿命也增加一倍。此后汽车的前大灯照明多采用了卤钨灯泡的原理。

第六代——氙气前照灯。

氙气灯,简称HID。灯泡内部填充优质的惰性气体氙气,并选择高品质的钨丝和优质的石英玻璃管,使灯泡的使用寿命和亮度发挥到极致,亮度达到3200流明以上。此类灯泡因没有改变原车灯泡的外形尺寸,所以不会产生聚焦不准的问题。这样的灯泡聚光效果非常好,而且K数值在4300 K以上,色泽柔和、灯光白亮,最适合汽车升级照明。

第七代——LED前照灯。

LED前照灯指采用白色LED的汽车前照灯。丰田在2007年5月17日发布的最高级混合动力车"雷克萨斯LS600h"上全球首次配备了白色发光二极管(LED)前照灯。寿命长达1万小时,点亮所需时间不超过0.1秒。功耗比HID灯的普及产品要低,与HID灯高端产品相当,今后若进一步改良,功耗预计会更低。

二、新型汽车光源——LED灯

1. LED灯的基本结构原理

LED(Light Emitting Diode),发光二极管,是一种固态的半导体器件,它可以直接把电转化为光。LED的心脏是一个半导体晶片,晶片的一端附着在一个支架上,一端是负极,另一端连接电源的正极,整个晶片被环氧树脂封装起来。半导体晶片由两部分组成,一部分是P型半导体,在它里面空穴占主导地位;另一端是N型半导体,在这边主要是电子。但这两种半导体连接起来的时候,它们之间就形成一个"P-N结"。当电流通过导线作用于这个晶片的时候,电子就会被推向P区,在P区里电子跟空穴复合,然后会以光子的形式发出能量,这就是LED发光的原理。而光的波长也就是光的颜色,是由形成P-N结的材料决定的。

2. LED灯的优点

LED的内在特征决定了它是最理想的光源,可代替传统的光源,有着广泛的用途。

① 节能。LED汽车灯是冷光源,总体来说耗电量低,消耗的功率不超过0.1 W,比传统光源节能70%以上。

② 环保。光谱中没有紫外线和红外线,既没有热量,也没有辐射,眩光小,而且废弃物可回收,没有污染,不含汞元素,可以安全触摸,属于典型的绿色照明光源。

③ 寿命长。灯体内没有松动的部分,不存在灯丝发光易烧、热沉积、光衰等缺点,在恰当的电流和电压下,使用寿命可达6万~10万小时,比传统光源寿命长10倍以上。

④ 高亮度,耐高温。

⑤ 体积小。LED基本上是一块很小的晶片被封装在环氧树脂里面,所以它非常的小,非常的轻。

⑥ 稳定性能好。LED抗震性能强,树脂封装,不易碎裂,容易储藏和运输。

⑦ 发光纯度高。色彩鲜艳,无需灯罩滤光,光波误差在10纳米以内。

⑧ 反应速度快。无需热起动时间,微秒内即可发光,传统玻壳灯泡则有0.3秒延迟,可防止追尾。

3. LED灯的应用

现在很多汽车厂商都采用LED示宽灯,欧洲甚至开始立法规定,为了行驶安全,所有在售车型都必须装配LED示宽灯。但是,所有厂家只停留在了LED示宽灯这一步,并没有进一步创新。直到2010年的奥迪A8及第二代奔驰CLS的推出,真正意义的LED大灯才出现在人们的视线中。

奔驰CLS的大灯采用了总共71颗LED,近光灯16个,远光灯8个,转向灯13个,示宽灯22个,弯道辅助灯2个,其他10个。尤其是22个LED组成的示宽灯,虽然这不是奔驰首创的,但是奔驰把它发展创新了。相信以后LED示宽灯的造型将成为一款车型又一个重要的特征。这款全LED大灯的色温在5400 K左右,点亮效果更接近普通日光,照明效果看起来更自然。同时耗能比普通氙灯要低,使用寿命能够达到终身免更换(当然,外力造成的破坏除外)。

三、汽车仪表系统的新发展

传统仪表一般是机电式模拟仪表,只能给驾驶员提供汽车运行中必要而又少量的数据信息,已远远不能满足现代汽车新技术、高速度的要求。随着现代电子技术的发展,多功能、高精度、高灵敏度、读数直观的电子数字显示及图像显示的仪表不断在汽车上应用。现代汽车仪表正向数字化、智能化的"综合信息系统"方向发展。

1. 数字化仪表

随着LED、LCD大规模的应用,使得电子式LCD汽车仪表现在成为市场的主流,并快速向TFT屏显示加步进电机的方向发展。

① 当前仪表的电子控制装置能迅速、正确地处理多种复杂的信息,并通过汽车仪表盘以数字、文字或图形等方式显示出来,使驾驶员了解与掌握汽车的当前状态,及时处理多种复杂的情况。现在的汽车仪表盘已经成为信息显示终端。

② 汽车仪表盘造型有炮筒式和开放式,再加上独特的文字板设计(立体式的、渐变图案的、装饰图案的)以及其他部件点缀(如装饰筒、装饰环类),使得表盘更加美观。

③ 低档汽车用的是TNLCD和STNLCD显示加上步进电机的电子仪表,中档汽车用的是TFT屏显示加上步进电机表头的电子仪表,高档汽车用的是全TFT屏显示的全虚拟仪表,仪表的所有显示信息全部通过图形显示的方式来处理。

2. 智能化仪表

随着光技术和机电一体化技术的发展,并突出现代计算机技术和网络技术的应用,仪表的形式将发生巨大改变。

① 计算机仪表系统与公共互联网相连,以便充分共享信息资源,处理通信。

② 具备对娱乐、空调等舒适性设备进行监管的功能,可以自动控制这些设备或支持驾

驶员远程操纵。

③ 显示技术的发展。

④ 人机对话功能。

汽车仪表正向"综合信息系统"的方向发展,其功能不局限于现在的车速、里程、发动机转速、油量、水温、方向灯指示,还可能增添一些功能,比如带ECU的智能化汽车仪表,能指示安全系统运行状态,如轮胎气压、制动装置、安全气囊等。车速表、发动机转速表和燃油表将被集网络、诊断和数字显示功能于一体的触摸式液晶屏幕所取代,并通过车载动态信息系统的"专家智囊团"实现现场诊断、道路自主导航、电子地图、车辆定位动态显示等功能。

项目小结

照明系统包括前照灯、雾灯、仪表灯、顶灯、牌照灯、工作灯等。

前照灯由灯泡、反射镜和配光镜等组成,前照灯有规定的要求,须检验与调整。

汽车信号灯装置主要有转向灯、危险报警灯、示宽灯、尾灯、制动灯、倒车灯和喇叭等。

汽车的转向装置包括闪光器、转向灯开关、转向灯和转向指示灯等。转向信号灯应具有一定的频闪,国标中规定为60~120次/分钟。频闪由闪光器控制。

汽车照明系统的常见故障有前照灯的远、近光均不亮;前照灯一侧亮,另一侧暗等,诊断时,根据不同的故障现象采取不同的诊断方法。

汽车信号系统的常见故障有转向灯和危险报警灯故障、喇叭不响故障等,可用分段短路法诊断故障。

汽车仪表用来观测汽车各系统的工作状况,常用的有机油压力表、水温表、燃油表、转速表和车速里程表等,其主要类型有电热式和电磁式。

数字式仪表具有许多优点,在汽车上的应用越来越广泛,其显示器主要有发光二极管、液晶显示器件、真空荧光管等。

仪表的主要故障有仪表无显示、仪表指示不准确等。检修时,可将仪表与传感器分段检测。

汽车报警装置主要用来保证行车安全,常用的报警电路有冷却液液面过低报警装置、机油压力报警装置、冷却液温度报警装置、燃油量报警装置、制导系统低气压报警装置、制动灯信号断线报警装置、制动片磨损报警装置、制动液液面报警装置、空气滤清器堵塞报警装置等。电路都是由警报开关(传感器)、报警灯(或蜂鸣器)等组成。

思考练习

1. 前照灯的防眩目措施有哪些?
2. 前照灯由哪几部分组成?前照灯的类型有哪些?
3. 分析桑塔纳轿车照明系统电路。
4. 我国对前照灯的技术标准和要求有哪些?
5. 分析捷达轿车转向和危险警告灯电路。

6. 汽车照明系统常见的故障及原因有哪些？如何诊断？
7. 汽车信号装置常见的故障及原因有哪些？如何诊断？
8. 汽车常规仪表有哪些？各有何作用？
9. 数字仪表有何优点？常用的显示器件有哪些？
10. 现代汽车仪表板上都安装了哪些报警装置？

电动刮水器和清洗器的检修

项目描述

电动刮水器和清洗器的常见故障有电动刮水器不工作或动作迟缓无力(有时仅在某一挡时不工作或工作不良)、持续操作不停、不能复位及清洗器系统不工作等。本项目通过对刮水器和清洗器系统故障的诊断、拆卸、检修、安装调整过程的实践与学习,使学生在掌握电动刮水器和清洗器的结构与工作原理等方面理论知识的同时,还具备对上述故障进行分析与排除的能力。

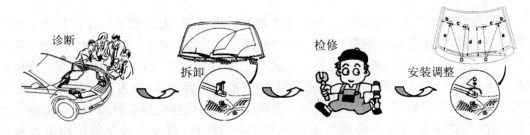

1. 知识要求

① 熟悉电动刮水器和清洗器的组成与结构原理。
② 掌握三刷永磁电动机的变速原理。
③ 掌握刮水器的自动回位原理。
④ 掌握刮水器的间歇工作原理。
⑤ 会分析电动刮水器和清洗器的工作过程。

重点掌握内容:电动刮水器的工作原理;电动刮水器和清洗器的工作过程分析。

2. 能力要求

① 能正确拆装电动刮水器和清洗器,并对雨刮臂与喷嘴位置进行调整。
② 能正确检查电动刮水器和清洗器的工作线路,并能对常见故障进行检修。

相关知识

刮水器与清洗器是汽车的标准配置,属于汽车上的辅助电器,主要用来清洗和刷除风窗玻璃上的雨水、雪和灰尘,以保证驾驶员的视觉效果。有的汽车前照灯也有刮水器和清洗器系统,以保证雨雪天气尤其是夜间的行车安全。电动刮水器与清洗器的元部件在汽车上的位置如图7.1所示。

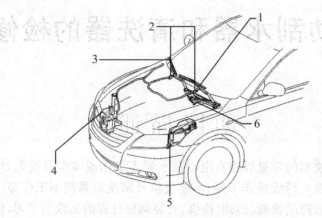

图7.1 电动刮水器与清洗器的元部件位置
1. 前挡风玻璃左刮水片总成;2. 喷嘴;3. 前挡风玻璃右刮水片总成;
4. 储液罐和清洗泵总成;5. 保险丝盒;6. 刮水电动机总成

最早期的刮水器由一个摇臂与夹有橡皮刮片的臂组成,由司机手工操作。为了提高驾驶员的视野,又在左右两侧都装上了刮水臂,用连杆连接,称为手动双刮水片,也就是今天汽车刮水器的原型。后来的刮水器用一条管子接到发动机,利用发动机的真空度所产生的气压差来代替人力,驱动刮水器里面的活塞,推动摆臂转动,称为真空刮水器。从20世纪40年代初期开始,汽车上陆续安装了电动刮水器取代真空刮水器。不过,直到80年代初,我国一些货车和客车仍然使用真空刮水器。现在,汽车已经全部使用电动刮水器了。

一、电动刮水器的组成与分类

刮水器根据动力源不同,可分为电动刮水器、气动刮水器和机械式刮水器三类。现代汽车上广泛采用的是电动刮水器。电动刮水器通常由电动机、变速机构、传动机构、刮水片总成、控制装置等组成。电动刮水器的基本组成如图7.2所示。直流电动机11装在底板12上,杠杆联动机构由连杆3、7、8和摆杆2、4、6组成,摆杆2、6上连接有刮水片总成(由刮水臂、刮水片等组成)1和5。当驾驶员按下刮水器的开关时,电动机起动,电动机的旋转运动经过蜗轮蜗杆的减速增扭作用,由轴端的蜗杆10传给蜗轮9,蜗轮上的偏心销钉与连杆8铰接,蜗轮转动时通过连杆8使摆杆4摆动,然后经连杆3、7使刮水臂1、5带动刮水片总成往复运动,从而实现挡风玻璃的刮扫动作。

根据刮刷方式的不同,刮水器可分为双臂同向刮刷、双臂对向刮刷、单臂可控刮刷和普通单臂刮刷四种,如图7.3所示。在前2种刮刷方式中,有的是两个雨刮臂共用一个电机,称为"单机双臂";也有每个雨刮臂带一个电机,称为"单机单臂"。4 种刮水器中,普通单臂刮水器,结构最简单,成本最低,但刮刷面积较小;单臂可控刮水器的刮刷面积最大,但结构及控制方式较复杂;双臂对刮和同向刮刷方式的刮刷面积较大,更符合空气动力学特性,既减小了空气阻力,又使刮刷更干净,具备伺服功能的双电机对刮模式是目前比较先进的刮刷方式。

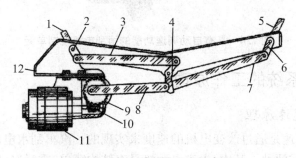

图 7.2 电动刮水器组成示意图

1、5. 刷架;2、4、6. 摆杆;3、7、8. 连杆;9. 蜗轮;10. 蜗杆;
11. 电动机;12. 底板

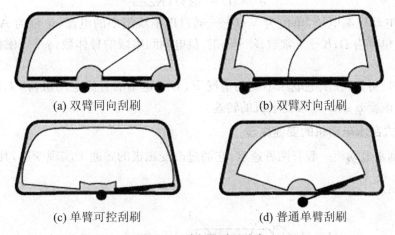

(a) 双臂同向刮刷   (b) 双臂对向刮刷

(c) 单臂可控刮刷   (d) 普通单臂刮刷

图 7.3 刮水器刮刷种类

有些汽车刮水器的雨刮臂还附带胶水管,水管接至洗涤器上,按一下开关会有水注喷向挡风玻璃。在一些中高级轿车上,不但前后挡风玻璃有雨刮器,就是前大灯也有一支小小的雨刮片,用以清除前灯玻璃上的尘埃。

早期的刮水器,当驾驶员将其关闭时,雨刮臂往往不停在适当的位置,容易阻碍驾驶员的视线。为解决这一问题,电动刮水器通常装有自动复位装置,它控制刮水器电机,以便在任意时刻关闭刮水器时,都能使雨刮臂停在挡风玻璃下侧的适当位置。

目前,汽车上使用的刮水器已经普遍具有高速、低速和间歇控制三个工作挡位。其中,间歇控制挡一般是利用电动机的复位开关触点与电阻电容的充放电功能使刮水器按照一定周期刮扫,即每动作一次停止 2~12 s 时间,对司机的干扰小。有些车辆的刮水器还装有电子调速器,该调速器附带雨量感应功能,能根据雨量的大小自动调节雨臂的摆动速度,雨大刮水臂转得快,雨小刮水臂转得慢,雨停刮水臂也停。Audi A6 汽车上使用的刮水器就具有根据雨量大小自动调节刮水臂转动速度的功能,其雨刮电机控制单元如图 7.4 所示,它将雨量传感器与雨刮电机集成在同一个壳体内。

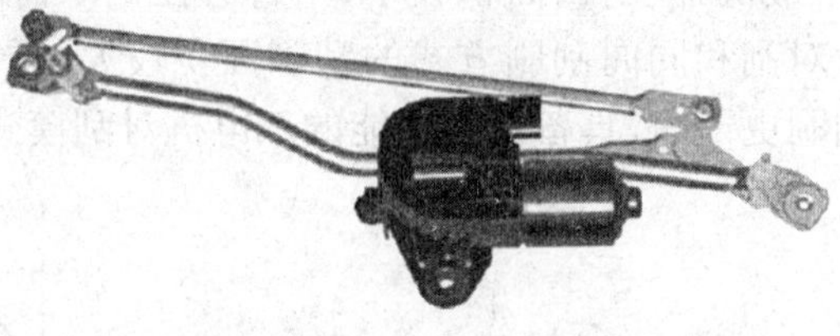

图 7.4 具有自动调速功能的雨刮电机控制单元

二、刮水器系统的工作原理

（一）刮水器变速原理

电动刮水器的变速是通过改变电机的速度来实现的。汽车刮水电动机是微型直流电动机，有励磁式和永磁式两种。其中，永磁电动机具有结构简单、重量轻、噪音低、扭矩大、可靠性强等优点，因而使用更为广泛。

直流电动机的转速公式为

$$n = (U - IR)/(KZ\varphi) \tag{7.1}$$

式中，U——电动机端电压，单位为 V；I——通过电枢绕组中的电流，单位为 A；R——电枢绕组的电阻，单位为 Ω；K——常数；Z——正、负电刷间串联的导体数；φ——磁极磁通，单位为 Wb。

由式(7.1)可知，在供电电压不变的情况下，对于定型的直流电动机，其 I、R、K 均为常数，可以通过改变 φ 或 Z 来改变电机的转速。

1. 励磁式刮水电动机的变速原理

励磁式刮水电动机一般有两种速度，它通过改变磁极的磁通来实现变速，其工作原理如图 7.5 所示。

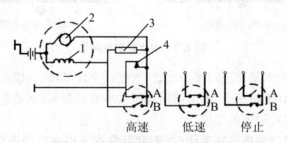

图 7.5 励磁式刮水电动机工作原理
1. 电动机激磁绕组；2. 电枢绕组；3. 附加电阻；4. 触点

励磁式刮水电动机有 A、B 两个开关，用以控制刮水器实现两种不同的工作速度。当 A 闭合，B 打开时，电动机激磁绕组 1 的回路中串入了附加电阻 3，使激磁电流减小，磁通较弱，根据电动机的特性，输出转矩在一定范围内时，磁通减弱，则转速升高，此时刮水器高速工作；当 A、B 均闭合时，开关 B 将附加电阻 3 短接，激磁电流不通过附加电阻，电流增大，磁通增强，转速降低；当 A 打开，B 闭合时，电动机的电流从触点 4 通过，触点 4 受蜗轮轴上的凸块控制，蜗轮每转一圈，凸块将触点打开一次，通常当刮水片运动到驾驶员视界之外时，触点断开,切断电源,刮水器停止工作。

2. 永磁式刮水电动机的变速原理

永磁式刮水电动机的结构如图 7.6 所示,蜗轮蜗杆变速装置与电动机装为一体,两块磁极粘合在电动机外壳上,磁极采用铁氧体永久磁铁,具有永不退磁的优点,其磁场强弱不可改变。电机端部装有塑料通气管,以便将电刷由于电弧放电所产生的气体放出。一对主电刷 B_1 和 B_3 相隔 $180°$ 压装在换向器上(见图 7.7(a)),为了获得两种速度,通常在电动机内还安装了第 3 个电刷 B_2,通过变换电刷,改变串联在电刷间的导体数,达到变速的目的。其变速原理如图 7.7 所示,图中 B_1 与 B_2 相差 $60°$,B_1 为低速电刷,B_2 为高速电刷,B_3 为高低速共用电刷。当直流电动机工作时,在电枢内所有线圈中同时产生反电动势 $E=cn\varphi$,方向与电枢电流的方向相反。若要使电枢旋转,外加电压必须克服反电势的作用,当电枢转速上升时,反电动势也相应上升,只有当外加电压几乎等于反电动势时,电枢的转速才趋于稳定,这一转速称为稳定转速。

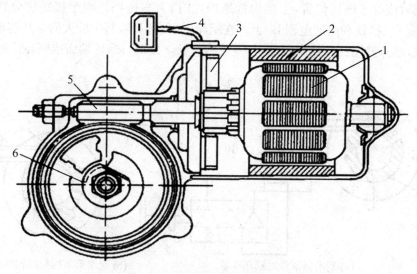

图 7.6 永磁式刮水电动机结构
1. 电枢;2. 永久磁铁;3. 电刷;4. 通气管;5. 蜗杆;6. 蜗轮

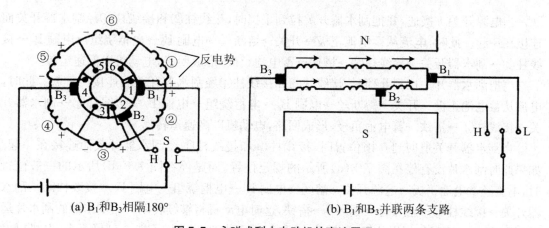

(a) B_1 和 B_3 相隔 $180°$ (b) B_1 和 B_3 并联两条支路

图 7.7 永磁式刮水电动机的变速原理

当刮水器开关拨向低速,即 S 与 L 接触时,电源电压加在 B_1 和 B_3 之间。在电刷 B_1 和 B_3 之间有两条并联支路,如图 7.7(b)所示,一条是由线圈①、⑥、⑤串联起来的支路;另一条是线圈②、③、④串联起来的支路,即在电刷 B_1、B_3 间有两条支路,各 3 个线圈。这两条支路产生的全部反电动势与电源电压平衡后,电动机便稳定旋转。由于有三个线圈串联的反电动势与电源电压平衡,故转速较低。

当刮水器开关拨向高速,即 S 与 H 接触时,电源电压加在 B_2 和 B_3 之间。此时,电枢绕组一条由 4 个线圈②、①、⑥、⑤串联,另一条内两个线圈③、④串联。其中线圈②的反电动势与线圈①、⑥、⑤的反电动势方向相反,互相抵消后,变为只有两个线圈的反电动势与电源电压平衡,因而只有转速升高使反电动势增大,才能得到新的平衡,故此时转速较高。可见,两电刷间的导体数减少,电动机的转速就会升高。

(二)电动刮水器的自动复位原理

电动刮水器的复位原理如图 7.8 所示,其刮水器开关设有三个挡位,0 挡为复位挡,刮水器在不使用时应处于该挡位置,Ⅰ挡为低速挡,Ⅱ挡为高速挡。四个接线柱分别接到触点臂、低速电刷 B_1、搭铁和高速电刷 B_2 上。在蜗轮上嵌有铜环,其中较大的一片与电机的外壳相连而搭铁,触点臂用弹性材料制成,其一端铆有触点分别与蜗轮端面或铜环接触。

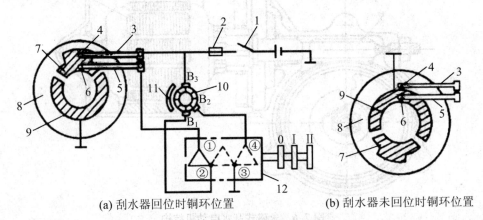

(a)刮水器回位时铜环位置　　　　(b)刮水器未回位时铜环位置

图 7.8　电动刮水器复位原理

1. 电源开关;2. 熔断器;3、5. 触点臂;4、6. 触点;7、9. 铜环;8. 蜗轮;10. 电枢;11. 永久磁铁;12. 刮水器开关

当电源开关 1 接通,并把刮水器开关拉到Ⅰ挡时,接线柱②和接线柱③经刮水器开关而连接在一起。此时,电流从蓄电池正极→开关→熔断丝→电刷 B_3→电枢绕组→电刷 B_1→接线柱②→刮水器开关→接线柱③→搭铁→蓄电池负极,形成回路,电动机以低速运转。

当把刮水器开关拉到Ⅱ挡时,接线柱③和接线柱④经刮水器开关而连接在一起。此时,电流从蓄电池正极→开关→熔断丝→电刷 B_3→电枢绕组→电刷 B_2→接线柱④→刮水器开关→接线柱③→搭铁→蓄电池负极,形成回路,电动机以高速运转。

当刮水器开关退回到 0 挡位置时,接线柱②和接线柱①经刮水器开关而连接在一起。如果此时刮水片没有停在图 7.8(a)所示的规定位置,而是停在图 7.8(b)所示的一般位置时,电流经蓄电池正极→电源开关→熔丝→电刷 B_3→电枢绕组→电刷 B_1→接线柱②→刮水器开关→接线柱①→触点臂→铜环 9→搭铁,这时电动机将继续转动。当刮水器的刮水片运动到图 7.8(a)所示的规定位置时,电路中断,但由于惯性电动机不能立刻停下来,电机以发电机方式运行,电枢绕组通过触点臂 3、5 与铜环 7 接触而构成回路,在电枢绕组中产生很大的感应电流,因而产生制动扭矩,电动机迅速停止转动,使刮水器的刮水片停在风窗玻璃规定的位置。

（三）电动刮水器的间歇工作原理

汽车在雾天或小雨雪天气中行驶时,若刮水器不间断地工作,风窗玻璃上的微量水分和灰尘就会形成一个发黏的表面,这样玻璃不仅刮擦不净,反而会变模糊,影响驾驶员的视线;同时,刮水片的刮擦阻力增大,影响刮水器的使用寿命。为处理好该问题,现代汽车上一般通过加装刮水器间歇控制系统,让刮水器按照一定的周期间歇工作,使驾驶员获得较好的视野。

刮水器间歇控制系统主要由脉冲发生电路（振荡电路）、驱动电路、继电器三部分组成,如图7.9所示。驱动电路在脉冲发生电路的控制下,驱动继电器定时接通和断开刮水电动机,实现间歇工作。

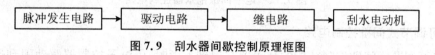

图 7.9 刮水器间歇控制原理框图

常见的刮水器间歇控制电路分为不可调节式和可调节式两种。

1. 不可调节式间歇控制电路

刮水器的不可调节式间歇控制电路是利用自动复位装置和电子振荡电路来实现的。图7.10为一种用集成电路接成的不可调节式间歇控制电路原理图,NE555与外围元件组成脉冲发生电路和驱动电路。

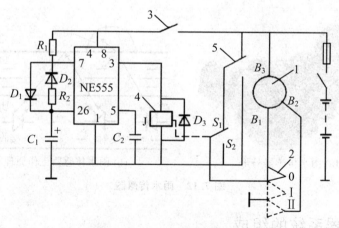

图 7.10 NE555 间歇控制电路

1. 刮水电动机；2. 刮水器开关；3. 间歇刮水开关；4. 继电器；5. 自停开关

当刮水器间歇开关闭合时,NE555集成块的引脚3输出高电位,使继电器J线圈通电,其常闭触点S_1断开,常开触点S_2闭合,刮水电动机电路经蓄电池正极→开关→熔断丝→电刷B_3→电枢绕组→电刷B_1→刮水器开关→继电器常开触点S_2→搭铁→蓄电池负极,形成回路,刮水器工作。经延时0.693 s后,集成块的引脚3输出电位翻转为低电位,继电器断电,常闭触点S_1闭合,常开触点S_2打开,此时若刮水片未达到停止位置,则刮水器在自动停位器控制下继续工作,直至自停开关断开,刮水片停在原始位置。再经延时0.693 s后,刮水器又重复上述工作过程,实现循环间歇刮刷动作。

除了由集成电路构成的刮水器间歇控制电路之外，还有一些由分立元件构成的无稳态方波发生器、互补间歇振动电路等，如图 7.11 所示，均可实现刮水器的间歇工作。

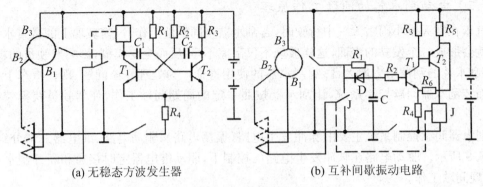

(a) 无稳态方波发生器　　　　　　(b) 互补间歇振动电路

图 7.11　电子间歇刮水器控制电路

2. 可调节式间歇控制电路

具有可调节式间歇控制功能的刮水器在遇到下雨时，由电子控制器驱动雨刮运转，在雨停止时雨刮自动停止运转；还可根据雨量的大小自动调节刮刷速度，并调节间歇时间，不需要驾驶员操心，舒适方便。可调式间歇控制电路通常由一个雨水传感器，加上调速控制电路构成。雨水传感器可能是一个流量检测电极，或者是一个光电雨水传感器，如图 7.12(a)所示。光电雨水传感器发射出红外线，射在车窗上，雨水使红外线的反射量发生变化，触发接通雨刮器的电开关，使雨刮运转。这种雨刮器还可以做到下小雨时慢刮，下大雨时快刮。如图 7.12(b)所示。

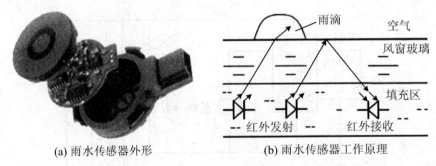

(a) 雨水传感器外形　　　　　　(b) 雨水传感器工作原理

图 7.12　雨水传感器

三、清洗器系统的组成

汽车在实际行驶过程中，会有一些灰尘飘落在挡风玻璃上，仅使用刮水器不能把玻璃刮刷干净。此时，常将清洗器与刮水器配合使用，先向风窗表面喷洒专用清洗液或水，再用刮水器刮刷，可以获得良好的清洁效果。

风窗清洗装置的组成见图 7.13，它由储液罐、清洗泵、输液管、喷嘴和接头等组成。

储液罐由塑料制成，其内储有清洗液，通常用水、酒精或洗涤剂等按一定比例配制而成。清洗泵的作用是将清洗液加压，通过输液管和喷嘴喷洒到风窗表面。清洗泵在结构形式上有电动泵式和脚踏液囊式，其中电动清洗泵应用较广，它由永磁直流电动机和离心式叶片泵组装成一体，喷射压力可达 70～88 kPa。喷嘴安装在风窗玻璃下面，其方向可以调整，使水喷射在风窗玻璃的合适位置。电动清洗泵连续工作时间不宜过长,一般不超过 1 min。为达到良好的清洗效果,避免刮水器干刮,使用时应先打开清洗泵喷液,后开刮水器。在喷水停止后,刮水器应继续刮 2~5 次。所以清洗器一般与刮水器联合工作。

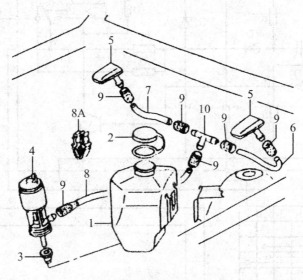

图 7.13　风窗清洗系统组成
1. 储液罐；2. 加液口盖；3. 密封垫；4. 清洗泵；5. 喷嘴；6、7、8. 塑料管；8A. 软管夹子；9. 橡胶管；10. 三通接头

四、电动刮水器和清洗器应用实例

图 7.14 是奥迪轿车前风窗玻璃刮水器和清洗器电路图,该系统具有点动、慢速、快速、间歇、清洗和电动机自动复位 6 种功能,这 6 种功能可由刮水器与清洗器组合开关的不同挡位来实现。当刮水器开关在 I 挡位置时,刮水器处于间歇工作状态,利用自动复位触点及 C_2 充放电时间来实现间歇控制;刮水器开关处于 1 挡时,刮水器以低速工作;刮水器开关处于 2 挡时,刮水器以高速工作;当刮水器开关置于 Tip 位置时,刮水器电机短时间工作,松开刮水器开关,开关自动返回至 0 位置;刮水器开关置于 Wa 位置时,将完成清洗器和刮水器两项工作。具体工作过程如下：

1. 低速、高速与点动工作

组合开关的"53a"接线柱为电源接线柱,当接通刮水器变速开关的低速挡"1",高速挡"2",点动挡"Tip"时,刮水电动机的电源均经"53a"接线柱输入。

当变速开关置于"1"挡时,组合开关的"53a"接线柱与刮水电动机"53"接线柱被接通,刮水器以低速连续工作。当变速开关置于"2"挡时,组合开关的"53a"接线柱与刮水电动机"53b"接线柱连通,刮水器以高速连续工作。当扳动手柄使变速开关置于"Tip"挡时,组合开关的"53a"接线柱与刮水电动机"53"接线柱被接通,刮水器以低速工作,手一松开,开关自动返回"0"位,实现点动工作。

当变速开关返回"0"时,刮水器由自动停位器控制。

2. 自动停位

奥迪轿车刮水电动机自动停位原理如图 7.15 所示,结合前面已述的刮水器自动停位原理,请读者自行分析其工作过程。

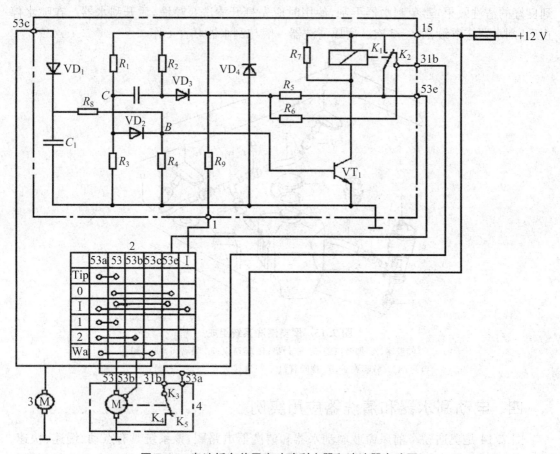

图 7.14 奥迪轿车前风窗玻璃刮水器和清洗器电路图
1. 间歇工作控制电路；2. 刮水器与清洗器开关；3. 清洗泵电机；4. 刮水器电机

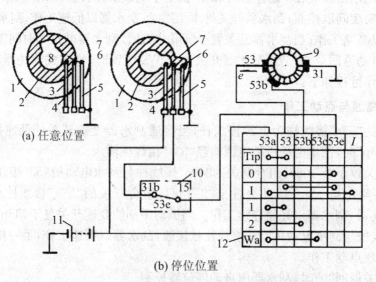

图 7.15 奥迪轿车刮水电动机自动停位原理图
1. 蜗轮；2. 铜环；3、4、5. 触点臂；6、7、8. 触点；9. 刮水电机；10. 间歇控制器；
11. 蓄电池；12. 组合开关

3. 刮水器与清洗器协同工作

当变速开关置于"Wa"挡时，系统处于刮水器与清洗器联合工作状态。

① 清洗器电路中的电流由蓄电池正极→熔断器→刮水器开关 2 的"53a"触点→刮水器开关 2 的"53c"触点→清洗器电机 3→搭铁→蓄电池负极构成回路，于是清洗器开始工作，将清洗液喷洒到风窗玻璃上。

② 上述电路中除清洗器工作外，电路中的工作电流由刮水器开关 2 的"53c"触点→间歇控制器 1 的"53c"触点→二极管 VD_1→电容 C_1→蓄电池负极构成回路，为 C_1 充电。在 C_1 充电的同时，电阻 R_8 与电阻 R_4 电路中的电流由小增大，B 点的电位逐渐升高。在此电压作用下，晶体三极管 VT_1 导通，间歇控制器的继电器线圈通电，触点 K_1 闭合，使间歇控制器中的触点"15"与"53e"接通，于是刮水器电机的电路接通。电路中的工作电流由蓄电池正极→熔断器→间歇控制器触点"15"与"53e"→刮水器开关的触点"53e"与"53"→刮水器电机→蓄电池负极构成回路，于是刮水器电机慢速工作。

松开开关手柄时，刮水器开关自动复位，清洗泵立刻停止喷水工作。同时，间歇控制器中的电容 C_1，开始向电阻 R_8 及电阻 R_4 放电，使晶体三极管 VT_1 继续导通，刮水器电机仍慢速工作 4 s，即电容 C_1 放电的时间，其目的是刮干前风窗玻璃上的水滴。

4. 间歇工况

当组合开关置于间歇工作"I"挡时，组合开关的"53a"接线柱与"I"接线柱接通，间歇控制器的电源从其"I"接线柱引入。读者可结合前述内容分析其工作过程。

五、电动刮水器和清洗器的维护与常见故障检修

根据国际驾驶安全调查显示：雨天驾车，由于雨刮片老化引起视野不清而导致交通事故的概率比平常高出大约 5 倍。因此，刮水器的良好维护是雨雪天气安全行驶的必要保证。刮水器推荐维护周期一般为 6 个月或 1 万公里，刮水片至少 1 年更换 1 次，事实上，该数值恰好与大多数刮水片正常工作寿命相吻合。由于清洗器时常与刮水器同时使用，所以在维护刮水器的同时，也要对清洗器进行维护。

（一）电动刮水器和清洗器的维护

1. 电动刮水器的维护

① 检查刮水器电动机的固定及各传动机构的连接是否有松动，如图 7.16 所示，若发现松动，应予以拧紧。

② 检查刮水器橡胶刮水片的老化、磨损及其与玻璃贴附情况。当发现刮水片严重磨损或脏污时应及时更换或清洗，清洗刮水片时，可用蘸有酒精清洗剂的棉纱轻轻擦去刮片上的污物，注意不可用汽油清洗和浸泡，否则刮片会变形而无法使用；刮水片唇口必须与玻璃角度配合一致，否则应予以打磨或更换。

③ 用水润湿挡风玻璃后，打开刮水器开关，刮水器摇臂应摆动正常，电动机无异响。转换挡位开关，刮水器以相应的转速工作，并能自动复位。否则应对刮水器电机及相关线路进行检查。

④ 检查后，在各运动铰链处滴注 2~3 滴机油或涂抹润滑脂，并再次打开雨刮器电机开关使雨刮器摇臂摆动，待机油或润滑脂浸到各工作面后，擦净多余的机油或润滑脂。

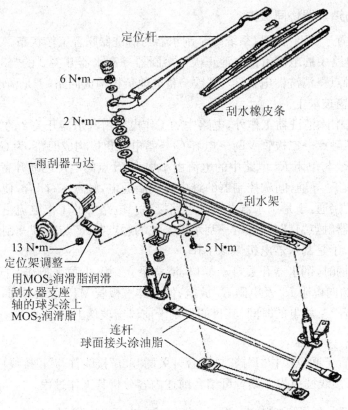

图 7.16　电动刮水器各部件连接关系

2. 清洗器的维护

① 检查清洗器系统的管路连接是否紧固，若有松动或脱落，应将其安装并固定好；塑料管路若有老化、折断或破裂，应予以更换。

② 检查清洗器喷嘴，脏污时可用干净的毛刷清洗喷嘴；按动喷液开关，喷嘴应将清洗液喷射到风挡玻璃上的适当位置，如图 7.17 所示，否则应对喷嘴位置进行调整，或对喷射部分及电路部分进行检修。

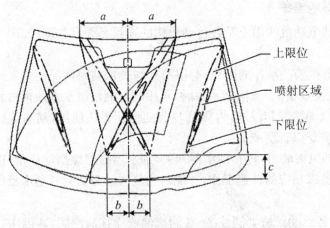

图 7.17　清洗液喷射位置示意图

③ 清洗液应按原车要求选用，使用普通洗涤剂、清洁剂配制的洗涤液，在进入冬季时，应予以清除，以防冻裂储液罐和塑料管路。

（二）电动刮水器和清洗器常见故障检修

电动刮水器和清洗器的常见故障有电动刮水器不工作或动作迟缓无力、不能复位，清洗器系统不工作或喷射压力过低等。

1. 电动刮水器不工作故障检修

电动刮水器的故障现象很多，但其故障原因主要有两个方面：从刮水器电动机上拆下机械传动装置，打开刮水器开关后，若电动机不能正常运行，则说明是电动机或控制电路有故障；若电动机运行正常，则说明是机械故障。

对于电动刮水器不工作故障，先观察其故障现象是某一个速度挡不工作，还是所有挡位均不工作。如果仅是某一速度挡不工作，通常是电气方面故障，需结合该刮水器的电气原理图，确定其不工作的原因。如果是所有挡位均不工作，一般先检查是否有外来机械物品妨碍刮水器机械传动机构的动作。可接通刮水器开关，若电机微微振动或发热，则可能是刮水片、传动机构、减速机构或电机转子卡住。根据具体情况，排除异物，或者更换局部机构零件，重新安装调整好刮水器，并加以润滑。若排除了上述故障可能，则应检查刮水器控制电路，如电源电压是否足够，保险丝是否熔断，搭铁及连接线是否松脱，开关接触是否良好等，若前述各项完好，则故障可能在电动机上。

2. 清洗器不工作故障检修

发现风窗清洗器不工作时，可先检查电源电压是否过低，清洗泵电动机接线是否良好，搭铁是否可靠等，若有故障应予以排除。

然后接通清洗泵开关，用手触摸电动机外壳，若电机无反应，则说明清洗泵电动机有故障，进一步拆检电动机。

如若电动机正常，接下来应检查储液罐有无清洗液、输液管路及喷嘴是否堵塞或泄漏等。

查清故障后，根据相应的故障进行处理，若是管道破裂则应换上相同规格的输液管；若是喷嘴和三通阻塞，可用细钢丝疏通；滤网堵塞则应拆下清洗；若清洗液喷射位置不合要求，则应对喷嘴位置进行调整；若是电动机损坏则应更换。

项目实施

一、项目要求

① 通过本项目的实施，应能够对刮水器和清洗器进行拆装与调整，并掌握雨刮器故障诊断与检测的步骤与方法。

② 本项目应具备汽车雨刮器系统，螺丝刀、扳手、万用表等拆装与检修工具和汽车雨刮器电路图等资料。

二、实施步骤

(一) 电动刮水与清洗系统的故障诊断

电动刮水与清洗系统故障诊断流程如图 7.18 所示。

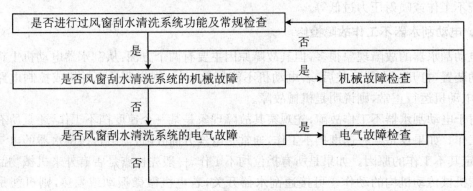

图 7.18　电动刮水与清洗系统故障诊断流程图

(二) 电动刮水与清洗系统的拆卸

电动刮水器与清洗器的拆卸可以参照制造厂说明书和维修手册推荐的操作步骤进行。本项目拓展知识中提供了奥迪 A6 轿车电动刮水器与清洗器的拆装步骤,可供参阅。

拆卸时,一般应先拆下不得不拆的有关部件,最后拆卸刮水器电机系统,拆下线束插接器,拆下连杆机构和电机总成连接螺栓等。拆卸时多加小心,以防损坏电机内部的永久磁铁。

(三) 电动刮水与清洗系统的检修

1. 刮水器各联动机构的检修

① 检查刮水片总成。刮水片是否老化,刮水臂是否变形,若老化、变形应予以更换。

② 检查传动机构。各连杆等传动部件是否弯曲变形,若变形应予以校正,不可修复的,则需更换。

③ 检查连接球头等连接部位润滑是否良好,是否磨损严重。若润湿不良,则需添加润滑脂;若磨损严重,则应予以修理或更换。

2. 控制线路及开关的检修

可用万用表检测刮水器和清洗器组合开关处于各挡位时的通断情况。若有线路问题,则对相应线路重新连接;若判断是开关内部触点接触不良或烧坏而引起的故障,则应拆开检修或更换。

3. 刮水器电机总成检修

① 检查蜗轮、蜗杆变速机构有无磨损,若磨损严重则应更换。

② 检查电刷高度,一般不应低于 8 mm,否则应予以更换。

③ 检查电机换向器表面是否烧蚀,若烧蚀可用细砂布打磨,烧蚀或磨损严重的,则需更换或重新加工,使之符合要求。

④ 检查磁场线圈有无短路、断路或搭铁故障,若有,则应更换或重新绕线。

⑤ 检查电枢轴是否弯曲,轴与轴承的配合间隙是否符合要求,有问题应予以更换。

4. 清洗器系统检修

① 检查储液罐中清洗液是否足够,若不足应补充清洗液。
② 检查输液管是否通畅,有否泄漏,若不通畅或泄露,应予更换,或重新连接、密封。
③ 检查喷嘴、三通、滤网是否堵塞,若有,可用细钢丝疏通喷嘴和三通,滤网则需清洗。

(四) 电动刮水与清洗系统的安装与调整

电动刮水与清洗系统的安装一般与拆卸步骤相反,建议参照制造厂说明书和维修手册推荐的操作步骤进行。

安装时应注意刮水片的归位;同时喷水壶中的清洗液不要洒掉,若洒掉要补充标准的清洗液;注意喷水管的接头要可靠;尤其要注意根据制造厂提供的数据,调整好喷嘴的位置。

安装好后,应给电机接通电源,将组合开关打开到不同挡位进行检验,系统应工作正常,运转平稳,复位良好,刮刷干净。值得注意的是:检验时,不要让刮水器干刮,以免造成损伤。

拓展知识

一、风窗除霜装置

在寒冷的季节,空气中的水分容易在汽车风窗玻璃上形成细小的雨滴(即雾)或结霜。在装有空调或暖风装置的汽车上,通过除霜风门可将热风吹向前面及侧面风窗玻璃,防止水分凝结或使冰霜溶化。而后窗玻璃则需一个除霜器进行除霜,如图 7.19 所示。

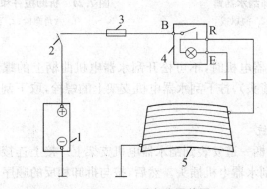

图 7.19 后窗除霜装置
1. 蓄电池;2. 点火开关;3. 熔断器;4. 除霜器开关及指示灯;5. 除霜器

后窗除霜器是一种电栅加热装置,通过加热,产生微热消除后窗玻璃上的雾和霜。图中 5 是一组平行的含银陶瓷输电网线,在玻璃成型过程中烧结在玻璃表面内。玻璃两侧有汇流条,各焊有一个接线柱,其中一个用以供电,一个是搭铁接线柱。这样就形成一组并联电路。由于后窗电栅消耗电流较大(可达 30 A),因此电路中除开关外,还需一个定时继电器。这种继电器在通电 10 min 后,即自动将后窗电栅电流切断。若 10 min 后霜还没有除净,驾驶员可再次接通开关,但在此之后,每次只能通电 5 min。

二、奥迪轿车风窗刮水和清洗系统的维修

(二) 电动刮水器系统的维修

1. 风窗刮水系统的拆装

(1) 拆卸刮水器臂

取下刮水片,用螺丝刀撬下刮水器臂上的2个盖帽,如图7.20所示。松开六角螺母,但不要完全拧下,轻轻转动以松开刮水器臂,然后完全拧下六角螺母并取下刮水器臂。拔下前罩板上的卡夹,撬下挡风玻璃边缘的前罩板,取下前罩板。

(2) 拆卸拉杆和电机的刮水器框

如图7.21所示,拧下螺栓,翻转刮水器框(箭头),取出总成后,拔下刮水器电机插头。

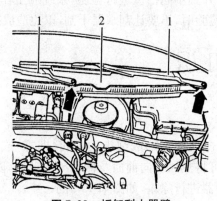 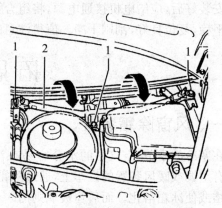

图 7.20 拆卸刮水器臂　　　　　　　　图 7.21 拆卸拉杆和电机刮水器框
1. 刮水器臂；2. 前罩板　　　　　　　　1. 六角螺栓；2. 刮水器框

(3) 拆下刮水器电机

从连接杆上拆下刮水器电机时,不可松开刮水器电机曲柄上的螺母。如图7.22所示,从球头节上撬下连接杆(箭头),拧下刮水器电机支架上的螺栓,取下刮水器电机。对拆下的各部件进行检查与维护。

(4) 安装风窗刮水系统

将刮水器电机连同曲柄一道安装到刮水器电机支架上。接上连接杆,如图7.22所示,a处调整其停止位置,插上刮水器电机插头。然后,按与拆卸相反的顺序进行安装。

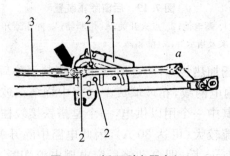

图 7.22 拆下刮水器电机
1. 刮水器电机；2. 六角螺栓；3. 连接杆

2. 雨刮片停止位置的调整

使刮水器电机回到停止位置,将雨刮片装到挡风玻璃上,校正后拧紧紧固螺母。调整停止位置时,应保证图 7.23 中雨刮片与风挡玻璃下边缘处压力舱附加板之间的距离 a 和 b 的值在允许范围之内。

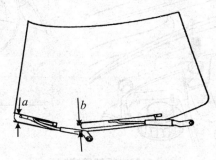

图 7.23 雨刮片停止位置

3. 消除雨刮片震颤

雨刮片震颤的可能原因有:
① 挡风玻璃划伤。
② 刮水橡胶片与臂脱离或开裂。
③ 刮水器臂/片松动或弯曲。
④ 刮水片有蜡或成波纹状。

如雨刮片震颤,而又排除了以上原因均不相应,那么更换雨刮片。更换雨刮片之前应调整刮水臂的角度。将雨刮臂移到停止位置,拆下雨刮片。如图 7.24 所示,调整两侧雨刮臂角度至合适值。

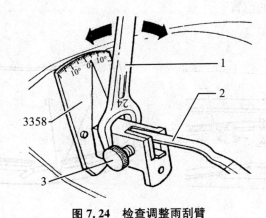

图 7.24 检查调整雨刮臂
1. 开口扳手;2. 雨刮臂;3. 锁止螺栓

(二)风窗清洗系统的维修

1. 储液罐的拆装

(1) 储液罐的拆卸

如图 7.25 所示,完全拧下六角螺栓,拔下插头,将清洗液罐向下从发动机舱中取出。拔下挡风玻璃清洗泵的供电插头。将清洗泵从清洗液罐上拔下,然后将清洗液罐取下。

（2）储液罐的安装

储液罐的安装可按与拆卸相反的顺序进行。

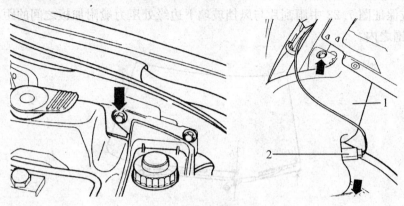

图 7.25　拆卸储液罐

1. 清洗液罐；2. 插头

2. 喷嘴的维修

（1）喷嘴的拆卸

如图 7.26 所示，从喷嘴上拔下软管，拔下喷嘴加热插头，用力将喷嘴从发动机罩上拔出。检查喷嘴并维护。

（2）喷嘴的安装

喷嘴的安装可按与拆卸相反的顺序进行。

（3）喷嘴的调整

用记号笔在挡风玻璃上按图 7.27 所示做上四点标记，相应尺寸应符合要求。调整后用专用工具检测喷嘴标记的位置。

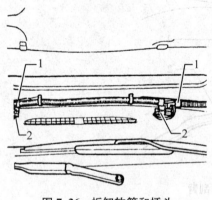

图 7.26　拆卸软管和插头

1. 软管；2. 喷嘴加热插头

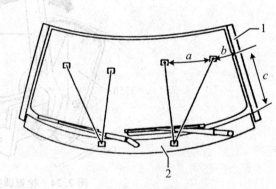

图 7.27　调整喷嘴

1. 风挡玻璃密封条；2. 压力舱附加护板

项目小结

汽车电器附件的结构、原理、性能、诊断参数知识与汽车电器附件诊断与维修技能是在国家职业标准《汽车修理工》中明确列出的工作要求。刮水器与清洗器作为汽车的重要辅助电器,必须掌握其相关知识与检修技能。

本项目以汽车刮水器和清洗器系统检修为载体,将刮水器和清洗器的结构、工作原理等理论知识与其故障检修技能融为一体,涉及机械传动、电机、低压电器、液压等多方面的理论知识以及相关方面的故障诊断与检修经验。在学习过程中,除了能对设定故障进行检修之外,应着重加深对刮水器和清洗器工作原理的理解,在对特定故障进行检修的基础上,掌握对汽车刮水器和清洗器常见故障进行检修的普适性方法,并熟悉其工作过程。

思考练习

1. 简述刮水器的组成与结构。
2. 试述刮水器用永磁电机的变速原理。
3. 永磁式电动刮水器是如何实现自动回位的?
4. 电动刮水器采用间歇控制的目的是什么?如何实现间歇控制?
5. 汽车上为何要安装风窗除霜装置?
6. 如图 7.28 所示为桑塔纳汽车的刮水器电路,试根据该图分析桑塔纳汽车电动刮水器的工作过程。

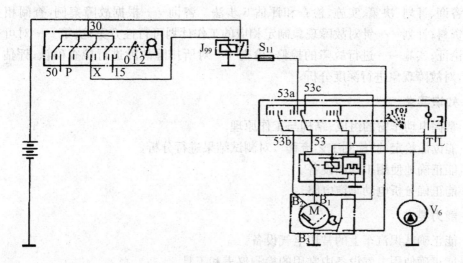

图 7.28 桑塔纳汽车刮水器电路

7. 试述电动刮水器与清洗器的使用与检修注意事项。
8. 接通电源后,刮水电机发热,而刮水器不工作的原因是什么?
9. 根据本项目实施和学习的体会,请绘制汽车刮水器故障诊断的流程图。
10. 根据本项目实施和学习的体会,请绘制汽车清洗器故障诊断的流程图。
11. 根据本项目实施和学习的体会,请对汽车刮水器和清洗器的故障检修工作过程进行总结。

项目八

电动车窗玻璃升降器的检修

项目描述

理解车窗部件的结构和工作原理,学会分析电路。在汽车车窗电路系统的故障检修中,应遵循咨询、计划、决策、实施、检查和评估6步法。咨询——根据故障案例,查阅相关的维修技术资料;计划——针对故障现象制定相应的工作计划可行性方案;决策——对可行性方案进行论证;实施——进行故障的检修;检查——对所排除故障进行检查确认;评估——工作总结,对故障现象进行深度分析。

1. 知识要求

① 掌握电动车窗的组成、结构与工作原理。
② 能读懂给定的"检测工艺流程",对测试结果进行分析。
③ 能正确地使用工具和设备。
④ 能正确分析电动车窗电路。

2. 能力要求

① 能正确认识汽车上的常用电气设备。
② 能正确使用电气设备中常用的检测仪表和工具。

相关知识

一、电动车窗的组成与结构

电动车窗也叫自动车窗,它可以使驾驶员更加集中精力驾车,方便驾驶员及乘客的操作,许多轿车装了这种装置。驾驶员操作时,可以使4个车窗中的任意一个上升或下降,乘员只能使所靠近侧的车窗上升或下降。

电动车窗主要由车窗玻璃、车窗玻璃升降器、电动机、继电器、断路器和控制开关等组成。车窗电动机、控制开关及车窗继电器在车上的布置如图8.1所示。

车窗上的电动机是双向的,有永磁式和双绕组式两种。每个车窗上都装有一个电动机,通过开关控制它的电流方向,使车窗玻璃上升或下降。控制开关一般有两套,一套为总开关,安装在仪表板或驾驶员侧的车门上,因此驾驶员可以控制每个车窗的升降;另一套为分开关,安装在每个车门扶手上,可由乘客控制车窗上升或下降。主控开关上还装有控制分开关的总开关,如果它断开,分开关就不起作用。有些车型装有带延迟开关的电动车窗系统,可在点火开关断后约 10 min 内或车门打开以前,仍提供电源,使驾驶员和乘客有时间关闭车窗。

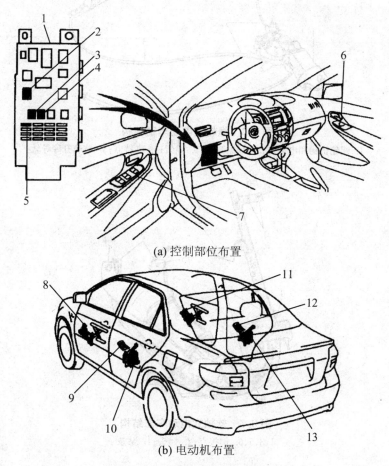

图 8.1　电动车窗部件在车上的布置

1. 仪表板接线盒;2. 电源继电器;3. AM1H 熔丝;4. POWERH 熔丝;5. 仪表熔丝;6. 副驾驶侧车窗控制开关;7. 电动车窗主控制开关;8. 驾驶员侧车窗电动机;9. 左后侧电动车窗控制开关;10. 左后侧电动车窗电动机;11. 副驾驶侧车窗电动机;12. 右后侧电动车窗控制开关;13. 右后侧电动车窗电动机

常见的电动车窗升降机构有绳轮式和软轴式两种,其结构分别如图 8.2 和图 8.3 所示。

二、电动车窗的工作原理

如图 8.4 所示为四车门电动车窗的控制旋钮,如图 8.5 所示为该电动车窗的控制电路。该控制电路可以实现手动控制和自动控制,所谓的手动控制是指按着相应的手动旋钮,车窗可以上升或下降,若中途松开旋钮,上升或下降的动作立即停止;而自动控制是指按下自动旋钮,松开手后车窗会一直上升至最高或下降至最低。下面分别分析手动控制和自动控制过程。

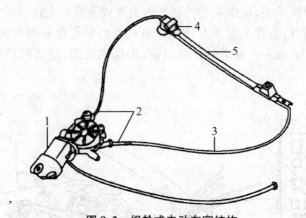

图8.2 绳轮式电动车窗结构
1.蜗轮机构和电动机;2.减振弹簧;3.绳索;4.夹持器;5.玻璃升降导轨

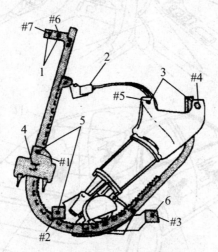

图8.3 软轴式电动车窗结构
1、3、5、6.铆接点;2.插头;4.贴条

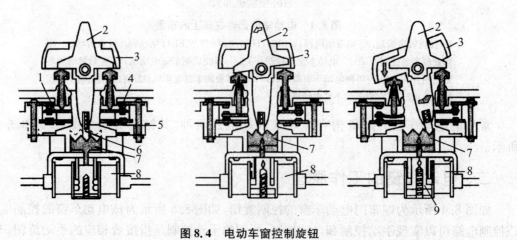

图8.4 电动车窗控制旋钮
1.触点A;2.手动旋钮;3.自动旋钮;4.触点B;5.弹簧;6.滑销;7.止板;8.螺线管;9.柱塞

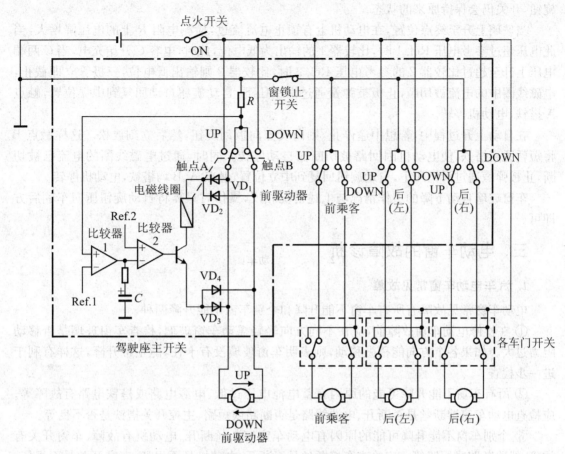

图 8.5 电动车窗控制电路

1. 手动控制玻璃升降

以驾驶员侧的玻璃升降为例,向前按下手动旋钮后,触点 A 与开关的 UP 接点相连,如图 8.5 所示,当把手动旋钮推向车辆方向,车窗玻璃立即上升,此时,触点 A 与 UP(向上)接点相连,触点 B 处于原来状态,电动机按 UP 箭头方向通过电流,车窗玻璃上升至关闭;当手离开旋钮时,由于开关自身的回复力,开关立即回到中立位置。若把手动旋钮推向车辆后方,触点 A 保持原位不动,触点 B 则与 DOWN(向下)接点相连,电动机按 DOWN 箭头所示的方向通过电流,电动机反转,实现车窗玻璃向下移动,直至下降至最低。

2. 自动控制玻璃升降

当把自动按钮向前方按下时,如图 8.5 所示,触点 A 与 UP 接点相连,电动机按 UP 箭头方向通过电流,车窗玻璃上升;与此同时,检测电阻 R 上电压降,此电压加于比较器 1 的一端,它与参考电压 Ref.1 进行比较。Ref.1 的电压设定为相当于电动机锁止时的电压。所以,通常情况下,比较器 1 的输出为负位。比较器 2 的基准电压 Ref.2 设定为小于比较器 1 的输出电位,所以比较器 2 的输出电压为正电压,晶体管接通,电磁线圈通过较大的电流,其路径为:蓄电池正极→点火开关→UP→触点 A→二极管 VD_1→电磁线圈→晶体管→二极管 VD_4→触点 B→电阻 R→搭铁→蓄电池负极。此电流产生较大的电磁吸力,吸引驱动器开关的柱塞,于是把止板向上顶压,越过止板凸缘的滑销于原来位置被锁定,这时即使离开自动旋钮,开关仍会保持原来的状态。

当玻璃上升至终点位置,在电动机上有锁止电流流过,检测电阻 R 上的电压降增大,当此电压超过参考电压 Ref.1 时,比较器 1 的输出为低电位,此时,电容 C 开始充电,当 C 两端电压上升至超过比较器 2 的参考电压 Ref.2 时,比较器 2 则输出低电位,三极管立即截止,电磁线圈中的电流被切断,止板被弹簧通过滑销压下,自动旋钮自动回复到中立位置,触点 A 搭铁,电动机停转。

在自动上升过程中,若想中途停止,则向反方向扳动旋钮,然后立刻放松。这样触点 B 将短暂脱离搭铁,使电动机因回路被切断而自动停转。同时,通过电磁线圈的电流已被切断,止板弹簧通过滑销压下,自动旋钮回复到中立位置,触点 A、B 均搭铁,电动机停转。

车窗玻璃自动下降的工作情况与上述情况相反,操作时只需将自动旋钮压向车辆后方即可。

三、电动车窗的故障诊断

1. 汽车电动车窗常见故障

电动车窗常见故障有所有车窗不能升降和个别车窗不能升降两种。

① 在检修电动车窗故障前,应在不同方向轻轻摇动车窗玻璃,检查车窗玻璃是否移动阻力过大。如果各个方向能稍微移动,则表明车窗玻璃没有卡住,能正常升降,这样有利于进一步检查。

② 所有车窗不能升降可能的原因有蓄电池电压过低、电源电路或搭铁电路有故障等。应检查电动车窗熔断丝是否断开、电源线路是否断路或短路、主控开关搭铁是否不良等。

③ 个别车窗不能升降可能的原因有电动车窗熔断丝断开、电动机有故障、车窗开关有故障、线路断路或短路等。应检查车熔断丝是否断开、电动机是否损坏、车窗开关是否损坏、线路是否正常等。

2. 故障诊断流程

电动车窗故障诊断流程如图 8.6 所示。

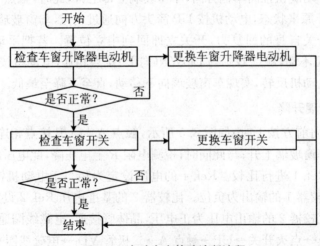

图 8.6 电动车窗故障诊断流程

项目实施

一、项目要求

1. 实训目的与要求

① 能读懂汽车电动车窗的电路图。

② 通过故障案例诊断与处理,掌握汽车电动车窗的基本构造和原理,调试和正确使用的方法,以及故障现象描述、原因分析和诊断方法。

2. 实训仪器和设备

汽车实训台架或整车、万用表、试灯、一字起子、十字起子、扳手等。

三、实施步骤

(四) 电路图分析

1. 左前车窗升、降电路

闭合左前车窗按钮(UP),则左前车窗玻璃上升的电路为:电源正极→点火开关→驾驶员侧左前车窗触点开关 UP(闭合)→左前车窗电机→触点开关→电阻 R→电源负极。

闭合左前车窗按钮(DOWN),则左前车窗玻璃下降的电路为:电源正极→点火开关→驾驶员侧左前车窗触点开关 DOWN(闭合)→左前车窗电机→触点开关→电阻 R→电源负极。

两个电路的区别有两点:一个车窗按钮闭合 UP(上),另一个闭合 DOWN(下);左前车窗电机电流流向相反。

2. 右前车窗升、降电路

(1) 驾驶员控制右前车窗升、降电路

闭合驾驶员侧右前车窗按钮(UP),则右前车窗玻璃上升的电路为:电源正极→点火开关→驾驶员侧右前车窗触点开关 UP(闭合)→右前车窗电机→触点开关→窗锁止开关(闭合)→电源负极。

闭合驾驶员侧右前车窗按钮(DOWN),则右前车窗玻璃下降的电路为:电源正极→点火开关→驾驶员侧右前车窗触点开关 DOWN(闭合)→右前车窗电机→触点开关→窗锁止开关(闭合)→电源负极。

两个电路的区别有两点:一个车窗按钮闭合 UP(上),另一个闭合 DOWN(下);右前车窗电机电流流向相反。

(2) 乘客控制右前车窗升、降电路

闭合乘客侧右前车窗按钮(UP),则右前车窗玻璃上升的电路为:电源正极→点火开关→乘客侧右前车窗触点开关 UP(闭合)→右前车窗电机→触点开关→窗锁止开关(闭合)→电源负极。

闭合乘客侧右前车窗按钮(DOWN),则右前车窗玻璃下降的电路为:电源正极→点火开关→乘客侧右前车窗触点开关 DOWN(闭合)→右前车窗电机→触点开关→窗锁止开关(闭合)→电源负极。

两个电路的区别有两点：一个车窗按钮闭合 UP（上），另一个闭合 DOWN（下）；右前车窗电机电流流向相反。

3. 右后车窗升、降电路

（1）驾驶员控制右后车窗升、降电路

闭合驾驶员侧右后车窗按钮（UP），则右后车窗玻璃上升的电路为：电源正极→点火开关→驾驶员侧右后车窗触点开关 UP（闭合）→右后车窗电机→触点开关→窗锁止开关（闭合）→电源负极。

闭合驾驶员侧右后车窗按钮（DOWN），则右后车窗玻璃下降的电路为：电源正极→点火开关→驾驶员侧右后车窗触点开关 DOWN（闭合）→右后车窗电机→触点开关→窗锁止开关（闭合）→电源负极。

两个电路的区别有两点：一个车窗按钮闭合 UP（上），另一个闭合 DOWN（下）；右后车窗电机电流流向相反。

（2）乘客控制右后车窗升、降电路

闭合乘客侧右后车窗按钮（UP），则右后车窗玻璃上升的电路为：电源正极→点火开关→乘客侧右后车窗触点开关 UP（闭合）→右后车窗电机→触点开关→窗锁止开关（闭合）→电源负极。

闭合乘客侧右后车窗按钮（DOWN），则右后车窗玻璃下降的电路为：电源正极→点火开关→乘客侧右后车窗触点开关 DOWN（闭合）→右后车窗电机→触点开关→窗锁止开关（闭合）→电源负极。

两个电路的区别有两点：一个车窗按钮闭合 UP（上），另一个闭合 DOWN（下）；右后车窗电机电流流向相反。

4. 左后车窗升、降电路

（1）驾驶员控制左后车窗升、降电路

闭合驾驶员侧左后车窗按钮（UP），则左后车窗玻璃上升的电路为：电源正极→点火开关→驾驶员侧左后车窗触点开关 UP（闭合）→左后车窗电机→触点开关→窗锁止开关（闭合）→电源负极。

闭合驾驶员侧左后车窗按钮（DOWN），则左后车窗玻璃下降的电路为：电源正极→点火开关→驾驶员侧左后车窗触点开关 DOWN（闭合）→左后车窗电机→触点开关→窗锁止开关（闭合）→电源负极。

两个电路的区别有两点：一个车窗按钮闭合 UP（上），另一个闭合 DOWN（下）；右后车窗电机电流流向相反。

（2）乘客控制左后车窗升、降电路

闭合乘客侧左后车窗按钮（UP），则左后车窗玻璃上升的电路为：电源正极→点火开关→乘客侧左后车窗触点开关 UP（闭合）→左后车窗电机→触点开关→窗锁止开关（闭合）→电源负极。

闭合乘客侧左后车窗按钮（DOWN），则左后车窗玻璃下降的电路为：电源正极→点火开关→乘客侧左后车窗触点开关 DOWN（闭合）→左后车窗电机→触点开关→窗锁止开关（闭合）→电源负极。

两个电路的区别有两点：一个车窗按钮闭合 UP（上），另一个闭合 DOWN（下）；左后车窗电机电流流向相反。

(二) 故障原因分析

本次实践项目设置的故障是只有左前电动车窗玻璃可以正常升降,其余三个车窗的玻璃,不管是驾驶员还是乘客都无法控制。

对于此故障,需要找这三个车窗升降电路共同的部分。

由上面的电路分析可以得出,这三个车窗电路共同的部分为:① 电源;② 点火开关;③ 窗锁止开关;④ 电源搭铁。

但是左前车窗玻璃可以正常升降,由此排除了电源故障、点火开关故障、电源搭铁故障等原因,只剩下"③窗锁止开关故障"一个原因了。

(三) 实践操作

具体步骤如下:
① 关闭点火开关。
② 将万用表调到"蜂鸣"挡位。
③ 拆开锁止开关。
④ 将万用表两个表笔分别搭在锁止开关的输入线和输出线上。
⑤ 将锁止开关按下。
⑥ 观看万用表,若读数为无穷大,由此可判定是锁止开关故障。

(四) 故障处理

更换锁止开关,使用万用表重新测量锁止开关导通电阻,电阻为 0 欧姆。接通电路,四个车窗玻璃都能正常升降。

拓展知识

一、电动座椅

电动座椅可以通过控制电动机的正反方向旋转来调节座椅的空间位置,改变驾驶员或乘员的坐姿,尽可能减少驾驶员及乘员长时间坐车的疲劳,提高乘坐的舒适性。电动座椅前后方向的调节量一般为 100~160 mm,上下方向的调节量一般为 30~50 mm,全程调节量所需的时间为 8~10 s。

(一) 普通电动座椅的组成

普通电动座椅一般由双向直流电动机、座椅开关、传动机构和执行机构及控制装置(ECU)等组成,如图 8.7 所示。

1. 双向直流电动机

电动座椅的电动机大多数采用永磁双向直流电动机,通过开关来操纵电动机按所需方向旋转。为了防止电动机过载,电动机内一般都装有断电器,由于座椅的类型不同,一般一个座椅可装 2 个、3 个、4 个或多个电动机。

2. 传动机构

电动座椅的传动机构主要由变速器、联轴装置、电磁阀等组成。其作用是把直流电动机产生的旋转运动,变为座椅的位置调整动作。

前后调整传动机构由蜗杆、蜗轮、齿条、导轨等组成,齿条装在导轨上,如图8.8所示。调整时,直流电动机产生的力矩经蜗杆传至两侧的蜗轮上,经齿条的带动,使座椅前后移动。

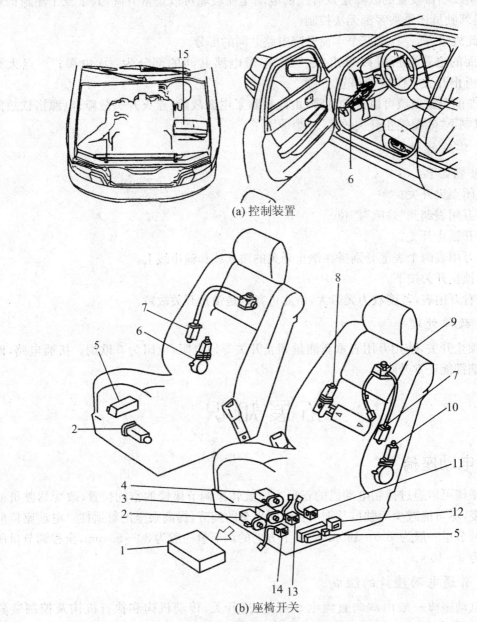

图 8.7 普通电动座椅的结构

1. 电动座椅ECU;2. 滑动电动机;3. 前垂直电动机;4. 后垂直电动机;5. 电动座椅开关;6. 倾斜电动机;7. 头枕电动机;8. 腰垫电动机;9. 位置传感器(头枕);10. 倾斜电动机和位置传感器;11. 位置传感器(后垂直);12. 腰垫开关;13. 位置传感器(前垂直);14. 位置传感器(滑动);15. 2号接线盒;16. 1号接线盒

上下调整传动机构由蜗杆轴、蜗轮、芯轴等组成,如图8.9所示。调整时,直流电动机产生的力矩带动蜗杆轴,驱动蜗轮转动,使芯轴在蜗轮内旋进或旋出,带动座椅上下移动。

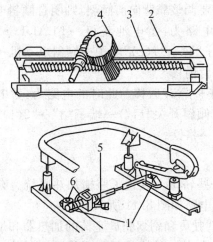

图 8.8 前后调整传动机构

1. 支撑及导向元件；2. 导轨；3. 齿条；4. 蜗轮；
5. 反馈信号电位计；6. 调整电动机

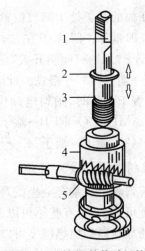

图 8.9 上下调整传动机构

1. 铣平面；2. 止推垫片；3. 芯轴；
4. 蜗轮；5. 挠性驱动蜗杆轴

（二）电动座椅的控制电路

如图 8.10 所示，该电动座椅包括滑动电动机、前垂直电动机、倾斜电动机、后垂直电动机和腰垫电动机等，可以实现座椅的前后移动、前部高度调节、靠背倾斜程度调节、后部高度调节及腰垫前后调节等功能。下面以座椅靠背的倾斜调节为例，介绍电路的控制过程。

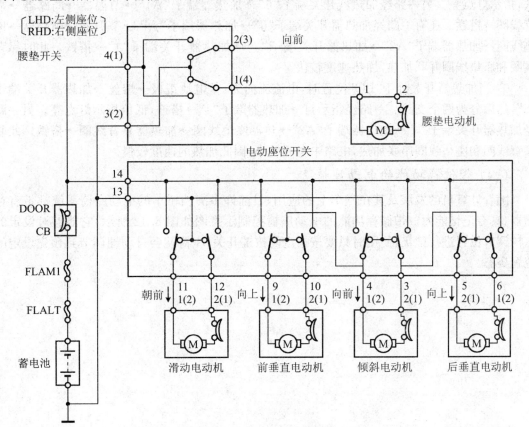

图 8.10 电动座椅控制电路

当电动座椅的开关处于倾斜位置时,如果要调整靠背向前倾斜,则闭合倾斜电动机的前进方向开关,即端子"4"置于左位,此时的电路为:蓄电池正极→FLALT→FLAM1→DOORCB→端子"14"→(倾斜开关"前")→端子"4"→"1(2)"端子→倾斜电动机→"2(1)"端子→端子"3"→端子"13"→搭铁。此时座椅靠背前移。

端子"3"置于右位时,倾斜电动机反转,座椅靠背后移。此时的电路为:蓄电池正极→FLALT→FLAM1→DOORCB→端子"14"→(倾斜开关"后")→端子"3"→"2(1)"端子→倾斜电动机→"1(2)"端子→端子"4"→端子"13"→搭铁。

(三)座椅加热系统

为了改善驾驶员和乘客乘坐的环境,在一些轿车上设置了座椅加热系统。有些汽车座椅的加热速度可以调节,有些不可以调节。其电路如图 8.11 所示。

图示座椅加热器的加热速度可以调节。驾驶员和副驾驶员座椅的加热器和加热控制开关相同。其中 HI 表示高位加热,LO 表示低位加热。该座椅加热系统可以单独对驾驶员侧或副驾驶员侧的座椅进行加热,也可以同时对两座椅进行加热。下面以驾驶员侧的座椅加热器为例,分析其工作过程:

① 当加热器开关断开时,加热系统不工作。

② 当加热器开关处于"HI"位置时,电流首先经过点火开关给座椅加热器的继电器线圈通电,线圈产生磁场使继电器开关闭合。此时加热器的电路为:蓄电池正极→熔丝→继电器开关→加热器开关端子"5",然后电流分为 3 个支路。一路经指示灯→继电器端子"4"→搭铁,指示灯点亮。另一路经加热器开关端子"6"→加热器端子"A1"→节温器→断路器→靠背线圈→搭铁。还有一路经加热器开关端子"6"→加热器端子"A1"→节温器→断路器→座垫线圈→加热器端子"A2"→加热器开关端子"3"→加热器开关端子"4"→搭铁。此时靠背线圈和座垫线圈并联加热,加热速度较快。

③ 当加热器开关处于"LO"位置时,电流流向为:蓄电池正极→熔丝→加热器开关端子"5",然后分为两个支路。一路经指示灯→加热器端子"4"→搭铁,低位指示灯点亮。另一路经加热器开关端子"3"→加热器端子"A2"→热器座垫线圈→加热器靠背线圈→搭铁。此时靠背线圈和座垫线圈串联加热,电路中电流较小,因此加热的速度较慢。

(四)带储存功能的电动座椅

随着计算机的发展及其在汽车上的应用,目前许多高档轿车的电动座椅系统都带有存储器,具有记忆能力。带储存功能的电动座椅控制示意图如图 8.12 所示,它能够对设定的座椅调节位置进行记忆,使用时只要按指定的按键开关,座椅就会自动地调节到预先设定的位置姿态。

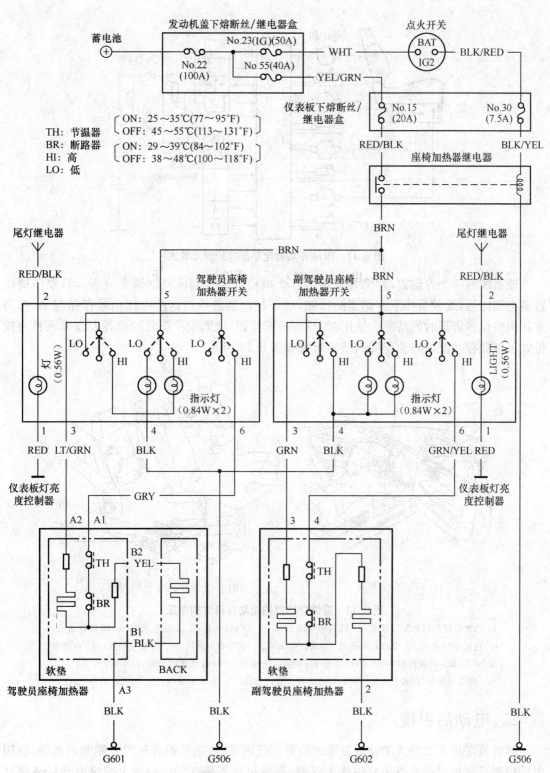

图 8.11 座椅加热系统电路图

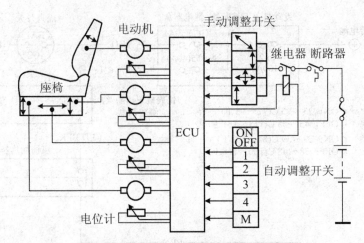

图 8.12 带储存功能电动座椅控制示意图

该系统有一个存储器,存储装置通过 4 个电位计来控制座椅的调定位置。只要座椅位置姿态调定后,驾驶员按下存储器的按钮,电子控制装置就把这些电压信号存储起来,作为重新调整位置姿态时的基准。使用时,只要一按按钮,就能按存储时的位置姿态来调整座椅位置。带储存功能的电动座椅的结构布置如图 8.13 所示。

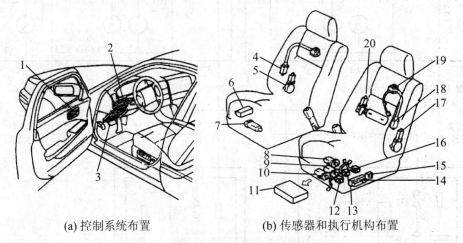

(a) 控制系统布置　　　　(b) 传感器和执行机构布置

图 8.13 带储存功能的电动座椅结构布置

1. 驾驶位置存储和复位开关;2. 倾斜和伸缩 ECU;3. 1 号接线盒;4. 头枕电动机;5. 倾斜电动机;
6. 自动座椅开关;7. 滑动电动机;8. 后垂直电动机;9. 前垂直电动机;10. 滑动电动机;11. 自动座椅 ECU;12. 位置传感器(滑动);13. 位置传感器(前垂直);14. 自动座椅开关;15. 腰垫开关;
16. 位置传感器(后垂直);17. 倾斜电动机和位置传感器;18. 头枕电动机;19. 位置传感器(头枕)

二、电动后视镜

驾驶员采用人工方式调整后视镜的位置比较困难,特别是乘客车门一侧的后视镜,使用电动控制系统可以很方便地解决这个问题,驾驶员只需要在驾驶位置上操纵电动后视镜开关,就可获得比较理想的位置。

1. 电动后视镜的组成

电动后视镜一般由镜片、微型直流电动机、驱动器、控制开关等组成。在每个后视镜镜片的背后都有两个可逆电动机,可操纵其上下及左右运动。通常垂直方向的倾斜运动由一个永磁电动机控制,水平方向的倾斜运动由另一个永磁电动机控制。每个电动后视镜都有一个独立控制开关,开关杆可多方向移动,可使一个电动机单独工作或两个电动机同时工作。有的电动后视镜还带有伸缩功能,由伸缩开关控制伸缩电动机工作,使整个后视镜回转伸出或缩回。电动后视镜的结构和控制开关如图8.14所示。

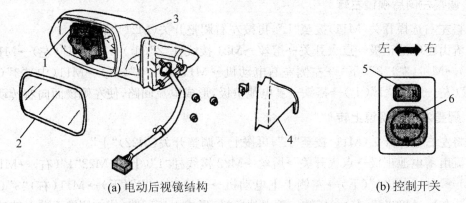

(a) 电动后视镜结构　　　　(b) 控制开关

图8.14　电动后视镜的结构和控制开关示意图

1. 驱动电动机；2. 电动后视镜镜片固定架；3. 电动后视镜；4. 后视镜安装罩；5. 左右调整开关；6. 后视镜开关

2. 电动后视镜的工作原理及控制电路

桑塔纳2000轿车电动后视镜控制电路如图8.15所示。M11为左右选择开关,M21为左右调整开关,M22为上下调整开关。

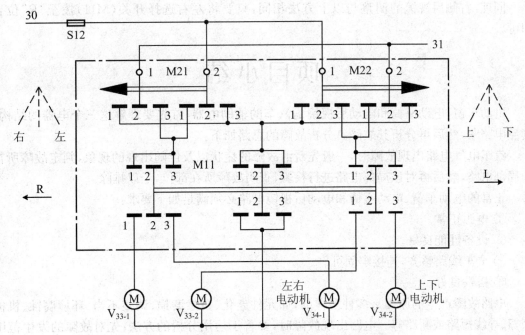

图8.15　桑塔纳2000轿车电动后视镜控制电路图

电动后视镜的具体工作过程如下。

(1) 调整左侧后视镜左转

先将左右选择开关(M11)拨至"L",再按左右调整开关(M21)"L"。

电流由蓄电池正极→点火开关→熔丝→M21 接线柱"2"(上)→M21"3"(右)→M11(中间)"3"(上)→M11(中间)"3"(下)→左侧左右电动机→M11(左)"3"(下)→M11(左)"3"(上)→M21"3"(左)→M21"1"(上)→搭铁→蓄电池负极,形成电流回路,使左侧镜面向左转动。

2. 调整左侧后视镜右转

先将左右选择开关(M11)拨至"L",再按左右调整开关(M21)"R"。

电流由蓄电池正极→点火开关→熔丝→M21 接线柱"2"(上)→M21"1"(左)→M11(左)"3"(上)→M11(左)"3"(下)→左侧左右电动机→M11(中)"3"(下)→M11(中)"3"(上)→M21"1"(左)→M21"1"(上)→搭铁→蓄电池负极,形成电流回路,使左侧镜面向右转动。

3. 调整左侧后视镜上转

先将左右选择开关(M11)拨至"L",再按上下调整开关(M22)"上"。

电流由蓄电池正极→点火开关→熔丝→M22 接线柱"1"(上)→M22"1"(右)→M11(中)"3"(上)→M11(中)"3"(下)→左侧上下电动机→M11(右)"3"(下)→M11(右)"3"(上)→M22"1"(右)→M22"2"(右)→搭铁→蓄电池负极,形成电流回路,使左侧镜面向上转动。

(4) 调整左侧后视镜下转

先将左右选择开关(M11)拨至"L",再按上下调整开关(M22)"下"。

电流由蓄电池正极→点火开关→熔丝→M22 接线柱"1"(上)→M22"3"(右)→M11(右)"3"(上)→M11(右)"3"(下)→左侧上下电动机→M11(中)"3"(下)→M11(中)"3"(上)→M22"3"(右)→M22"2"(右)→搭铁→蓄电池负极,形成电流回路,使左侧镜面向下转动。

同理,右侧后视镜的调整与以上方法相同,只要将左右选择开关(M11)拨至"R"位置即可。

项目小结

电动车窗、电动座椅和电动后视镜是汽车的辅助电器,首先要理解这三个电器的结构,读懂电路图,然后再分析其故障。分析故障的思路如下:

汽车电气电路出现故障时,一般先看清故障的症状以及伴随出现的现象,判定故障所在的局部电路,然后再对该局部电路进行检验,查明故障所在部位,予以排除。

正常的电动车窗、电动座椅和电动后视镜电路必须满足如下要求:

① 电源正常。

② 设备性能良好。

③ 全车线路整齐,连接牢固可靠。

④ 搭铁良好。

电路故障产生的原因是多种多样的,如元件老化、自然磨损、调整不当、环境腐蚀、机械摩擦、导线短路或断路等。电路出现故障时,要善于运用分析的方法,先对故障的发生范围进行初步的诊断。切忌在情况不明时,不加思考分析而盲目拆卸,乱接瞎碰。这样不仅会延误检修,而且还会造成不必要的损坏。要善于发现故障前的异常征兆和故障特征,结合整车电路进行分析,尽可能把故障诊断缩小到最小的范围内。

在检修故障时,应根据故障发生的范围,先检查故障率较高且容易检查的部件,然后检查故障率较低且不易检查的部件。只有当某个部件的故障已经确诊,必须打开进行维修时,方可进行拆卸。要尽量做到少拆甚至不拆零件,以减少不必要的麻烦。检修故障还要采用正确的检查方法和测试手段,以提高检修故障的速度。

电路出现故障,一般先就车对电路进行检查和测试,判断故障发生在哪个部件上,然后再对故障发生部位的外部性能及内部参数进行测试或检查,找出故障发生点进行排除。在检修故障的同时,还应注意对有关部件及电路进行保养,使之恢复至较好的状态。

若电气设备损坏无法修复,则应予以更换。更换的部件应与原部件的规格、型号相一致。导线的更换应尽量与原来的线径和颜色一致。若用其他颜色导线代替,应与相邻导线有所区别,以利于以后的检修。

思考练习

1. 简述电动车窗的组成和结构。
2. 分析电动车窗左前控制电路的电流走向。
3. 分析电动车窗右前控制电路的电流走向。
4. 分析电动车窗右后控制电路的电流走向。
5. 分析电动车窗左后控制电路的电流走向。
6. 分析左侧电动后视镜电路的电流走向。
7. 分析右侧电动后视镜电路的电流走向。
8. 分析驾驶员侧座椅调节电路的电流走向。
9. 分析驾驶员侧座椅加热电路的电流走向。
10. 汽车电气系统检修的思路是什么?

项目九

拆画分析汽车系统电路图

项目描述

1. 知识要求

① 掌握汽车电路中常用图形符号、标志的具体含义。
② 掌握汽车电路的基本绘制方法与识图要领。
重点掌握内容：汽车电路的识图与基本绘制方法。

2. 能力要求

① 能读懂汽车总电路图。
② 能分析系统工作原理。
③ 能分析线路电流走向。
④ 能拆画子系统电路图。

相关知识

一、汽车电路图的种类

汽车电路图有部分电路和整车电路两种。部分电路即局部电路亦称单元电路，通常有电源电路、起动电路、点火电路、照明电路、信号及仪表电路等；整车电路即汽车电气总电路，通常将汽车上各种用电设备按照它们各自的工作特点和相互关系，通过各种开关、保险等装置，用导线把它们合理地连接起来而构成一个整体电路。现代汽车电路图的种类繁多，电路图按车型不同，也存在一定差别，归纳起来汽车电路图主要有线路图（布线图）、电路原理图、线束图等。

（一）汽车电器线路图

通常根据汽车电器的外形，用相应的图形符号进行合理布线。线路图是电器设备之间用导线相互连接的真实反映，所连接的电器设备的安装位置、外形和线路所走的路径与实际情况一致。利用线路图便于对汽车电器故障进行判断与排除。通常图的左边代表汽车的前部,右边代表汽车的尾部,同时,图中的电器设备大多以实物轮廓的示意形状表示,给人真实感。解放 CA1092 汽车的线路图如图 9.1 所示。

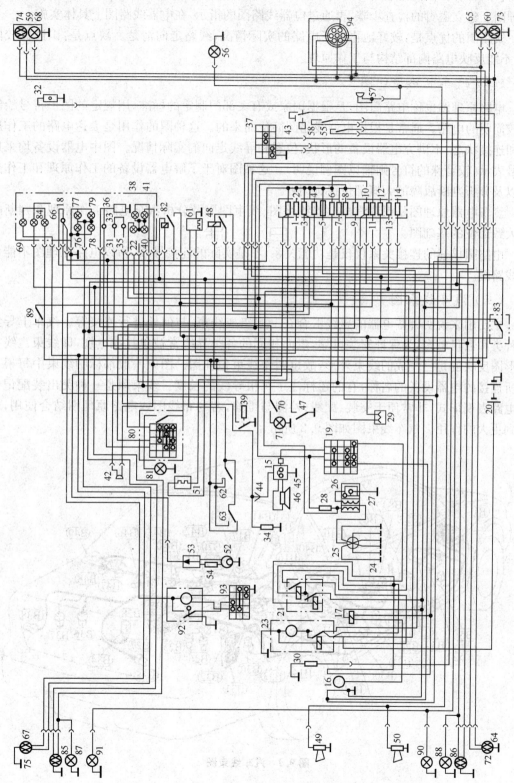

图 9.1 解放 CA1092 汽车线路图

汽车电器线路图的作用是指示原理图中各元件在电器线路图上的位置及整车走线颜色、直径及去向,供检修电路时查找。检修中,通过故障现象和对电器原理图的分析,在电器原理图上建立逻辑的检查步骤,再通过电器线路图的指示,在电器线路图上具体实施。

线路图的优点是:较好地再现了电路的实际情况,线路走向清楚。缺点是:识读比较困难,不能反映电路内部结构与工作原理。

(二)汽车电路原理图

电路原理图也称电路简图,是根据国家或有关部门制定的标准,用规定的图形符号绘制的较简明的电路。通常是根据电器线路图简化而来的。这种图的作用是表达电路的工作原理和连接状态,不讲究电器设备的形状、位置和导线走向的实际情况。图中电器设备均采用符号表示(较特殊的符号则辅以图例说明)。这种图对于了解电器设备的工作原理和工作过程以及分析判断故障的大概部位很有用处。

汽车电器原理图是识读汽车电器线路图、线束图以及分析汽车电路工作原理和判断故障大致部位的基础图。

电路图描述的连接关系仅仅是功能关系,不是实际的连接导线,所以电路原理图不能代替线路图。

(三)汽车线束图

主要用来说明哪些电器的导线汇合在一起组成线束,与何处进行连接等。汽车上导线的种类和数量较多,为保证安装可靠,走向相同的各类导线常被包扎成电缆,即线束。线束外形图反映的是已制成的线束外形,故也叫作线束包扎图。图中一般都标明线束中每根导线所连接的电器设备的名称,有的还标注了每根导线的长度。线束图是一种突出装配记号的电路表现形式,非常便于安装、配线、检测与维修,若与布线图或电路原理图结合使用,会起到更大的作用。汽车线束图如图9.2所示。

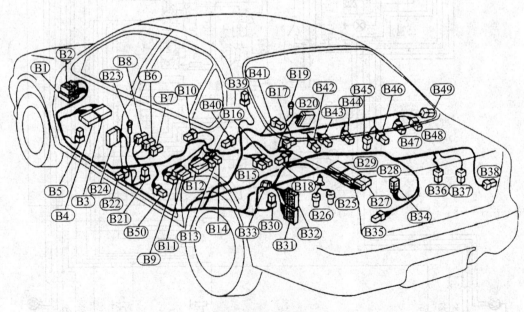

图9.2 汽车线束图

线束图通常又分为主线束图和辅助线束图两种。主线束图分为底盘线束图和车身线束图两种。辅助线束图类型较多,多用于主线束的支路并与各种辅助电器相连(通过插接器),例如空调线束、车顶线束、电动车窗线束、ABS线束、自动变速器线束、电动座椅线束等。

二、常见图形符号及标志

汽车电路图是利用图形符号和文字符号,表示汽车电路构成、连接关系和工作原理,而不考虑其实际安装位置的一种简图。为了使电路图具有通用性,便于进行技术交流,构成电路图的图形符号和文字符号,不是随意的,而是有统一的国家标准或国际标准。要熟练阅读并运用汽车电路图就必须了解图形符号和文字符号的含义、标注原则和使用方法。图形符号是用于电气图或其他文件中的表示项目或概念的一种图形、标记或字符,是电气技术领域中最基本的工程语言。因此,为了读懂汽车电路图,应熟练掌握如下常见图形符号及标记。

(一)常用图形符号

图形符号分为基本符号、一般符号和明细符号三种。

1. 基本符号

基本符号不能单独使用,不表示独立的电器元件,只说明电路的某些特征。如:"—"表示直流,"~"表示交流,"+"表示电源的正极,"—"表示电源的负极,"N"表示中性线。

2. 一般符号

一般符号是用以表示一类产品和此类产品特征的一种简单符号。如:⊗表示指示仪表的一般符号,⊠表示传感器的一般符号。一般符号广义上代表各类元器件,另外也可以表示没有附加信息或功能的具体元件,如一般电阻、电容等。

3. 明细符号

明细符号表示某一种具体的电器元件。它是由基本符号、一般符号、物理量符号、文字符号等组合派生出来的。如:⊗是指示仪表的一般符号,当要表示电流、电压的种类和特点时,将"*"换成"A"、"V",就成为明细符号,Ⓐ表示电流表,Ⓥ表示电压表。

常用图形符号如表9.1所示。

表9.1 常用图形符号

一、常用基本符号					
序号	名称	图形符号	序号	名称	图形符号
1	直流	—	6	中性点	N
2	交流	∼	7	磁场	F
3	交直流	≂	8	搭铁	⊥
4	正极	+	9	交流发电机输出接柱	B
5	负极	—	10	磁场二极管输出端	D+
二、导线端子和导线连接					
11	接点	●	18	插头和插座	—⊂—

续表

序号	名称	符号	序号	名称	符号
12	端子				
13	导线的连接		19	多极插头和插座（示出的为三极）	
14	导线的分支连接				
15	导线的交叉连接		20	接通的连接片	
16	插座的一个极		21	断开的连接片	
17	插头的一个极		22	屏蔽导线	

三、触点开关

序号	名称	符号	序号	名称	符号
23	动合（常开）触点		42	凸轮控制	
24	动断（常闭）触点		43	联动开关	
25	先断后合的触点		44	手动开关的一般符号	
26	中间断开的双向触点		45	定位开关（非自动复位）	
27	双动合触点		46	按钮开关	
28	双动断触点		47	能定位的按钮开关	
29	单动断双动合触点		48	拉拨开关	
30	双动断单动合触点		49	旋转、旋钮开关	
31	一般情况下手动控制		50	液位控制开关	
32	拉拨操作		51	机油滤清器报警开关	
33	旋转操作		52	热敏开关动合触点	

续表

34	推动操作		53	热敏开关动断触点	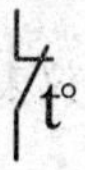
35	一般机械操作	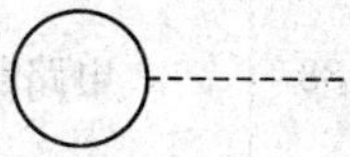	54	热敏自动开关的动断触点	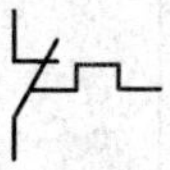
36	钥匙操作	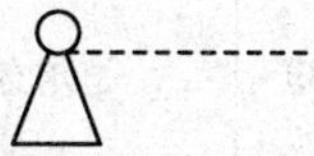	55	热继电器触点	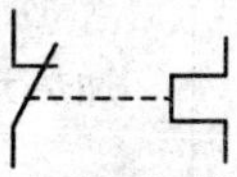
37	热执行器操作		56	旋转多挡开关位置	
38	温度控制	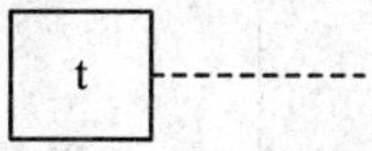 t	57	推拉多挡开关位置	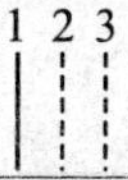
39	压力控制	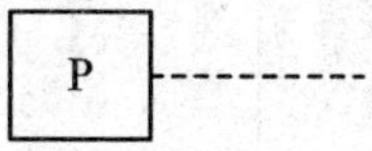 P	58	钥匙开关(全部定位)	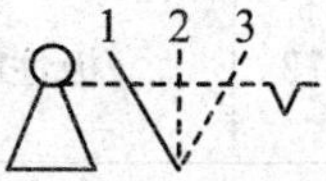
40	制动压力控制	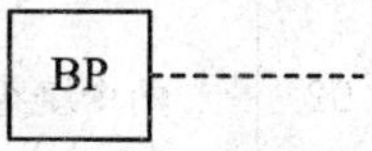 BP	59	多挡开关,点火、起动开关,瞬时位置为2能自动返回到1（即2挡不能定位）	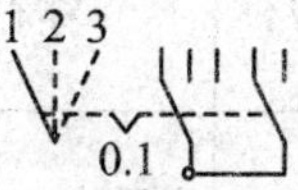
41	液位控制	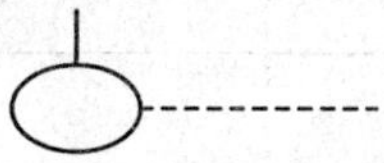	60	节流阀开关	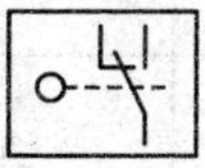

四、电器元件

61	电阻器		80	光电二极管	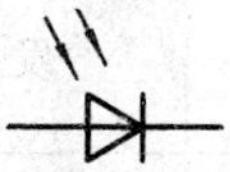
62	可变电阻器	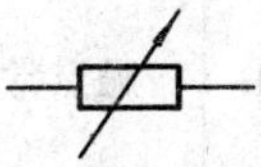	81	PNP型三极管	
63	压敏电阻器	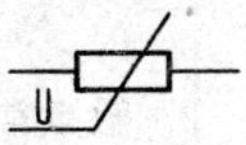	82	集电极接管壳三极管（NPN）	
64	热敏电阻器	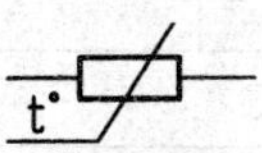	83	具有两个电极的压电晶体	
65	滑线式变阻器	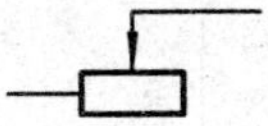	84	电感器、线圈、绕组、扼流圈	
66	分路器	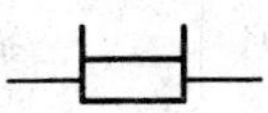	85	带铁心的电感器	
67	滑动触点电位器	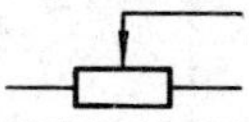	86	熔断器	

续表

编号	名称	符号	编号	名称	符号
68	仪表照明调光电阻器		87	易熔线	
69	光敏电阻		88	电路断电器	
70	加热元件、电热塞	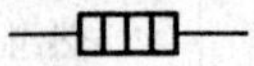	89	永久磁铁	
71	电容器	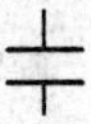	90	操作器件一般符号	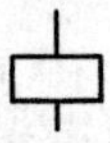
72	可变电容器		91	一个绕组电磁铁	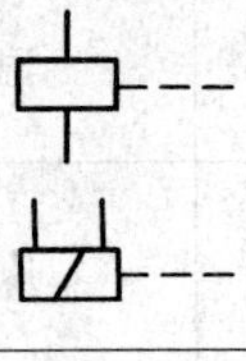
73	极性电容器				
74	穿心电容器	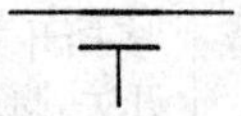	92	两个绕组电磁铁	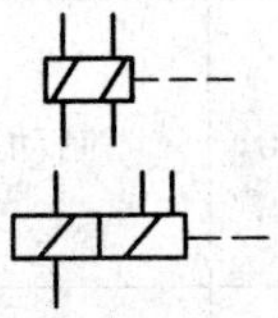
75	半导体二极管一般符号				
76	稳压二极管		93	不同方向绕组电磁铁	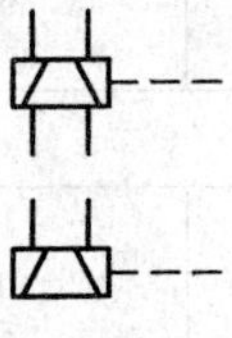
77	发光二极管	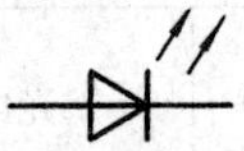			
78	双向二极管（变阻二极管）	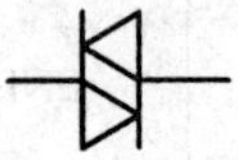	94	触点常开的继电器	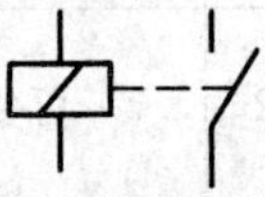
79	三极晶体闸流管	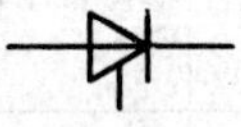	95	触点常闭的继电器	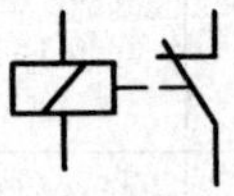

五、仪表

编号	名称	符号	编号	名称	符号
96	指示仪表		103	转速表	 n
97	电压表	 V	104	温度表	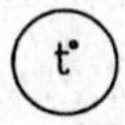 t°
98	电流表	 A	105	燃油表	 Q

续表

99	电压、电流表	A/V	106	车速里程表	V
100	欧姆表	Ω	107	电钟	🕐
101	瓦特表	W	108	数字式电钟	8🕐
102	油压表	OP			

六、传感器

109	传感器的一般符号	*	116	空气流量传感器	AF
110	温度表传感器	t°	117	氧传感器	λ
111	空气温度传感器	$t°_n$	118	爆震传感器	K
112	水温传感器	$t°_w$	119	转速传感器	n
113	燃油表传感器	Q	120	速度传感器	v
114	油压表传感器	OP	121	空气压力传感器	AP
115	空气质量传感器	m	122	制动压力传感器	BP

七、电气设备

123	照明灯、信号灯、仪表灯、指示灯	⊗	159	内部通信联络及音乐系统	
124	双丝灯	⊗⊗	160	收放机	

续表

125	荧光灯	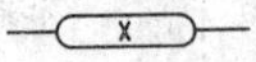	161	天线电话	
126	组合灯	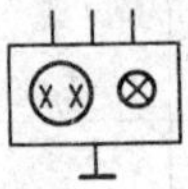	162	传声器一般符号	
127	预热指示器	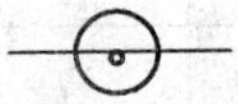	163	点火线圈	
128	电喇叭	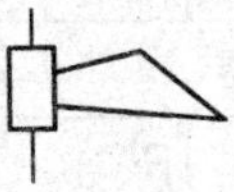	164	分电器	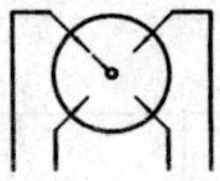
129	扬声器		165	火花塞	
130	蜂鸣器		166	电压调节器	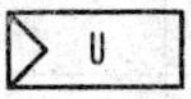
131	报警器、电警笛		167	转速调节器	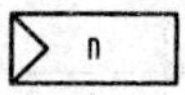
132	信号发生器		168	温度调节器	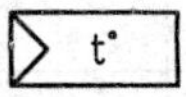
133	脉冲发生器		169	串励绕组	
134	闪光器		170	并励或他励绕组	
135	霍尔信号发生器	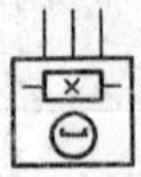	171	集电环或换向器上的电刷	
136	磁感应信号发生器		172	直流电动机	
137	温度补偿器		173	串激直流电动机	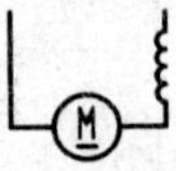

续表

138	电磁阀一般符号	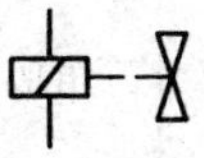	174	并激直流电动机	
139	常开电磁阀	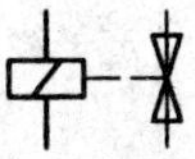	175	永磁直流电动机	
140	常闭电磁阀	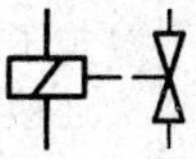	176	起动机（带电磁开头）	
141	电磁离合器	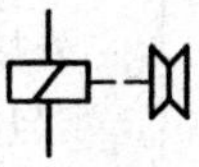	177	燃油泵电动机、洗涤电动机	
142	用电动机操纵的怠速调整装置		178	晶体管电动汽油泵	
143	过电压保护装置		179	加热定时器	
144	过电流保护装置		180	电子点火组件	
145	加热器（出霜器）		181	风扇电动机	
146	振荡器	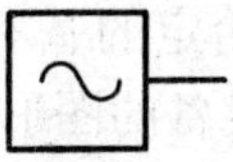	182	刮水电动机	
147	变换器、转换器		183	电动天线	
148	光电发生器	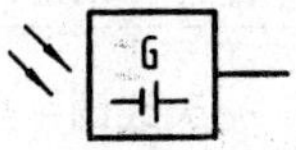	184	直流伺服电动机	
149	空气调节器		185	直流发电机	
150	滤波器		186	星形连接的三相绕组	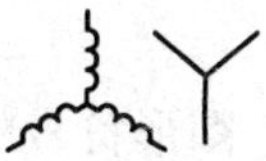

151	稳压器	U const	187	三角形连接的三相绕组	
152	点烟器		188	定子绕组为星形连接的交流发电机	
153	热继电器		189	定子绕组为三角形连接的交流发电机	
154	间歇刮水继电器		190	外接电压调节器与交流发电机	
155	防盗报警系统		191	整体式交流发电机	
156	天线一般符号		192	蓄电池	
157	发射机		193	蓄电池组	
158	收音机				

对标准中没有规定的符号,可以选取标准中给定的基本符号、一般符号和明细符号,按规定的组合原则进行派生,以构成完整的元件或设备的图形符号,但在图样的空白处必须加以说明。如表 9.2 所示,将天线的一般符号和直流电动机的一般符号进行组合,就构成了电动天线的图形符号。

表 9.2 电动天线符号组合示例

图形符号	说明
	天线的一般符号
M	直流电动机的一般符号
	电动天线的派生符号

图形符号的使用原则如下:
① 首先选用优选形。
② 在满足条件的情况下,首先采用最简单的形式,但图形符号必须完整。

③ 在同一份电路图中同一图形符号采用同一种形式。

④ 符号方位不是固定的,在不改变符号意义的前提下,符号可根据图面布置的需要旋转或成镜像放置,但文字和指示方向不得倒置。

⑤ 图形符号中一般没有端子代号,若端子代号是符号的一部分,则端子代号必须画出。

⑥ 导线符号可以用不同宽度的线条表示,如电源线路(主电路)可用粗实线表示;控制、保护线路(辅助电路)则可用细实线表示。

⑦ 一般连接线不是图形符号的组成部分,方位可根据实际需要布置。

⑧ 符号的意义由其形式决定,可根据需要进行放大或缩小。

⑨ 图形符号表示的是在无电压、无外力下的常规状态。

⑩ 图形符号中的文字符号、物理量符号,应视为图形符号的组成部分。当用这些符号不能满足标注时,可按有关标准加以补充。

⑪ 电路图中若未采用规定的图形符号,必须加以说明。

(二)开关和警示灯标志

汽车仪表盘和转向柱上通常装有开关、警报灯和指示灯(常称"警示灯")等。为区分其功能,常用各种各样的图形标志刻印在其表面,有些进口车辆还用英文字母表示。这些图形标志国际通用,大都形象、简明,一看便知道其功能。

为避免分散驾驶员注意力,指示灯、警报灯在其所指示系统工作正常时不亮;当系统工作不正常时,代表其工况的指示灯、警示灯点亮。警报灯多用红色,表示情况紧急,需及时检修,如制动气压过低报警灯、发动机过热报警灯、机油压力报警灯等。指示工作状况时常采用橘黄色指示灯,如空气滤清器堵塞指示灯、驻车制动指示灯等。还有一些属于指示正常工作状态的指示灯,如转向指示灯(绿色)、前照灯远光(蓝色)等。

指示灯和报警灯多采用小功率灯泡(1~3.5 W),也有采用发光二极管的(加合适的限流电阻)。指示灯和警示灯在正常工作状态下不点亮,若出现故障将会带来错觉,因此在点火开关接通而不起动发动机的情况下可检验大多数警示灯的好坏,如充电指示灯、机油压力报警灯、SRS指示灯等,有些需要使用专门的检验开关并加接许多隔离二极管来检验。

汽车上部分开关和警示灯标志如表9.3所示。

表9.3 开关和警示灯标志

序号	图形或文字符号	说明	序号	图形或文字符号	说明
1	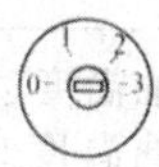 ⊙	点火开关(4挡): 0——锁止方向盘,OFF 或(S); 1——附件,ACC 或(A); 2——点火、仪表,IGN 或(M); 3——起动,START 或(D)	2	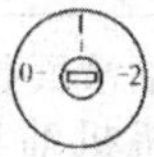 ⊙	点火开关(3挡): 0——锁止,OFF 或(S);1——工作,ON 或 MAR;2——起动,START 或 AVV

续表

序号	图形或文字符号	说明	序号	图形或文字符号	说明
3		柴油车电源开关： 0——OFF,断开； 1——ON,接通； 2——START,起动； 3——ACC,附件； 4——PREHEAT,预热	4		点火开关(5挡)： 0——LOCK,锁定方向盘；1——OFF,断开； 2——ACC,附件； 3——ON,接通；4——START,预热
5	CHECK	发动机故障代码显示灯(自诊断)：电控发动机喷油与点火的传感器与电脑出故障时灯亮，通过人工或仪器可将故障代码调出，迅速查明故障	6		化油器阻风门关闭指示：冷车起动时阻风门关闭，指示灯亮，起动后应及时打开阻风门，否则发动机冒黑烟
7		节气门关闭时灯亮	8	VOLT AMP CHARGE 电压(伏特)表 电流(安培)表	蓄电池充电指示灯：发电机不发电时灯亮，正常发电时灯灭
9	WATER OVER HEAT	水温报警灯：冷却液温度过高时报警灯亮	10	OIL-P	机油压力报警灯：当机油压力过低时灯亮
11	FUEL	燃油不足报警灯：燃油不足报警灯亮	12		柴油机停止供油(熄火)拉杆(钮)标志
13	(P) PKB	停车制动指示灯：在手制动起作用时灯亮	14	(!) BRAKE AIR	制动气压低报警：制动液液面低、制动系统故障报警灯亮
15	r/min RPM	发动机转速表	16	km/h	车速表
17	20:08	数字显示时钟	18	COOLANT LEVEL WATER LEVEL	冷却液水位指示灯：当冷却系统水位低于规定值时，报警灯亮
19		机油液面指示灯：当发动机机油量少于规定值时，报警灯亮	20		机油温度过高报警灯：机油温度超过规定值时，报警灯亮
21	kPa	真空度指示灯	22	SRS	安全气囊指示灯
23	TRAC	牵引力控制指示灯	24	CRUISE	巡航指示灯：装置起作用时灯亮，有故障时显示故障码

续表

序号	图形或文字符号	说明	序号	图形或文字符号	说明
25	AIR SUSP	电子调整空气悬挂指示灯	26	O/D OFF	退出超速挡时,灯亮
27	VOLT	电压表	28	EXP TEMP	排气温度过高报警(温度高于750 ℃)
29	⇦⇨	转向信号灯指示灯	30	△	危急报警指示灯:当汽车遇到交通事故要呼救或需要别车避让时,左右转向灯齐闪
31	BEAM	前照灯远光指示灯	32		前照灯近光指示灯
33		灯光开关指示灯:可接通示宽灯、尾灯、仪表、牌照灯等	34		汽车示宽灯开关指示
35	P	驻车制动灯开关指示:手制动起作用时,该指示灯亮	36		后雾灯开关指示
37		前雾灯开关指示灯	38	TEST	指示灯、报警灯灯泡好坏的检查开关
39	R	倒车灯开关指示	40		室内灯(顶灯)开关指示
41	PASS L/HI LO R	转向灯开关与超车灯开关:L——左转向;R——右转向;PASS——超车;HI——远光;LO——定位中间挡(近光)	42		旋转灯标志:警车、救护车、消防车的车顶旋转警灯开关标志
43	BELT	安全带指示灯:当点火开关接通,安全带未系时灯亮或伴有蜂鸣器发声	44	HEAT GLOW	电热预热塞指示灯:常温下起动亮0.3秒,可直接起动;低温起动前亮3.5秒,表示"等待预热",灯灭可起动
45	GLOW	预热塞(电热或火焰预热塞)指示灯:常温下起动亮0.3秒,可直接起动;低温起动前亮3.5秒,表示"等待预热"灯灭可起动	46	DIFF LOCK	差速锁连锁指示灯:车辆转弯时必须脱开

续表

序号	图形或文字符号	说明	序号	图形或文字符号	说明
47		排气制动指示灯：下长坡时，堵住排气管，利用发动机阻力使汽车减速，踩离合器、加油时自动解除	48	EXH-BRAKE	排气制动指示灯：下长坡时，堵住排气管，利用发动机阻力使汽车减速，踩离合器、加油时自动解除
49		蓄电池液面指示灯	50		拖车制动指示灯
51		制动片磨损超限报警灯	52	ABS	防抱死制动指示灯：钥匙在起动挡或车速在5~10 km/h以下应亮。ABS出现故障时报警灯亮，并可显示故障代码（用工具）
53		分动器前桥接入指示灯：越野车全驱动时，灯亮	54	kPa	空气滤清器堵塞指示灯
55		液力变扭器开关指示灯	56		柴油粗滤器中积水超限报警灯
57	HORN	喇叭按钮标志	58		点烟器标志：按下点烟器手柄即接通电路，发热体烧红后（约几秒）自动弹出，可供点烟用
59		发动机罩开启拉手指示	60	TRUNK	行李舱盖开启拉手或电动按钮指示
61	DOOR	门未关报警灯，仪表盘上设置此灯	62		坐垫加热指示灯
63		室内灯门控挡，当门关严后室内灯灭，此外还有手控长亮挡(ON)及断开挡(OFF)	64	P R N D 2 L	自动变速器挡位指示灯
65	ECTPWR	电控自动变速器有两种已编好程序的换挡方式，即正常模式(Normal)和动力模式(Power)，用开关选择动力模式时，指示灯亮	66		增热器开关指示、除霜线指示灯和开关指示：常为后窗碳粉加热
67		挡风玻璃刮水开关指示	68	WASHER	挡风玻璃洗涤开关指示

续表

序号	图形或文字符号	说明	序号	图形或文字符号	说明
69		挡风玻璃刮水洗涤开关指示	70		后窗玻璃刮水指示灯和开关标志
71		后窗玻璃洗涤开关指示	72		前照灯刮水洗涤开关指示
73		车门玻璃升降开关：UP——升起；DOWN——降下	74	A/C	空调系统制冷压缩机开启指示
75	FAN	空调系统鼓风机指示	76	VENT	空调系统通风吹脸(FACE)挡
77	HEAT	空调系统加热(吹脚)挡	78	BI-LEVEL	空调系统双层(上冷下热)挡
79	DEF-HEAT	空调系统除霜与加热(吹脚)挡	80	DEF	风挡玻璃除霜除雾指示
81	Outside	车外新鲜空气循环风道开启指示(FRESH)	82	Inside	车内空气循环风道开启指示(REC)
83		驾驶室锁止：可倾翻的驾驶室回位时没有到达规定锁止状态，报警灯亮	84	EXH TEMP	排气温度超过一定限度时此灯亮
85		后视镜加热指示	86		后视镜镜面上下调节和左右调节开关标志
87	AIR MPa	空气压力表：常用于气压制动系统中双管路气压指示	88		空气滤清器堵塞信号报警灯

(三) 文字符号

文字符号由电气设备、装置或元器件的种类(名称)字母代码和功能(如状态、特征)字母代码组成。用于电气技术领域中技术文件的编制，也可标注在电气设备、装置或元器件上或其近旁，以表明电气设备、装置或元器件的名称、功能、状态和特征。此外，还可与基本图形符号、一般图形符号组合使用，派生出新的图形符号。

文字符号分为基本文字符号和辅助文字符号两大类，基本文字符号又分为单字母符号和双字母符号两类。

1. 基本文字符号

(1) 单字母符号

单字母符号是按拉丁字母将各种电气设备、装置和元器件划分为23大类，每大类用一个专用单字母符号表示，如"C"表示电容器类，"R"表示电阻类等。

（2）双字母符号

双字母符号由一个表示种类的单字母符号与另一字母组成，应以单字母符号在前而另一字母在后的次序列出。如："R"表示电阻，"RP"表示电位器，"RT"表示热敏电阻；"G"表示电源、发电机、发生器，"GB"表示蓄电池，"GS"表示同步发电机、发生器，"GA"表示异步发电机。

常用的基本文字符号如表9.4所示。

表9.4 常用基本文字符号

设备、装置、元器件种类	举例	基本文字符号	
		单字母	双字母
组件 部件	分离元件放大器调节器	A	
	电桥		AB
	晶体管放大器		AD
	集成电路放大器		AJ
	印刷电路板		AP
	抽屉柜		AT
	支架盘		AR
非电量到电量变换器 或电量到非电量变换器	送话器 扬声器 晶体换能器	B	
	压力变换器		BP
	温度变换器		BT
电容器	电容器	C	
二进制元件、延迟器件、 存储器件	数字集成电路和器件	D	
其他元器件	其他元器件	E	
	发热器件		EH
	照明灯		EL
保护器件	过电压放电器件、避雷器	F	
	熔断器		FU
	限压保护器件		FV
发生器 发电机 电源	振荡器	G	
	发生器		GS
	同步发电机		GA
	异步发电机		GB
	蓄电池		

续表

设备、装置、元器件种类	举例	基本文字符号	
		单字母	双字母
信号器件	声响指示	H	HA
	光指示器		HL
	指示灯		HL
继电器 接触器	交流继电器	K	KA
	双稳态继电器		KL
	接触器		KM
	簧片继电器		KR
电感器 电抗器	感应线圈 电抗器	L	
电动机	电动机	M	
	同步电动机		MS
	力矩电动机		MT
模拟元件	运算放大器 混合模拟/数字器件	N	
测量设备 试验设备	指示器件信号发生器	P	
	电流表		PA
	（脉冲）计数器		PC
	电度表		PJ
	电压表		PV
电力电路的开关器件	断路器	Q	QF
	电动机保护开关		QM
	隔离开关		QS
电阻器	电阻器 变阻器	R	RP
	电位器		RT
	热敏电阻器		RV
	压敏电阻器		

续表

设备、装置、元器件种类	举例	基本文字符号	
		单字母	双字母
控制、记忆、信号电路的开关器件选择器	控制开关 选择开关	S	SA
	按钮开关		SB
	压力传感器		SP
	位置传感器		SQ
	温度传感器		ST
变压器	电流互感器	T	TA
	控制电路电源用变压器		TC
	电力变压器		TM
	电压互感器		TV
电子管 晶体管	二极管 晶体管 晶闸管	V	
	电子管		VE
传输通道波导天线	导线 母线 波导 天线	W	
端子 插头 插座	连接插头和插座 接线柱焊 接端子板	X	
	连接片		XB
	测试插孔		XJ
	插头		XP
	插座		XS
	端子板		XT
电气操作的机械器件	气阀	Y	
	电磁铁		YA
	电动阀		YM
	电磁阀		YV

续表

设备、装置、元器件种类	举例	基本文字符号	
		单字母	双字母
终端设备 混合变压器 滤波器 均衡器 限幅器	晶体滤波器	Z	

2. 辅助文字符号

辅助文字符号表示电气设备、装置和元器件以及线路的功能、状态和特征。如："SYN"表示同步，"L"表示限制左或低，"RD"表示红色，"ON"表示闭合，"OFF"表示断开等。

常用辅助文字符号如表9.5所示。

表9.5 常用辅助文字符号

序号	文字符号	名称	序号	文字符号	名称
1	A	电流	9	ASY	异步
2	A	模拟	10	B BRK	制动
3	AC	交流	11	BK	黑
4	A AUT	自动	12	BL	蓝
5	ACC	加速	13	BW	向后
6	ADD	附加	14	C	控制
7	ADJ	可调	15	CW	顺时针
8	AUX	辅助	16	CCW	逆时针
17	D	延时（延迟）	46	P	保护
18	D	差动	47	PE	保护搭铁
19	D	数字	48	PEN	保护搭铁与中性线共用
20	D	降低			
21	DC	直流	49	PU	不搭铁保护
22	DEC	减	50	R	记录
23	E	接地	51	R	右
24	EM	紧急	52	R	反
25	F	快速	53	RD	红
26	FB	反馈	54	R RST	复位
27	FW	正，向前			
28	GN	绿	55	RES	备用

续表

序号	文字符号	名称	序号	文字符号	名称
29	H	高	56	RUN	运转
30	IN	输入	57	S	信号
31	INC	增	58	ST	起动
32	IND	感应	59	S SET	置位,定位
33	L	左			
34	L	限制	60	SAT	饱和
35	L	低	61	STE	步进
36	LA	闭锁	62	STP	停止
37	M	主	63	SYN	同步
38	M	中	64	T	温度
39	M	中间线	65	T	时间
40	M MAN	手动	66	TE	无噪声(防干扰)搭铁
41	N	中性线	67	V	真空
42	OFF	断开	68	V	速度
43	ON	闭合	69	V	电压
44	OUT	输出	70	WH	白
45	P	压力	71	YE	黄

文字符号的使用规则：

① 应优先选用单字母符号。

② 只有当用单字母符号不能满足要求,需要将大类进一步划分时,才采用双字母符号,以便较详细和更具体地表述电气设备、装置和元器件等。如"F"表示保护器类,"FU"表示熔断器,"FV"表示限压保护器件。

③ 辅助文字符号也可放在表示种类的单字母符号后边组成双字母符号,如"ST"表示起动、"DC"表示直流、"AC"表示交流。为简化文字符号,若辅助文字符号由两个字母组成时,只允许采用其第一位字母进行组合,如"MS"表示同步电动机,"MS"中的"S"为辅助文字符号"SYN"(同步)的第一位字母。辅助文字符号还可以单独使用,如"ON"表示接通、"N"表示中性线、"E"表示搭铁、"PE"表示保护搭铁等。

（四）图形符号、文字符号的识读

对于基本的元器件,其图形符号、文字符号都是相同的,如电阻、电容、照明灯、蓄电池等。

由于目前国际上还没有汽车电气设备图形符号、文字符号的统一标准,各个汽车生产厂家对某些汽车电器所采用的图形符号、文字符号有所不同,与标准规定有一些差异,这给识读电路图造成了一定困难。但图形符号基本结构的组成是相似的,只要了解了它们的区别,就能避免识读错误。下面通过具体示例来说明不同车型在表示同一元器件的图形符号时,汽车电路图中的差异。

如图9.3所示为导线连接的两种形式。上海桑塔纳、南京依维柯采用图9.3(a),神龙富康、天津夏利则采用图9.3(b)。

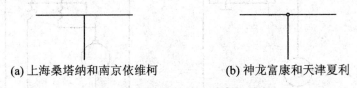

(a) 上海桑塔纳和南京依维柯　　　　(b) 神龙富康和天津夏利

图9.3　导线连接的两种表示形式

汽车都装有硅整流发电机和电压调节器,不同的是有的采用内装式,有的采用外装式,即使同一结构形式,不同的车型所采用的电路图形符号也有所不同。

如图9.4所示为富康轿车内装调节器硅整流发电机的图形符号,如图9.5所示为夏利轿车内装调节器硅整流发电机的图形符号(国家标准规定的符号)。

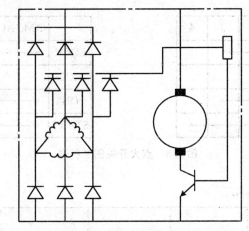

图9.4　富康轿车硅整流发电机图形符号

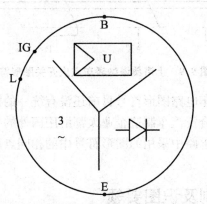

图9.5　夏利轿车硅整流发电机图形符号

现代汽车上都装有用于起动发动机的起动机,且中、小型汽车起动机的结构基本相同,但在不同车型的电路图中,所采用的符号差别很大。如图9.6所示为天津夏利轿车起动机的图形符号,如图9.7所示为富康轿车起动机的图形符号,两者与国家标准中规定的图形符号均差异较大。

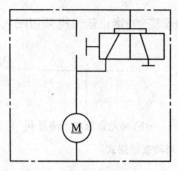 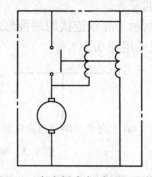

图9.6　夏利轿车起动机图形符号　　　图9.7　富康轿车起动机图形符号

很多车上都装有三挡四接柱的点火开关,其表示方法采用方框符号,表示接线柱和挡位的符号有两种,如图9.8所示;上海桑塔纳则采用与前两者截然不同的另一种符号,如图9.9所示。

图9.8　点火开关图形符号

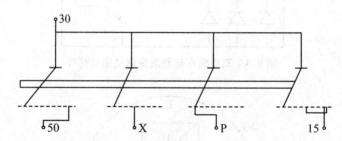

图9.9　上海桑塔纳轿车点火开关图形符号

通过上述示例可知,汽车电路图形符号目前还没有统一的标准,国产汽车制造企业大都采用电气技术行业标准,而合资汽车制造企业大都沿用国外的标准,所以在识图过程中应不断地总结经验,找出不同的电路中采用的图形符号中的相同点和不同点,这样可以提高读图速度。

三、汽车电路绘制及识图要领

(一)汽车电路原理图的绘制及识图要领

1. 汽车电路原理图的绘制原则

(1)元器件的表示方法

电路图的一个重要特征是元器件采用国家标准所规定的图形符号来表示。

绘图时国家标准中规定的图形符号均可选用。有些元器件没有国家标准对应的图形符号,可根据标准中给出的规则,使用一般符号、基本符号来派生所需要的新符号。如图 9.10 所示的手动控制非自动复位的三极多位开关就是使用一般符号和基本符号派生出来的。对于不常用的符号,应增加文字注释,以便于理解,如图 9.11 所示。对于新研制的元器件,在尚无标准的图形符号之前,可采用其简化的外形图来表示,以便于反映该元器件的工作原理。

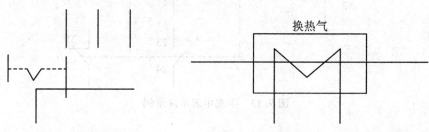

图 9.10　派生图形符号示例　　　　图 9.11　图形符号加文字说明示例

为了便于对电路进行分析和检查,在电路图中除了用图形符号表示元器件外,还应在图形符号旁标注项目代号,必要时还应在图形符号旁标注元器件的主要技术参数。

(2) 图形符号的布置

在电气系统中,有大量元器件的驱动部分和被驱动部分采用机械连接,如继电器、按钮开关、光电耦合器等。其表示方法有 3 种:集中表示法、半集中表示法和分开表示法,不管采用何种表示方法,所给出的信息量都是相等的,在同一张图纸上可以根据需要使用一种或同时使用几种表示方法。

① 集中表示法

集中表示法是把元器件各组成部分的图形符号绘制在一起的方法,如图 9.12 所示。其特点是易于寻找项目的各个部分,元器件整体印象完整,但仅适用于较简单的电路。

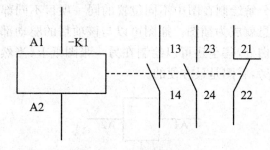

图 9.12　集中表示法示例

② 半集中表示法

半集中表示法是把一个元器件某些组成部分(不是全部)的图形符号在图上分开布置,它们之间的关系用机械连接线表示的方法,如图 9.13 所示,机械连接线用虚线表示,可以是直线,也可以折弯、分支和交叉。其优点是:可减少电路连接线的往返和交叉,使图面清晰,便于识读。但是,会出现穿越图面的机械连接线,所以只适用于一般电路,对于复杂电路,由于穿越图面的机械连接线过多,不采用这种方法。

③ 分开表示法

分开表示法是把一个元器件的各组成部分的图形符号在图上分开布置,它们之间各部分的关系用项目代号表示的方法,如图 9.14 所示。显然,分开表示法既减少了电路连接线的往返和交叉,又不会出现穿越图面的机械连接线,所以在实际中得到广泛应用。但是,为了寻找被分开的各部分,需要采用插图或表格等检索手段。

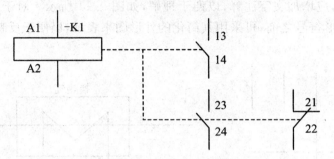

图 9.13 半集中表示法示例

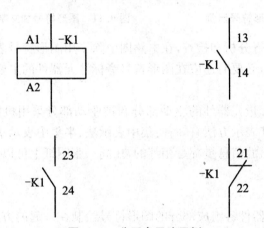

图 9.14 分开表示法示例

如图 9.15 所示,把分解绘制在图中不同位置的同一项目不同部分的图形符号,集中绘制在一起并给出位置信息就成为插图。插图可以与该项目的驱动部分的图形符号对齐,也可以集中布置在图的空白处,甚至还可以绘制在另一张图纸上,当然,把插图直接绘制在紧靠驱动部分的图形符号旁,看图是最方便的。

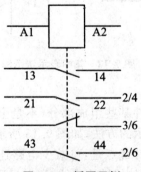

图 9.15 插图示例

如图 9.16 所示,把分散绘制在图中不同位置的同一项目不同部分的图形符号,集中在一张表格中。表格中的名称可以用图形符号来代替,表格应与驱动部分的图形符号对齐。

在采用电路编号法表示图中元器件位置的图上,表格中的位置信息就是电路编号。

动合触点(—/—)	动断触点(⤻)	位　　置
13-14		
21-22		2/4
	21-22	3/6
43-44		2/6

图 9.16　表格示例

(3) 电路与导线的排列

电路的安排要求有清楚、一目了然的图示效果,各个电路的排列必须优先采用从左到右、从上到下的原则,尽可能用直线、无交叉点、不改变方向的标记方式。另外,作用方向应与电路图边沿平行,若出现许多平行线重叠成堆的情况,可将其编组,通常是把三条线集中为一组,留出距离,再表示下一组线。如图 9.17 所示为多条平行线的分组画法。

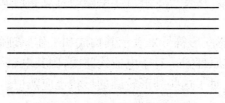

图 9.17　多条平行线分组画法

(4) 分界线与边框

电路的各部分用点画线或边框线限制,以此表明仪器、部件功能或结构上的属性。在汽车电气设备中,用点画线表示仪器和电器中不导电的边框,这种图示可以不与外壳相一致,也不用来表示仪器的搭铁线。

(5) 区段识别

区段识别符号标注在电路图的下沿,有助于更方便地寻找电路部件。以往区段识别标记也称为电路。可能的标记方式有三种:

① 用连续数字以相同的距离从左到右标注。如:

　　　　　　1　2　3　4　5　6　7　…

② 标明电路区段的内容。如:

电　源	起动装置	点火装置	……

③ 以上两种方法的结合。如:

1	2	3	4	5	6	7	8	9	10	……
电　源			起动装置			点火装置				……

汽车电路大多数都在电路图中指明电路区段的内容。

(6) 标注

利用字母和数码可对设备、部件或电路图中的线路符号做标注,标注位于线路符号的左边或下边,如果设备的定义明确,标准内所规定的几种设备可不做标注。

2. 汽车电路原理图的识图要领

电路原理图的特点主要有如下几点:

① 对全车电路有完整的概念。既是一幅完整的全车电路图,又是一幅互相联系的局部电路图。

② 图上建立了高、低电位的概念。负极搭铁电位最低,用图中最下面一条导线表示;正极火线电位最高,用最上面的导线表示。电流流向基本上是从上到下。

③ 尽可能减少导线的曲折与交叉。布局合理,画面简洁清晰,图形符号兼顾元件外形和内部结构,便于分析,易读画。

④ 电路系统的相互关联关系清楚。

汽车电路原理图的识图要领是:

① 认真阅读几遍图注。

图注说明了汽车所有电器设备的名称及其数码代号,通过阅读图注可以初步了解汽车都安装了哪些电器设备,然后通过电器设备的数码代号在电路图中找出该电器设备,再进一步找出相互连线、控制关系。这样可了解汽车电路的特点和构成。

② 牢记电器图形符号。

汽车电路图是利用电器图形符号来表示其构成和工作原理的,因此,必须牢记电器图形符号的含义,才能看懂电路原理图。对于电器线路图,因其电路中零部件或元器件多以外形轮廓的示意形状表示,因此对于这些外形轮廓的形状也应熟记。

③ 熟记电路标记符号。

为便于绘制和识读汽车电路图,有些电器装置或其接线柱等上面赋予了不同的标志代号。如:接至电源端的接线柱用"B"或"+"表示,接至点火开关的接线柱用"SW"表示,接至起动机的接线柱用"S"表示,接至各灯具的接线柱用"L"表示,发电机中性点接线柱用"N"表示,发电机磁场接线柱用"F"表示,励磁电压输出端接线柱用"D+"表示,发电机电枢输出端接线柱用"B+"表示等。

④ 牢记回路原则。

任何一个完整的电路都是由电源、熔断器、开关、用电设备、导线等组成。电流流向必须从电源正极出发,经过熔断器、开关、导线等到达用电设备,再经过导线或搭铁回到电源负极,才能构成回路,这样的电路才是正确的,否则就是读错了或查错了。

可以沿着电路电流的流向,由电源正极出发,顺藤摸瓜查到用电设备、开关等,回到电源负极;可以逆着电路电流的方向,由电源负极(搭铁)开始,经过用电设备、开关等回到电源正极;也可以从用电设备开始,依次查找其控制开关、连线、控制单元,到达电源正极和搭铁(或电源负极)。尤其是查询一些不太熟悉的电路,后者比前两者更为方便。实际应用时,可视具体电路选择不同思路,但有一点值得注意:随着电子控制技术在汽车上的广泛应用,大多数电器设备电路同时具有主回路和控制回路,读图时要兼顾两回路。

⑤ 牢记搭铁极性。

汽车电路均为负极搭铁。

⑥ 掌握各种开关在电路图中的作用。

对多层多挡接线柱开关,要按层、按挡位、按接线柱逐级分析其各层各挡功能。有的用电设备受两个以上单挡开关(或继电器)的控制,有的受两个以上多挡开关的控制,其工作状态比较复杂。当开关接线柱较多时,首先抓住从电源来的一个或两个接线柱,逐个分析与其他各接线柱相连的用电设备处于何种挡位,从而找出控制关系。

对于组合开关,实际线路是在一起的,而在电路图中又按其功能画在各自的局部电路中,遇到这种情况必须仔细研究识读。

⑦ 掌握开关、继电器的初始状态。

在电路图中,各种开关、继电器都是按初始状态画出的,即按钮未按下,开关未接通,继电器线圈未通电,其触点未闭合(指常开触点)或未打开(指常闭触点),这种状态称为原始状态。在识图时,不能完全按原始状态分析,否则很难理解电路的工作原理,因为大多数用电设备都是通过开关、按钮、继电器触点的变化而改变回路的,进而实现不同的电路功能。所以,必须进行工作状态的分析。例如,刮水器就是通过刮水开关挡位的变化来实现间歇、低速、高速刮水功能的,必须把三种工作状态的电路"走"通。

⑧ 掌握电器装置在电路图中的位置。

在汽车电器系统中,有大量电器装置是机电合一的,如各种继电器,还有多层多挡组合开关。这些电器装置在电路图上表示时,厂家为了使画法既简单又便于识图,多根据实际情况采用集中表示法、半集中表示法或分开表示法来反映电路的连接情况。

⑨ 熟记各局部电路之间的相互关系。

汽车全车电路基本上由电源电路、充电电路、点火电路、起动电路、照明电路、辅助电器设备电路等单元电路组成。从整车电路来讲,各局部电路除电源电路公用外,其他单元电路都是相对独立的,但它们之间也存在着内在联系。因此,识图时,不但要熟悉各局部电路的组成、特点、工作过程和电流流经的路径,还要了解各局部电路之间的联系和相互影响。这是迅速找出故障部位、排除故障的必要条件之一。

⑩ 先易后难各个击破。

有些汽车电路图的某些局部电路可能比较复杂,一时难以看懂,可以暂时将其放一边,待其他局部电路都看懂后,结合所看懂的电路图中与该电路有联系的有关信息,再进一步识读这部分电路。

⑪ 善于请教和查找资料。

由于新的汽车电器设备不断出现和应用到汽车上,汽车电路图的变化很大。对于看不懂的电路要善于请教有关人员,同时还要善于查找资料,直至看懂弄明白为止。

⑫ 浏览全图,框画各个系统。

要读懂汽车电路图,首先必须掌握组成电路的各个电器元件的基本功能和电器特征。在大概掌握全车电路图的基本原理的基础上,再把一个个单独的电器系统框出来,这样就容易抓住每一部分的主要功能及特征。

在框画各个系统时,应注意:既不能漏掉各个系统中的组件,也不能多框画其他系统的组件。一般规律是:各电气系统只有电源和总开关是共用的。其他任何一个系统都应是一个完整的独立的电气回路,即包括电源、熔断器、开关、电器、导线等,并从电源的正极经导线、熔断器、开关至电器后搭铁,最后回到电源负极,否则所框画出的系统图就不正确。

(二)汽车线路图绘制及识图要领

1. 汽车线路图的绘制原则

汽车电路的布线图在画法上比较注重各电器设备在汽车上的实际位置,虽然识读比较困难,但只要掌握一定的方法,便能准确识图,并且能将线路图改画成电路图。线路图的特点是:由于电器设备的外形和实际位置都和原车一致,因此,查找线路时,导线中的分支、接点很容易找到,线路的走向和车上实际使用的线束的走向基本一致。

线路图的绘制原则是:

① 布线图中的元器件、部件、组件和设备等项目,采用其简化外形(如圆形、方形、矩形)表示,为便于识图,必要时使用图形符号表示。

② 在线路图中,接线端子用端子代号表示。

③ 导线用连续线或中断线表示。连续线是用连续的实线来表示端子之间实际存在的导线;中断线是用中断的实线来表示端子之间实际存在的导线,并在中断处标明去向。

2. 汽车线路图的识读要领

识读布线图的要领是:

① 对该车所使用的电器设备结构、工作原理有一定的了解,对电器设备规范比较清楚。

② 通过识读认清该车所有电器设备的名称、数量及在汽车上的实际安装位置等。

③ 通过识读认清该车每一种电器设备的接线柱数量和名称,了解每一接线柱的实际意义。

布线图的识读可按浏览、展绘、整理三个阶段进行。

(1) 浏览

拿到布线图后,先认真阅读图注,然后对照图注,了解整车有哪些电器,并找出各主要电器设备在布线图上的位置。主要电器设备包括电源电路、起动电路、点火电路等。各电器设备在线路图上以阿拉伯代号为标注,在图注中能找到该数字或代号所代表的电器设备名称。识图时,也可在图注中找到待查找的电器设备名称,并根据其数字或代号在线路图中找到该电器设备。

(2) 展绘

浏览后虽然可以基本了解各电器系统的组成和原理,但由于整车电器系统支路数较多,浏览不一定能完全了解电路原理及连接特点,因此,需着手把图中的每条线准确地展绘出来。为避免展绘出现差错,可用直尺或纸条把每一条电流通路找出,并把它详细地绘下来。为防止遗漏失误,展绘应按照找一段记录一条的步骤,直到绘制到最后一条导线为止。展绘时每条支路一般按电源—火线—熔断丝—继电器或开关等中间环节—用电器—搭铁—电源的顺序找线。目前汽车上的熔断丝、插接器、继电器、报警指示灯等数量较多,这些元件应仔细标注清楚。由于灯光总开关、刮水器开关、点火开关、仪表板的接线端子较多,且绘制导线密集,展绘时应仔细观察。展绘不一定要求绘出简洁规范的原理图,展绘的目的是把布线图展开。

(3) 整理

展绘是"化整为零,找出通路"的过程,展绘得到的图一般较散乱,分布无规则,为便于分析保存,一般要反复改绘几次才能整理出简洁整齐的原理图。改绘的电路原理图布局应有统一的格式,元器件符号应尽量采用标注符号,有些特殊元器件,图注中还需要用文字简要说明,原理图上接线柱的标号、导线的标号、元器件的标号应尽可能与原图编号一致。

识读一定数量的汽车电路布线图后,会发现不同车型全车线路有许多共性,归纳总结这些共性,找出差异,对今后快速读图会有很大的帮助。

（三）汽车线束图绘制及识图要领

1. 汽车线束图的绘制原则

汽车线束图主要以线束的形式出现，图面的线条较少，各部件之间连接的表达是其主要内容。

线束图的绘制原则是：

① 汽车线束图由多个线束组成，主要有主线束、辅助线束两种。线束图表现了每个线束上有几个分支，每个分支上有多少根导线及导线的颜色和条纹。

② 汽车上电器数量多而复杂，为使连线准确，各个连接点都标注了接线端子的代号。

③ 线束的长度包括线束的总长、每个分支的长度和线端间隔长度。

④ 由于线束有多个，线束与线束、分支与线束、分支与电器之间都通过插接器进行连接，表示出插接器上有几根导线，每根导线位于插接器接线孔的具体位置以及插接器的具体形状。

2. 线束图的识读要领

线束图是汽车制造厂把汽车上的实际线路排列好后，将有关导线汇合在一起扎成线束以后画成的树枝图。线束图的特点是：在图面上着重标明各导线的序号和连接的电器名称及接线柱的名称、各插接器插头和插座的序号。安装操作人员只要将导线或插接器按图上标明的序号，连接到相应的电器接线柱或插接器上，便可完成全车线路的装接。该图有利于安装与维修，线路简单，但不能说明线路的走向。

线束图的识读与线路图的识读基本一致，其识读要点是：

① 认清整车共有几组线束、各线束名称以及各线束在汽车上的实际安装位置。

② 认清每一线束上的分支通向车上哪个电器设备、每一分支有几根导线、它们的颜色与标号以及它们各连接到电器的哪个接线柱上。

③ 认清有哪些插接件，它们应该与哪个电器设备上的插接器相连接。

项目实施

一、项目要求

① 通过本项目的实施，应能够对各种车型的电路图进行拆画和分析。

② 本项目应具备汽车总电路图一张、万用表及常用电路检测工具、绘图工具等工具。

二、实施步骤

（一）全面分析总电路图

解放 CA1092 型汽车全车电路图如图 9.18 所示。

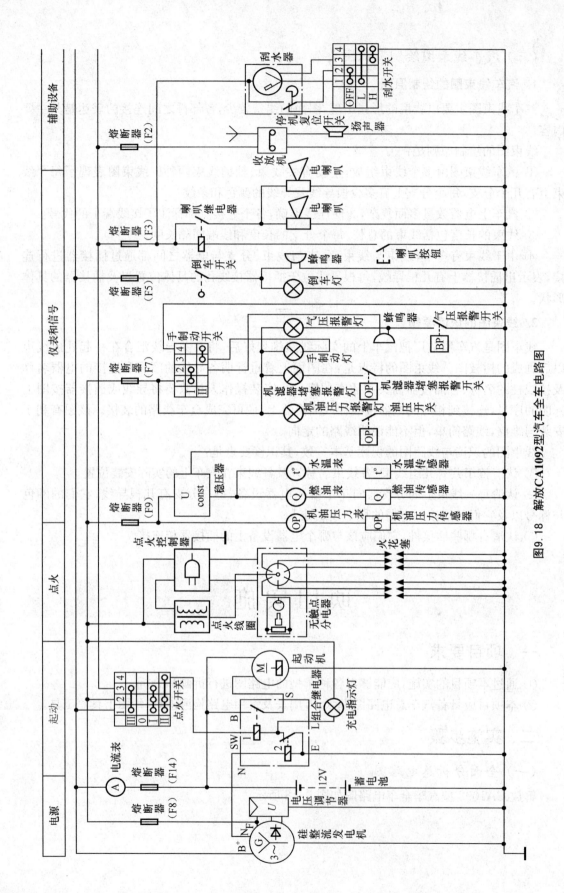

图9.18 解放CA1092型汽车全车电路图

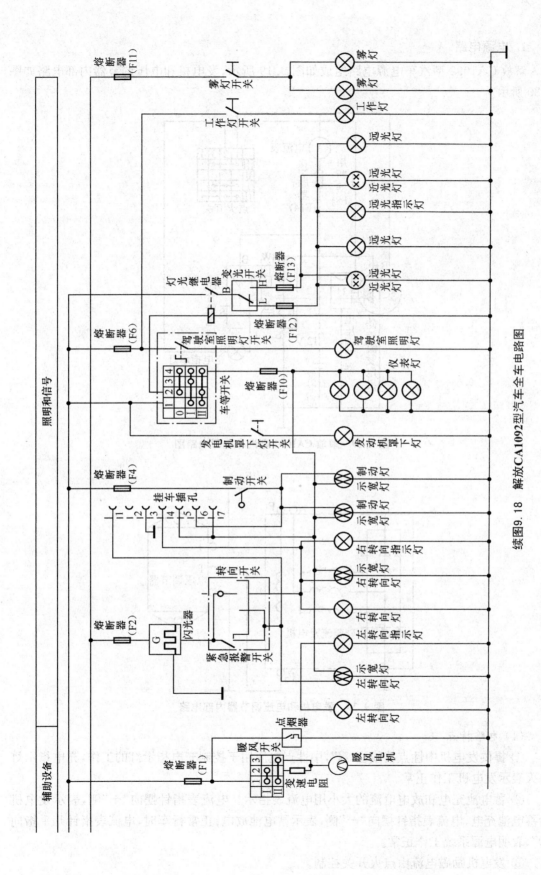

续图9.18 解放CA1092型汽车全车电路图

1. 电源电路

解放 CA1092 型汽车电源电路组成如图 9.19 所示，发电机和电压调节器内部电路如图 9.20 所示。

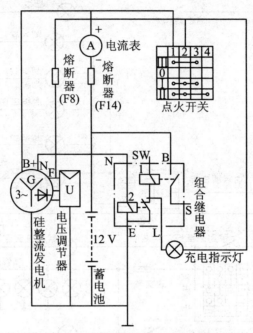

图 9.19　解放 CA1092 型汽车电源电路图

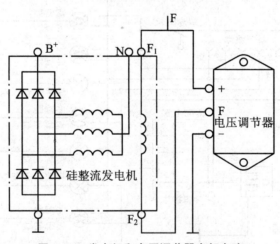

图 9.20　发电机和电压调节器内部电路

（1）电路特点

① 提供发电机中性点接线柱"N"，中性点电压用于控制充电指示灯的工作，充电指示灯熄灭表示发电机工作正常。

② 蓄电池充电和放电电流的大小用电流表指示。电流表指针摆向"＋"侧，表示发电机给蓄电池充电，电流表指针摆向"－"侧，表示蓄电池放电；正常行车时，电流表指针几乎指向"0"，表明电源系统工作正常。

③ 发电机励磁电流由点火开关控制。

④ 硅整流发电机为外搭铁型。

(2) 电源电路识图

发电机与蓄电池并联,发电机起动或低速运转时,发电机的电压低于蓄电池电动势,蓄电池是电源,发电机的励磁绕组由蓄电池提供励磁电流(他励)。其电路为:蓄电池正极→熔断器(F14)→电流表(一→+)→点火开关(1→2)→熔断器(F8)→发电机的"F1"接线柱→发电机励磁绕组→发电机的"F2"接线柱→电压调节器(F→一)→搭铁→蓄电池负极。此时蓄电池放电,充电指示灯点亮。其电路为:蓄电池正极→熔断器(F14)→电流表(一→+)→点火开关(1→2)→充电指示灯→组合继电器"L"接线柱→常闭触点→搭铁接线柱"E"→搭铁→蓄电池负极。

发动机起动后,随着发动机转速的升高,发电机转速也逐渐升高,当发电机输出电压大于蓄电池电动势时,发电机是电源,蓄电池是负载,发电机给蓄电池充电,并给磁场绕组提供励磁电流(自励)。充电电路为:发电机正极→电流表(+→一)→熔断器(F14)→蓄电池→搭铁→蓄电池负极。励磁电路为:发电机正极→点火开关(1→2)→熔断器(F8)→发电机"F1"接线柱→发电机励磁绕组→发电机"F2"接线柱→电压调节器(F→一)→搭铁→发电机负极。此时,发电机的中性点电压作用在组合继电器线圈(2)上,常闭触点打开,充电指示灯熄灭。充电指示灯控制电路为:发电机"N"接线柱→组合继电器"N"接线柱→线圈(2)→接线柱"E"→搭铁→发电机负极。

2. 起动电路

解放 CA1092 型汽车起动系统电路如图 9.21 所示,起动机内部电路如图 9.22 所示。

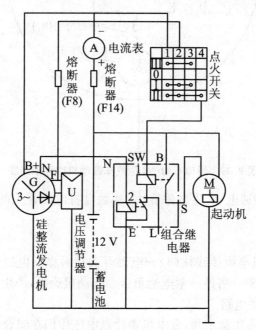

图 9.21 解放 CA1092 型汽车起动系统电路图

(1) 起动系统电路特点

① 起动机的电磁开关由组合继电器中的起动继电器控制。
② 起动继电器由点火开关的 Ⅱ 挡控制。
③ 起动电路具有防止误起动的功能。

(2) 起动系统电路识图

① 起动机控制电路

起动时,点火开关打到Ⅱ,接通起动继电器电路,其电路为:蓄电池正极→熔断器(F14)→电流表(-→+)→点火开关(1→4)→组合继电器"SW"接线柱→起动线圈(1)→常闭触点→组合继电器"E"接线柱→搭铁→蓄电池负极。起动继电器动作,常开触点闭合,接通起动机电磁开关电路,其电路为:蓄电池正极→组合继电器"B"接线柱→常开触点(已闭合)→组合继电器"S"接线柱→起动机电磁开关"D"接线柱

→ { 吸引线圈(2)→励磁绕组(R_L)→电枢绕组(R_S)→搭铁→蓄电池负极。
    保持线圈(1)→搭铁→蓄电池负极。

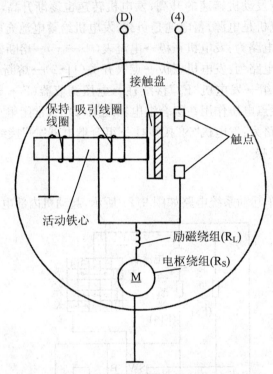

图 9.22 解放 CA1092 型汽车起动机内部电路图

吸引线圈和保持线圈通电,产生电磁吸力,接触盘将电磁开关的两主接线柱连接,接通主电路。

② 起动机主电路

蓄电池正极→起动机电源接线柱(4)→电磁开关接触盘→电磁开关触点→起动机励磁绕组(R_L)→电枢绕组(R_S)→搭铁→蓄电池负极。起动机通电,产生电磁转矩,起动发动机。

③ 起动机防止误起动电路

发动机起动后,发电机正常工作,发电机中性点电压作用在组合继电器保护线圈(2)上,使常闭触点断开,切断起动机控制电路,即使发动机起动后没有及时断开起动开关,起动机也会自动停止工作,发动机工作时,即使误接通起动开关,起动机也无法工作,起到保护作用。其保护电路为:发电机中性点"N"接线柱→组合继电器"N"接线柱→线圈(2)→组合继电器"E"接线柱→搭铁→发电机负极。

3. 点火电路

解放 CA1092 型汽车采用无触点点火系统，电路组成如图 9.23 所示。

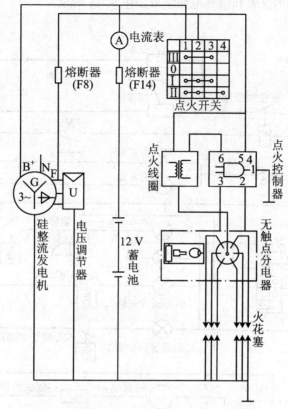

图 9.23　解放 CA1092 型汽车点火系统电路图

(1) 点火系统电路特点

① 点火电路由低压电路和高压电路组成。

② 低压电路由点火开关Ⅰ挡或Ⅱ挡控制，利用电磁脉冲信号控制低压电路的接通和断开。

(2) 点火系统电路识图

解放 CA1092 型汽车采用全密封结构的 6TS2107 型电子点火控制器，点火控制器有 6 个接线柱，"1"搭铁，"2"和"3"接收磁脉冲传感器的信号，"4"空位，"5"接电源正极，"6"接点火线圈。

当传感器的点火信号电压下降到某一值时，输出管导通，接通低压电路，点火线圈储存磁场能，其电路为：蓄电池正极→熔断器(F14)→电流表(－→＋)→点火开关(1→2)→低压线圈→点火控制器(6→1)→搭铁→蓄电池负极。当传感器点火信号电压上升到某值时，输出管截止，切断点火线圈的低压电路，在高压线圈中感应出高压电，高压电通过火花塞放电，点燃混合气。

当发动机起动后，发电机正常工作，其电路为：发电机(B^+)→点火开关(1→2)→低压线圈→点火控制器(6→1)→搭铁→发电机负极。当传感器点火信号电压上升到某值时，输出管截止，切断点火线圈的低压电路，在高压线圈中感应出高压电，高压电通过火花塞放电，点燃混合气。

4. 仪表和信号电路

解放 CA1092 型汽车仪表和信号电路组成如图 9.24 所示。

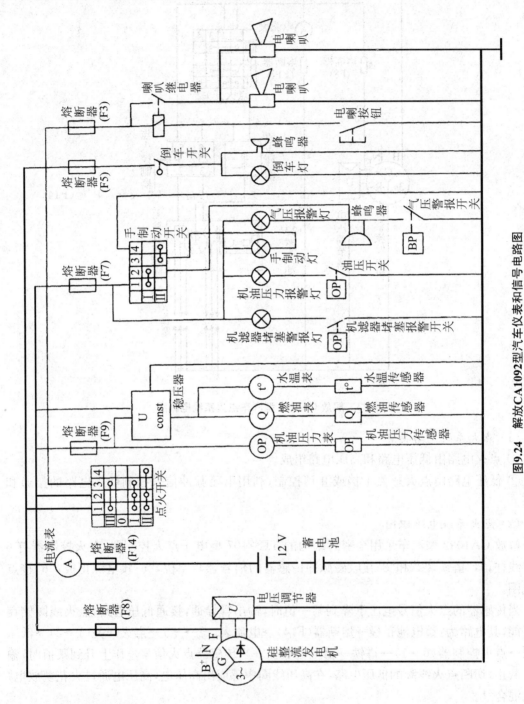

图9.24 解放CA1092型汽车仪表和信号电路图

(1) 仪表和信号电路特点

① 点火开关的Ⅰ或Ⅱ挡控制仪表系统的电路。

② 燃油表和水温表通过仪表稳压器供电,仪表稳压器保证燃油表和水温表的电源电压

恒定。

③ 仪表稳压器必须可靠搭铁。

④ 警报电路均有两个开关控制,即点火开关和各自的控制开关。

⑤ 所有的警报信号灯都集中设在仪表板总成上。

⑥ 驻车制动开关安装在停车制动操纵杆支架上,由驻车制动操纵杆控制,当驻车制动操纵杆处于制动位置时,驻车制动灯点亮。

⑦ 放松驻车制动操纵杆时,若储气筒压缩空气压力过低,蜂鸣器电路被接通,蜂鸣器鸣叫,提示驾驶员制动气压过低。

⑧ 倒车灯由倒车灯开关控制,电源直接供电。

⑨ 喇叭由点火开关Ⅰ或Ⅲ挡控制。

(2) 仪表和信号电路识图

① 仪表电路

点火开关闭合,接通仪表电路,各仪表工作。其电路为:蓄电池正极→熔断器(F14)→电流表→点火开关(1→2)→熔断器(F9)→{机油压力表→机油压力传感器; 稳压器→{水温表→水温传感器; 燃油表→燃油传感器}}→搭铁→蓄电池负极。

当发动机起动后,发电机正常工作,其电路为:发电机(B^+)→点火开关(1→2)→熔断器(F9)→{机油压力表→机油压力传感器; 稳压器→{水温表→水温传感器; 燃油表→燃油传感器}}→搭铁→发电机负极。

② 信号电路

a. 机油压力报警灯电路。

点火开关闭合,油压报警开关闭合,油压报警灯点亮。其电路为:蓄电池正极→熔断器(F14)→电流表→点火开关(1→2)→熔断器(F7)→机油压力报警灯→油压开关→搭铁→蓄电池负极。

当发动机起动后,发电机正常工作,机油压力低于规定值时,油压报警灯点亮。其电路为:发电机(B^+)→熔断器(F14)→电流表→点火开关(1→2)→熔断器(F7)→机油压力报警灯→油压开关→搭铁→发电机负极。

b. 机油滤清器堵塞报警灯电路。

点火开关闭合,若机油滤清器堵塞,报警开关闭合,机油滤清器堵塞报警灯点亮。其电路为:蓄电池正极→熔断器(F14)→电流表→点火开关(1→2)→熔断器(F7)→机油滤清器堵塞报警灯→机油滤清器堵塞报警开关→搭铁→蓄电池负极。

当发动机起动后,发电机正常工作,若机油滤清器堵塞,报警开关闭合,机油滤清器堵塞报警灯点亮。其电路为:发电机(B^+)→点火开关(1→2)→熔断器(F7)→机油滤清器堵塞报警灯→机油滤清器堵塞报警开关→搭铁→发电机负极。

c. 气压报警灯电路。

气压报警开关闭合时,气压报警灯点亮。其电路为:蓄电池正极→熔断器(F14)→电流表→点火开关(1→2)→熔断器(F7)→气压报警灯→气压报警开关→搭铁→蓄电池负极。同时低气压蜂鸣器发出报警声。其电路为:蓄电池正极→熔断器(F14)→电流表→点火开关(1→2)→熔断器(F7)→驻车制动开关(1→2)→蜂鸣器→低气压报警开关→搭铁→蓄电池负极。

当发动机起动后,发电机正常工作,气压报警开关闭合时,气压报警灯点亮。其电路为:发电机(B$^+$)→点火开关(1→2)→熔断器(F7)→气压报警灯→气压报警开关→搭铁→发电机负极。同时低气压蜂鸣器发出报警声。其电路为:发电机(B$^+$)→点火开关(1→2)→熔断器(F7)→驻车制动开关(1→2)→蜂鸣器→低气压报警开关→搭铁→发电机负极。

d. 驻车制动警报灯电路。

驻车制动开关闭合,驻车制动报警灯点亮。其电路为:蓄电池正极→熔断器(F14)→电流表→点火开关(1→2)→熔断器(F7)→驻车制动报警灯→驻车制动开关(3→4)→搭铁→蓄电池负极。此时,若断开点火开关,驻车制动报警灯熄灭。

e. 倒车灯电路。

倒车灯开关闭合,接通倒车灯及倒车蜂鸣器电路。倒车灯电路为:蓄电池正极→熔断器(F14)→电流表→熔断器(F5)→倒车灯开关→倒车灯→搭铁→蓄电池负极。倒车蜂鸣器电路为:蓄电池正极→熔断器(F14)→电流表→熔断器(F5)→倒车灯开关→倒车蜂鸣器→搭铁→蓄电池负极。

f. 电喇叭电路。

按下电喇叭按钮,喇叭继电器线圈通电,喇叭继电器触点闭合,接通喇叭电路,喇叭工作。继电器控制电路为:蓄电池正极→熔断器(F14)→电流表→点火开关(1→3)→熔断器(F3)→喇叭继电器线圈→喇叭按钮→搭铁→蓄电池负极。喇叭电路为:蓄电池正极→熔断器(F14)→电流表→点火开关(1→3)→熔断器(F3)→喇叭继电器触点(闭合)→电喇叭→搭铁→蓄电池负极。

5. 辅助电器电路

解放 CA1092 型汽车辅助电器电路如图 9.25 所示。

(1) 辅助电器电路特点

① 收放机和刮水器电路由点火开关控制。

② 暖风和点烟器由各自开关控制。

(2) 辅助电器电路识图

① 收放机电路

点火开关处于Ⅰ挡或Ⅲ挡时,收放机自身开关控制收放机工作。电路为:蓄电池正极→熔断器(F14)→电流表→点火开关(1→3)→熔断器(F15)→收放机→搭铁→蓄电池负极。

② 刮水器电路

刮水电机为永磁式双速电机,通过改变绕组的匝数实现变速。当点火开关处于Ⅰ挡或Ⅲ挡,刮水器开关拨至"L"位时,刮水电机低速运转,其电路为:蓄电池正极→熔断器(F14)→电流表→点火开关(1→3)→熔断器(F3)→刮水电动机→刮水开关(1→4)→搭铁→蓄电池负极。刮水器开关拨至"H"位时,刮水电机高速运转,其电路为:蓄电池正极→熔断器(F14)→电流表→点火开关(1→3)→熔断器(F3)→刮水电动机→刮水开关(3→4)→搭铁→蓄电池负极。当刮水器开关拨回OFF挡时,若雨刮片未复位,刮水电机内的停机复位开关处于闭合状态,此时,刮水电机仍然工作,刮水器继续低速运转,当刮水器雨刮片复位时,刮水电机内的停机复位开关自动断开,此时,电动机控制电路被切断,电动机停止转动。其控制电路为:蓄电池正极→熔断器(F14)→电流表→点火开关(1→3)→熔断器(F3)→刮水电动机→

刮水开关(1→2)→停机复位开关→搭铁→蓄电池负极。

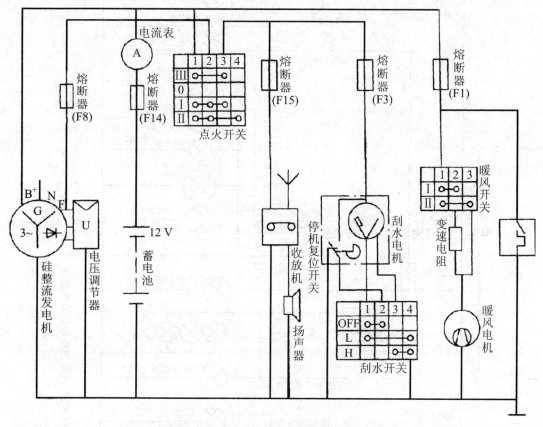

图 9.25 解放 CA1092 型汽车辅助电路图

③ 暖风机电路

暖风电动机为永磁式电机,暖风电机开关和变速电阻配合实现变速。暖风开关拨至Ⅰ挡时,暖风电机低速运转,其电路为:蓄电池正极→熔断器(F14)→电流表熔断器(F1)→暖风开关(1→2)→变速电阻→暖风电机→搭铁→蓄电池负极。暖风开关拨至Ⅱ挡时,由于变速电阻被短路,暖风电机高速运转,其电路为:蓄电池正极→熔断器(F14)→电流表→熔断器(F1)→暖风开关(1→3)→暖风电机→搭铁→蓄电池负极。

④ 点烟器电路

按下点烟器控制按钮,点烟器电路接通,电热丝达到一定温度后,点烟器自动弹出,其电路为:蓄电池正极→熔断器(F14)→电流表→熔断器(F1)→点烟器→搭铁→蓄电池负极。

6. 照明和信号电路

解放 CA1092 型汽车照明和信号电路如图 9.26 所示。

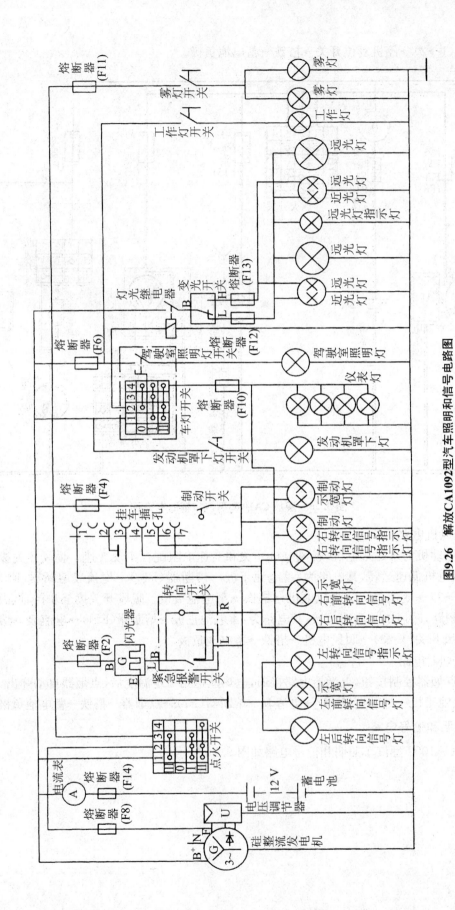

图9.26 解放CA1092型汽车照明和信号电路图

(1) 照明和信号电路特点

① 转向信号灯电路由点火开关控制。

② 制动灯由制动灯开关直接控制。

③ 蓄电池给照明和信号系统提供的电流都经过电流表。

④ 闪光器必须可靠搭铁。

⑤ 前照灯、仪表灯、示宽灯均不受点火开关控制。

⑥ 前照灯由车灯开关通过灯光继电器控制,远、近光变光通过变光开关控制。

(2) 照明和信号电路的识读

① 转向信号灯电路

点火开关位于Ⅰ挡或Ⅲ挡,当汽车左转弯时,转向信号灯开关拨至"L"位,左侧转向信号灯和转向信号指示灯电路接通,其电路为:蓄电池正极→熔断器(F14)→电流表→点火开关(1→3)→熔断器(F2)→闪光继电器(B→L)→转向信号灯开关(B→L)→左前转向信号灯、左后转向信号灯、左转向信号指示灯→搭铁→蓄电池负极。当汽车右转弯时,转向信号灯开关拨至"R"位,右侧转向信号灯和转向信号指示灯电路接通,其电路为:蓄电池正极→熔断器(F14)→电流表→点火开关(1→3)→熔断器(F2)→闪光继电器(B→L)→转向信号灯开关(B→R)→右前转向信号灯、右后转向信号灯、右转向信号指示灯→搭铁→蓄电池负极。

② 危急信号报警灯电路

危急报警开关接通时,所有的转向信号灯和转向信号指示灯同时闪烁,发出危急报警信号,其电路为:蓄电池正极→熔断器(F14)→电流表→点火开关(1→3)→熔断器(F2)→闪光继电器(B→L)→危急报警开关→所有的转向信号灯、转向信号指示灯→搭铁→蓄电池负极。

③ 制动灯电路

制动开关闭合后,接通制动灯电路,制动灯点亮发出制动提示信号,其电路为:蓄电池正极→熔断器(F14)→电流表→熔断器(F4)→制动开关→制动灯→搭铁→蓄电池负极。

④ 仪表灯和示宽灯电路

车灯开关拨至Ⅰ挡或Ⅱ挡时,仪表灯和示宽灯电路都接通,仪表灯和示宽灯点亮,其电路为:蓄电池正极→熔断器(F14)→电流表→车灯开关(1→4)→熔断器(F10)→仪表灯、示宽灯→搭铁→蓄电池负极。

⑤ 工作灯电路

工作灯由蓄电池直接供电,工作灯开关闭合,工作灯点亮,其电路为:蓄电池正极→熔断器(F14)→电流表→熔断器(F6)→工作灯开关→工作灯→搭铁→蓄电池负极。

⑥ 发动机罩下灯电路

发动机罩下灯由蓄电池直接供电,发动机罩下灯开关闭合,发动机罩下灯点亮,其电路为:蓄电池正极→熔断器(F14)→电流表→发动机罩下灯开关→发动机罩下灯→搭铁→蓄电池负极。

⑦ 雾灯电路

点火开关位于Ⅰ挡或Ⅲ挡时,雾灯开关闭合,接通雾灯电路,雾灯点亮,其电路为:蓄电池正极→熔断器(F14)→电流表→点火开关(1→3)→熔断器(F11)→雾灯开关→雾灯→搭铁→蓄电池负极。

⑧ 前照灯电路

车灯开关拨至Ⅱ挡时,灯光继电器线圈通电,灯光继电器触点闭合,接通前照灯电路,控制电路为:蓄电池正极→熔断器(F14)→电流表→车灯开关(1→2)→灯光继电器线圈→搭铁→蓄电池负极。此时,若变光开关近光挡位接通,前照灯近光灯点亮,其电路为:蓄电池正极→熔断器(F14)→电流表→灯光继电器触点(已闭合)→变光开关(B→L)→熔断器(F12)→近光灯(2个)→搭铁→蓄电池负极。若变光开关远光挡位接通,前照灯远光灯和远光指示灯均点亮,其电路为:蓄电池正极→熔断器(F14)→电流表→灯光继电器触点(已闭合)→变光开关(B→H)→熔断器(F13)→远光灯(4个)、远光指示灯→搭铁→蓄电池负极。

拓展知识

一、典型车系电路分析

(一)大众车系电路分析

大众汽车公司的电路图遵循德国工业标准 DIN725572,其电路原理图采用"纵向排列式"画法,给读图提供了方便。

1. 大众汽车电路图中的符号及含义

大众汽车电路图中的符号及含义如表 9.6 所示。

表9.6 大众汽车电路图中的符号及含义

序号	图形或文字符号	说明	序号	图形或文字符号	说明
1	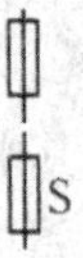	熔断器	2	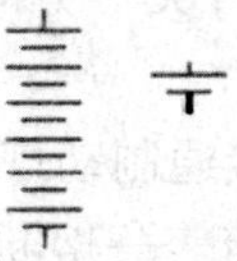	蓄电池
3	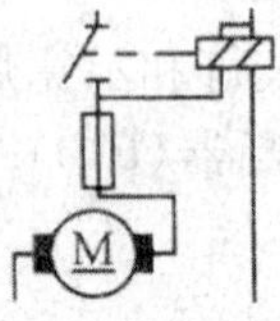	起动机	4	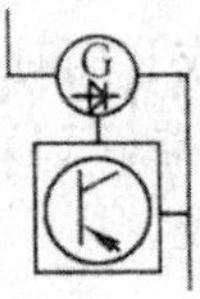	发电机
5		点火线圈	6	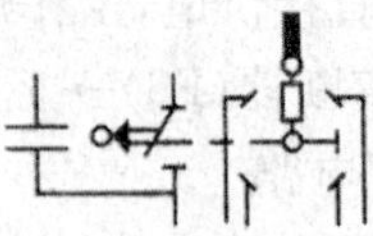	分电器(机械式)
7	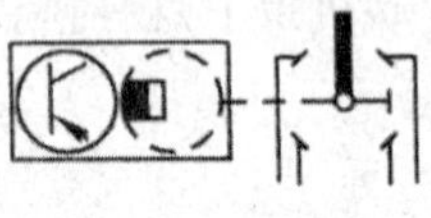	分电器(电子式)	8		火花塞
9	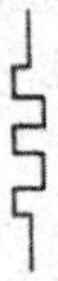	加热器加热电阻	10	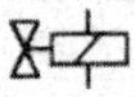	电磁阀

续表

序号	图形或文字符号	说明	序号	图形或文字符号	说明
11		电动机	12	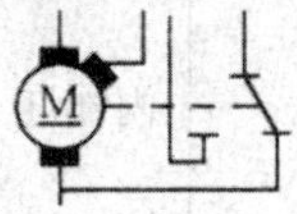	双速刮水器电机
13	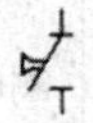	手动开关	14	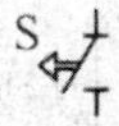	热敏开关
15	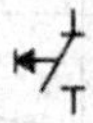	手动按钮开关	16	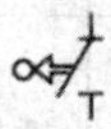	机械控制开关
17	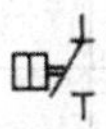	压力开关	18	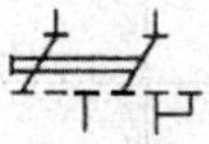	手动多挡开关
19		可变电阻	20		热敏电阻
21	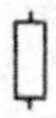	电阻	22	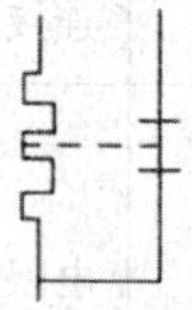	热敏时控阀
23	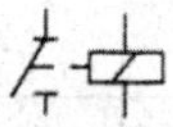	继电器	24	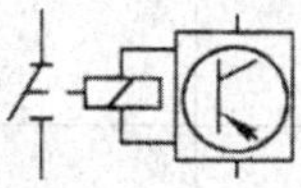	继电器（电子控制式）
25	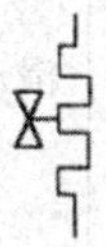	暖风调节器附加空气阀	26		二极管
27		稳压管	28		发光二极管
29		指针式仪表	30		电子式控制器
31		指针式时钟	32	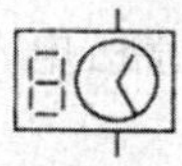	数字式时钟
33		多功能显示器	34	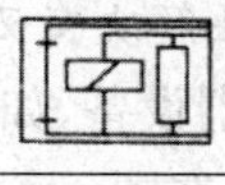	蜂鸣器
35	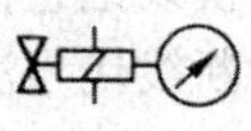	燃油指示器	36	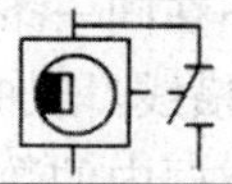	速度传感器
37		白炽灯	38		双灯丝白炽灯

续表

序号	图形或文字符号	说明	序号	图形或文字符号	说明
39		内饰灯	40		点烟器
41	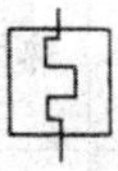	后风窗加热装置	42	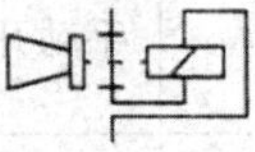	喇叭
43		插接	44		多孔插接
45	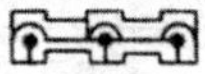	线路分配器	46		可拆式线路连接
47		不可拆式线路连接	48		在元件内部的连接
49	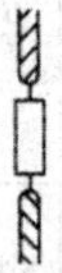	电阻导线	50	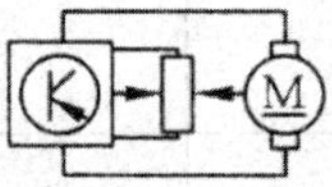	灯光调节电机
51	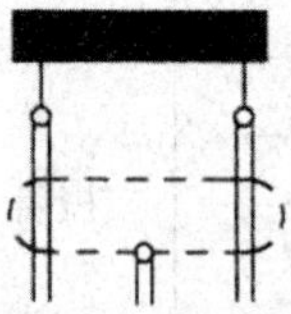	上止点传感器（感应式传感器）	52		滑动触点

2. 大众汽车电路图特点

(1) 电路采用纵向排列，垂直布置

电源线为上"＋"下"－"，从左到右同一系统的电路归纳到一起，按电源电路、起动电路、点火电路、进气预热电路、仪表电路、灯光照明电路、信号与报警装置电路、刮水和洗涤装置电路、电动后视镜电路、电动车窗电路、中控门锁电路、空调电路、喇叭电路的顺序排列。

(2) 采用断线代号法解决交叉问题

一些比较复杂的电器设备，如前照灯，工作时涉及点火开关、灯光开关和变光开关等配电设备，而这三个开关不在同一条直线上，若按传统画法，则要画一些横线把它们连接起来，会使图面上出现较多的横线，增加了读图的难度。在电路图中，采用"断线代号法"解决这个问题，即用导线连接端方框内的数字表明电路中与其连接导线的电路编号，如"98"表示与电路编号 98 处的导线连接。

(3) 全车电路图分为三部分

最上面部分表示中央继电器盒电路，其中标明了熔断器的位置、容量和继电器位置编号及插脚号等，中间部分是车上的电器元件及连接导线，最下面的横线是搭铁线。

(4) 全车电器系统电源正极分为三路(30、15、X)

整车电气系统正极电源分为三路。30号线与蓄电池正极直接相连，称为常火线。在发动机停转时，需要工作的用电设备与30号线连接。15号线在点火开关位于"ON"和"ST"位置时与蓄电池正极连接，称为点火开关控制火线，主要为点火开关控制的小功率用电设备供电。X线为卸荷线，在点火开关位于"ON"位置时，通过中间继电器控制，点火开关置于"ST"位置时，中间继电器不工作，大功率用电设备(如雾灯、雨刮等)与X线连接，起动发动机时，如果忘记关掉这些大功率的用电设备，它们会自动断电，以保证发动机顺利起动。

(5) 整个电路以继电器盒为中心

汽车电器线路以中央线路板为中心进行控制，大部分熔断器和继电器安装在中央线路板的正面，插接器和插座安装在线路板的背面，英文字母为插座的位置代号，阿拉伯数字为线束插头的端子代号，读图时根据电路图上导线与中央线路板下框线交点处的代号就能找到该导线在哪个线束中，接在第几个插孔上。

3. 大众车系电路分析范例

大众汽车电路图识别方法如图9.27所示。

1——三角箭头，表示下接下一页电路图。

2——保险丝代号，S5表示该保险丝位于保险丝座第5号位，10安培。

3——导线在中央线路板上的插头连接代号，表示多针或单针插头连接和导线的位置，例如，D13表示该导线在中央线路板上D插座13号位置的接线端子上。

4——接线端子代号，例如，T 80/3表示电器元件上插接器的接线端子数为80个，3为接线端子的位置代码。

5——电器元件代号，在电路图下方或侧面可查到该元件名称，如N33是第四缸喷嘴。

6——电器元件符号，参见电路图符号说明。

7——内部连接(细实线)，该连接不是导线，而是表示元件内部电路或线束的铰接点。

8——指示内部接线的去向，字母表示内部接线在下一页电路图中与标有相同字母的内部接线连接。

9——搭铁点代号，在电路图下方可查到该代号接地点在汽车上的位置。

10——电路接续号，用此标志对电路图中的线路进行定位。

11——线束内的铰接点代号，在电路图下方可查到该铰接点位于哪个线束内。

12——插接器，插接器T 8a/6表示8针a插接器上的第6针接线端子。

13——附加保险丝代号，"S123"表示中央电器附加继电器板上第23号位保险丝，10安培。

14——导线的颜色和截面积，"棕/红"表示导线主色是棕色，辅色是红色，"2.5"表示导线截面积为 2.5 mm^2。

15——三角箭头指示该电器元件续接上一页电路图。

16——指示导线的去向，方框内的数字"61"表明该导线与电路代码61的导线是同一条导线(电路代码"61"处导线方框内的数字是本线路的电路代码"66")。

17——继电器位置编号，"2"表示该继电器位于配电盒上2号位。

18——继电器或控制器与继电器板的接线端子代号，"2/30"表示继电器板上该继电器插座的 2 号插孔,"30"表示继电器上的 30 号接线端子。

19——线路代码,"30"表示常火线,"15"为点火开关接通时的小容量火线,"X"表示点火开关接通时,通过卸荷继电器供电的大容量火线,"31"表示搭铁线,"C"为中央配电盒的内部接线。

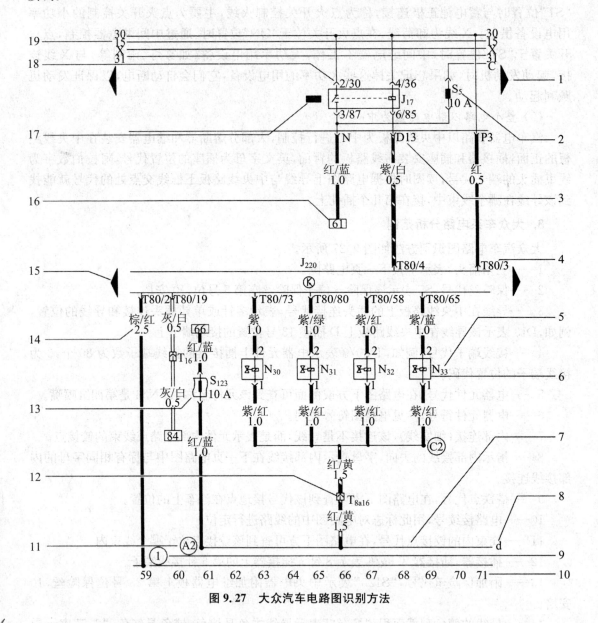

图 9.27　大众汽车电路图识别方法

4. 大众车系电路识图实例

捷达轿车散热器风扇控制电路如图 9.28 所示。

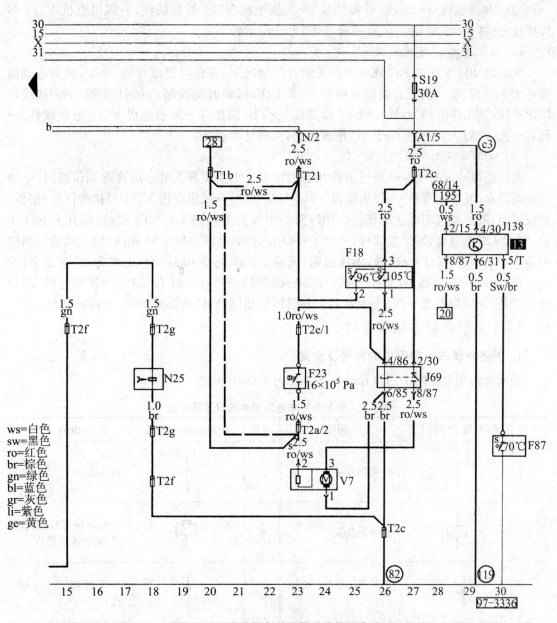

图 9.29 捷达轿车散热器风扇控制电路

F18. 散热器风扇热敏开关；F23. 高压开关；J69. 风扇二挡继电器；J138. 风扇起动控制单元；N25. 空调电磁离合器；T1b. 单孔插接件；T2c. 2 孔插接器（发动机舱前）；T2e. 2 孔插接器（发动机舱前）；T2f. 2 孔插接器（发动机舱前）；T2g. 2 孔插接器（发动机舱前）；T2i. 2 孔插接器（发动机舱前）；V7. 散热器风扇；F87. 风扇起动温度开关；⑫. 接地点，左前线束内

(1) 冷却水温度控制

当散热器中冷却液温度达到 92~97 ℃时，双温开关 F18 接通一挡（96 ℃开关闭合），其电路为：继电器盒（30 常火线）→19 号位熔断器（30 A）→继电器盒 A1/5→F18（3 号接线柱）→F18（2 号接线柱）→风扇电机 V7（2 号接线柱）→风扇电机 V7（1 号接线柱）→搭铁，形成回路，风扇低速（1600 r/min）运转。当温度超过 97 ℃时，双温开关 F18 接通二挡（105 ℃开关闭合），风扇二挡继电器 J69 工作，其电路为：继电器盒（30 常火线）→19 号位熔断器（30A）

→J69(2/30 接线柱)→J69(8/87 接线柱)→风扇电机 V7(3 号接线柱)→风扇电机 V7(1 号接线柱)→搭铁,形成回路,风扇高速(2400 r/min)运转。

(2) 发动机舱温度的控制

风扇起动温度开关 F87 在点火开关断开的情况下,若机舱温度达到 70 ℃,风扇起动温度开关 F87 将闭合,风扇起动控制单元 J138 工作,风扇起动控制单元 J138 的 8/87 接线柱输出电压,其工作电路为:J138(8/87 接线柱)→T1b 插接件→风扇电机 V7(2 号接线柱)→风扇电机 V7(1 号接线柱)→搭铁,形成回路,风扇低速运转。

(3) 空调系统工作状态控制

散热器风扇同时受空调系统工作状态的控制。当空调开关处于制冷除霜位置时,电流从继电器盒(N/2 接线柱)→风扇电机 V7(2 号接线柱)→风扇电机 V7(1 号接线柱)→搭铁,形成回路,散热器风扇低速运转。当制冷管路中压力上升到 1.6 MPa 时,高压开关 F23 闭合,电流从继电器盒(N/2 接线柱)→F23→风扇二挡继电器 J69(4/86 接线柱)→风扇二挡继电器 J69(6/85 接线柱)→搭铁,形成回路,风扇二挡继电器 J69 吸合,电路为:继电器盒(30 常火线)→19 号位熔断器(30A)→J69(2/30 接线柱)→J69(8/87 接线柱)→风扇电机 V7(3 号接线柱)→风扇电机 V7(1 号接线柱)→搭铁,形成回路,风扇高速(2400 r/min)运转。

(二) 爱丽舍轿车电路分析

1. 爱丽舍轿车电路图中的符号及含义

爱丽舍轿车电路图中的符号及含义如表 9.7 所示。

表 9.7 爱丽舍轿车电路图中的符号及含义

序号	图形或文字符号	说明	序号	图形或文字符号	说明
1		线头焊片接点	2	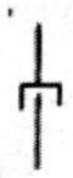	插头接点
3	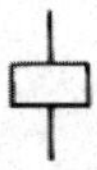	插接器接点	4		带有分辨记号(防误槽)的插接器接点
5		不可拆接点(铰接点)	6		不可拆接点(铰接点)
7		经线头焊片搭铁	8		经插接器搭铁
9		经零件外壳搭铁	10		开关(无自动回位)
11		手动开关	12		转换开关

续表

序号	图形或文字符号	说明	序号	图形或文字符号	说明
13		常开触点（自动回位）	14		常开触点（自动回位）
15	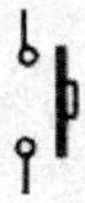	手动开关	16	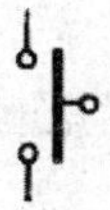	机械开关
17		压力开关	18	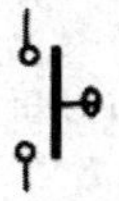	温度开关
19	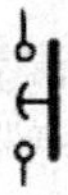	延时断开触点	20	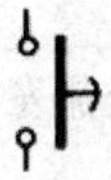	钥匙闭合触点
21		摩擦式触点	22	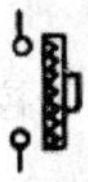	带电阻手动开关（点烟器）
23		电阻	24		可变电阻
25		手动可变电阻	26		机械可变电阻
27		热敏电阻	28		压力可变电阻
29		可变电阻	30		分流器
31		线圈（继电器、电动阀……）	32		指示灯
33		照明灯	34		双灯丝照明灯
35		发光二极管	36		光电二极管
37		二极管	38		熔断器

项目九　拆画分析汽车系统电路图

303

续表

序号	图形或文字符号	说明	序号	图形或文字符号	说明
39		热熔断器	40		屏蔽装置
41		蓄电池单格	42		电容器
43		电动机	44		双速电动机
45		交流发电机	46		发声元件（电喇叭、扬声器……）
47		电子控制组件	48		继电器组件
49		零件框图（带有原理图）	50		零件框图（无原理图）
51		零件部分框图	52		零件部分框图
53		指示器	54		热电器
55		电极	56		氧气探测器
57		接线柱	58		NPN 三极管
59		PNP 三极管	60		联动线（轴）
61	( )	备用头			

2. 爱丽舍轿车电路导线颜色代码

爱丽舍轿车电路导线颜色代码如表 9.8 所示。

表9.8　爱丽舍轿车电路导线颜色代码

颜色代码	颜　色	颜色代码	颜　色
N	黑色	M	栗色
R	大红(瓦伦加红)	Ro	玫瑰红(粉红)
Or	橙色	J	柠檬黄
V	翠绿	Bl	湖蓝
Mv	深蓝	Vi	紫罗兰
G	灰色	B	白色
Lc	透明		

3. 爱丽舍轿车电路线束代码

爱丽舍轿车电路线束代码如表9.9所示。

表9.9　爱丽舍轿车电路线束代码

代号	线束名称	代号	线束名称
AV	前部	CN	蓄电池负极电缆
CP	蓄电池正极电缆	EF	行李箱照明灯
FR	尾灯	GC	空调
HB	驾驶室	MT	发动机(和发动机电控喷油泵)
MV	电动风扇	PB	仪表板
PC	驾驶员侧门	PD	右后门
PG	左后门	PL	顶灯
PP	乘员侧门	RD	右后部
RG	左后部		
RL	侧转向灯		
UD	右制动蹄片磨损指示器		
UG	左制动蹄片磨损指示器		

4. 爱丽舍轿车插接器

插接器分为如下三种类型：

(1) 单列插接器

单列插接器的构造特点为插接器的接线板仅有一层,如插接器 $\boxed{8B2}$ 中,8表示该插接器有8个通道,B表示该插接器的颜色为白色,2表示该插接器上的第2号通道。

(2) 多列插接器

如插接器 $\boxed{\begin{array}{c}15M\\A6\end{array}}$,15表示该插接器共有15个通道,M表示该插接器为栗色,A表示该插接器的A列,6表示A列的第6号通道。

（3）圆形插接器

如插接器 $\boxed{\frac{23M}{11}}$。圆形插接器的列数与通道数都较多，其识别方法与单列插接器相同。

5. 爱丽舍轿车电路图的识别方法

爱丽舍轿车电路图的识别方法如图9.29所示。

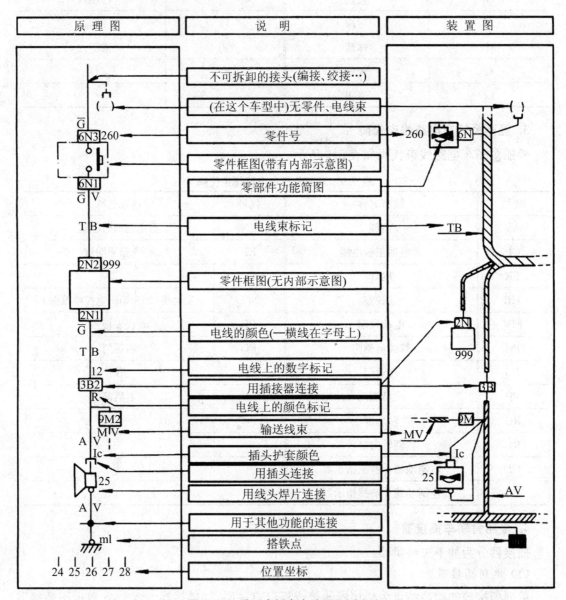

图9.29 爱丽舍轿车电路图识别方法

6. 爱丽舍轿车识图实例

爱丽舍轿车充电系、起动系电路原理图和布线图分别如图9.30和图9.31所示。

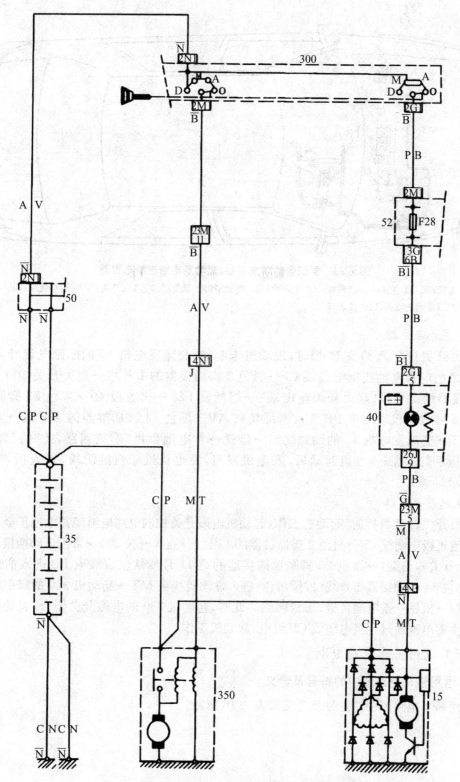

图 9.30 爱丽舍轿车充电系、起动系电路原理图

15. 发电机；35. 蓄电池；40. 仪表板；50. 电源盒；52. 驾驶室熔断器盒；300. 点火开关；AV. 前部线束；CP. 正极电缆；MT. 发动机线束；PB. 仪表板

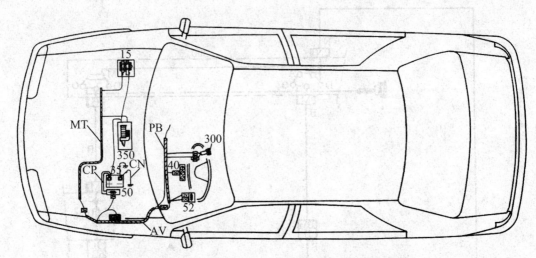

图 9.31　爱丽舍轿车充电系、起动系电路电器布置图

15. 发电机；35. 蓄电池；40. 仪表板；50. 电源盒；52. 驾驶室熔断器盒；300. 点火开关；AV. 前部线束；CP. 正极电缆；MT. 发动机线束；PB. 仪表板

(1) 充电系电路

点火开关打至 A 挡或 M 挡时，发动机未起动，交流发电机 15 的励磁电流经蓄电池正极→黑色的蓄电池正极电缆线 CP→黑色 2 脚插接器的 1 号线→点火开关 300→灰色 2 脚插接器的 1 号线（点火开关输出端）→熔断器 F28→仪表板 40→栗色 23 脚圆插接器的第 5 号线从仪表线束 PB 进入前部线束 AV→黑色 14 脚插接器的 3 号线→发动机线束 MT→交流发电机 15 的励磁绕组→搭铁→蓄电池负极，形成回路，此时仪表板 40 中充电指示灯点亮；发动机起动后，发电机发电，发电机处于自励阶段，仪表板 40 中的充电指示灯熄灭。

(2) 起动系电路

点火开关打至 D 挡时，起动机工作，起动机电磁开关控制电路电流经蓄电池正极→黑色的蓄电池正极电缆线 CP→黑色 2 脚插接器的 1 号线→点火开关 300→栗色 2 脚插接器 1 号线（点火开关输出端）→栗色 23 脚圆形插接器的第 11 号线从仪表线束 PB 进入前部线束 AV→黑色 14 脚插接器 1 号线（柠檬黄色）进入发动机线束 MT→起动机 350 的吸引线圈和保持线圈→搭铁→蓄电池负极，形成回路。此时，起动机 350 的电磁开关闭合，起动机的直流电机由蓄电池通过正极电缆线 CP 供电，起动机工作。

(三) 通用轿车电路分析

1. 通用轿车电路图中的符号及含义

通用轿车电路图中的符号及含义如表 9.10 所示。

表 9.10　通用轿车电路图中的符号及含义

序号	图形符号	说明	序号	图形符号	说明
1		本图标为对静电放电敏感(ESD)图标。本图标用于提醒技术人员,该系统含有对静电放电敏感的部件,在维修前需要特别注意。防静电损坏措施如下: (1) 在维修任何电气零件之前触摸金属搭铁点,去除身上的静电。 (2) 勿触摸裸露的端子。 (3) 维修插接器时,勿将零件从其保护盒中取出。 (4) 避免采取以下行动(除非诊断步骤中有要求): ① 将零部件或插接器跨接或搭铁; ② 将测试设备探针与零部件或插接器相连接; (5) 打开零部件保护性包装之前将其搭铁	2		本图标为辅助充气式保护装置(SRS)安全气囊图标。本图标用于提醒技术人员,该系统含有辅助充气式保护装置(SIS)/辅助充气式保护系统(SRS)安全气囊部件,在维修时需要特别以下几点: (1) 在进行任何进一步检查之前要执行SIR 诊断系统的检查。 (2) 在进行维修工作前要使安全气囊失效。 (3) 在完成维修工作后应使安全气囊系统生效。 (4) 在把车辆交给用户前要执行 SIR 的诊断系统检查
3		本图标为车载诊断(OBDⅡ)图标。本图标用于提醒技术人员,该电路对 OBDⅡ排放控制电路的操作十分重要。任一电路如果出现故障将导致故障指示灯(MIL)亮,该电路就属于 OBDⅡ电路	4		本图标为重要注意事项图标。本图标用于提醒技术人员还有其他附加系统维修的信息
5	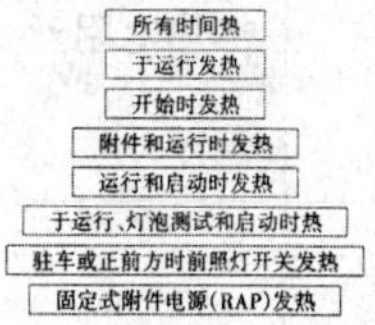 所有时间发热 于运行发热 开始时发热 附件和运行时发热 运行和启动时发热 于运行、灯泡测试和启动时发热 驻车或正前方时前照灯开关发热 固定式附件电源(RAP)发热	本图标表示电压指示器框。示意图上的这些框格用于指示何时熔断器上有电压	6		本图标表示局部部件。当部件采用虚框表示时,部件或导线均未完全表示
7	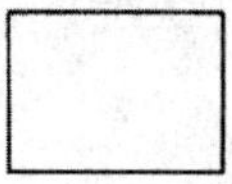	本图标表示完整部件。当部件采用实框表示时,部件或导线表示完整	8		熔断器

续表

序号	图形符号	说明	序号	图形符号	说明
9		断路器	10		易熔线
11	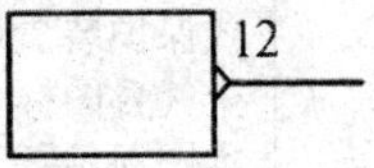	部件上连接的插接器	12	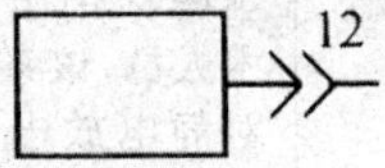	部件引出线上的插接器
13	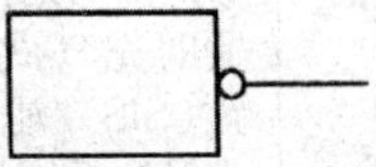	带螺栓或螺钉连接孔的端子	14	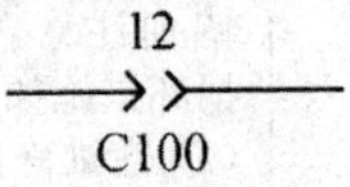	直列线束插接器
15	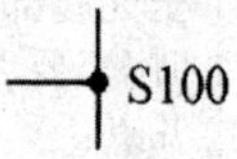 S100	接头	16	 P100	贯穿式密封圈
17	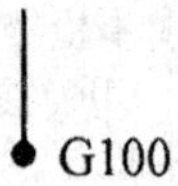 G100	搭铁	18		壳体搭铁
19	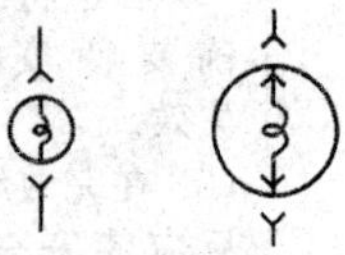	单丝灯泡	20	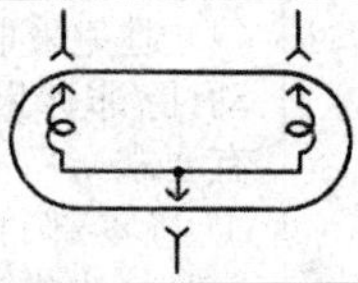	双丝灯泡
21		发光二极管	22		电阻
23		可变电阻	24	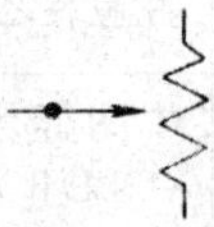	位置传感器
25	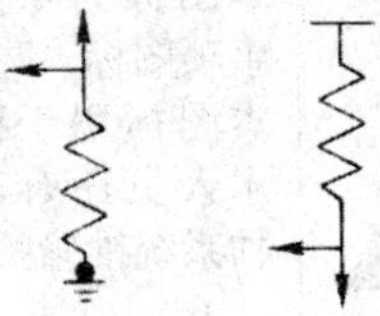	输入/输出电阻	26	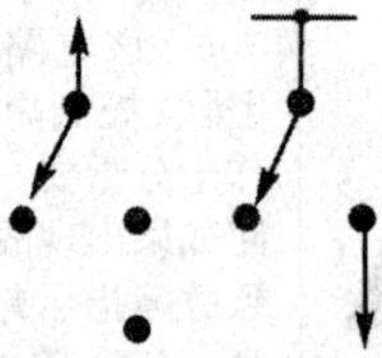	输入/输出开关
27		晶体	28	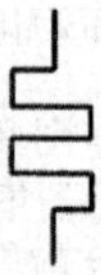	加热电阻丝
29	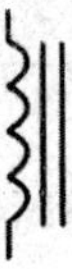	电磁阀	30	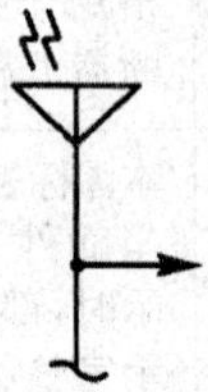	天线

续表

序号	图形符号	说明	序号	图形符号	说明
31		屏蔽	32		开关
33		单级单掷继电器	34		单级双掷继电器

2. 通用轿车车辆位置分区代码

通用轿车电路图上所有的接地、直接连接器、贯穿式密封圈和接头等都给定识别代码，并与其在车辆上的位置相对应，如图 9.32 所示。车辆位置分区情况如表 9.11 所示。

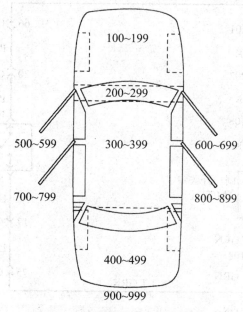

图 9.32 车辆位置分区代码示意图

表 9.11 车辆位置分区表

车辆位置分区代码	区位说明
100～199	发动机舱（全部在仪表板前部） 001～099 为发动机舱内附加号（仅在使用完所有 100～199 后使用）
200～299	位于仪表板区域内
300～399	乘员室（从仪表板到后车轮罩）
400～499	行李箱（从后车轮罩到车辆后部）
500～599	位于左前车门内

续表

车辆位置分区代码	区位说明
600~699	位于右前车门内
700~799	位于左后车门内
800~899	位于右后车门内
900~999	位于行李箱盖或储物仓盖

3. 通用轿车识图范例

以别克君越轿车倒车灯电路为例，介绍通用轿车电路图各部分的含义，如图9.33所示。

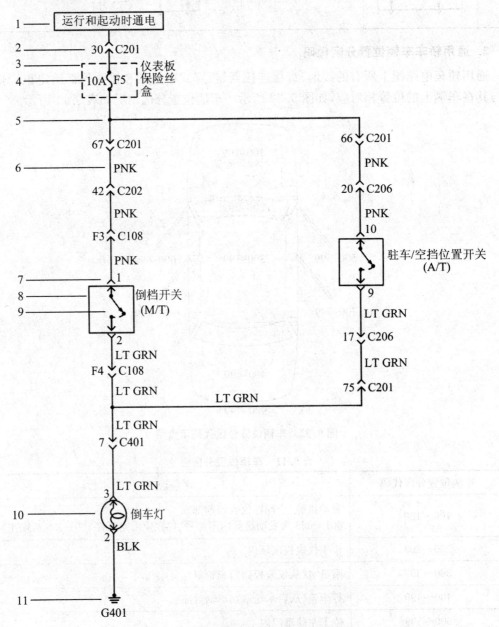

图9.33　通用轿车电路图中各部分含义

1——"运行和起动时通电"表示点火开关处于点火或起动挡时有电,电压为蓄电池工作电压。

2——表示导线由仪表板罩下导线接线盒的 C201 连接插头的 30 号插脚引出,连接插头编号 C201 写在右侧,插脚标号 30 写在左侧。

3——虚线框表示没有完全表示出接线盒所有部分。

4——仪表板保险丝盒中第 5 号 10 安培熔断器。

5——表示接头(铰接点)。

6——表示导线颜色为粉红色。

7——表示电器元件上的插头号。

8——实线框表示完整部件。

9——表示开关。

10——表示倒车灯为单丝灯泡。

11——表示搭铁点,该搭铁点位于车辆行李舱。

4. 通用轿车识图实例

下面以上海通用别克轿车冷却风扇控制电路为例,介绍通用车系电路图的分析方法。上海通用别克轿车冷却风扇控制电路如图 9.34 所示。

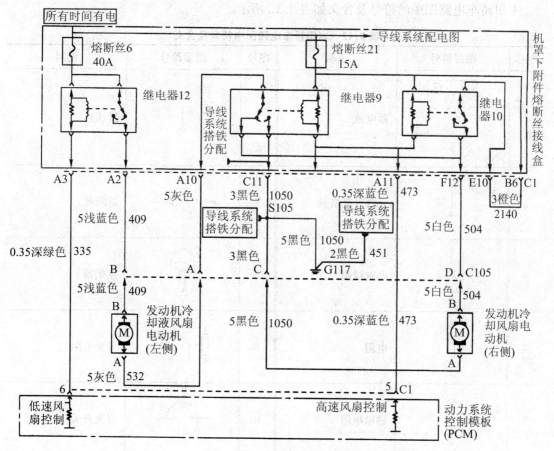

图 9.34 通用轿车冷却风扇控制电路

(1) 冷却风扇低速工作时电路

PCM 控制继电器 12 的电磁线圈通电。其电路为：所有时间有电→熔断器 6→继电器 12→PCM 的低速风扇控制电路搭铁。继电器 12 的线圈中有电流通过，控制继电器 12 的常开触点闭合，向冷却风扇电机供电。此时，由于左侧冷却风扇电机与右侧冷却风扇电机串联，所以风扇低速运转。电流通路为：所有时间有电→熔断器 6→继电器 12→左侧冷却风扇电机→继电器 9 的常闭触点→右侧冷却风扇电机→导线系统搭铁，分配器搭铁，形成回路。

(2) 冷却风扇高速工作时电路

PCM 首先经低速风扇控制电路对继电器 12 提供搭铁路径。经 3 s 延时后，PCM 经高速风扇控制电路为继电器 9 和继电器提供搭铁。左侧风扇电机继续由熔断器 6 提供电流。但熔断器 21 为右侧风扇电机提供电流。各风扇通过不同的路径搭铁。此时风扇高速运行。左侧风扇电机电流通路为：所有时间有电→熔断器 6→继电器 12→左侧冷却风扇电机→继电器 9 常开触点(已闭合)→导线系统搭铁，分配器搭铁，形成回路。右侧风扇电机电流通路为：所有时间有电→熔断器 21→继电器 10 的常开触点(已闭合)→右侧冷却风扇电机→导线系统搭铁，分配器搭铁，形成回路。

(四) 本田轿车电路分析

1. 本田轿车电路图中的符号及含义

本田轿车电路图中的符号及含义如表 9.12 所示。

表 9.12 本田轿车电路图中符号及含义

序号	图形符号	说明	序号	图形符号	说明
1	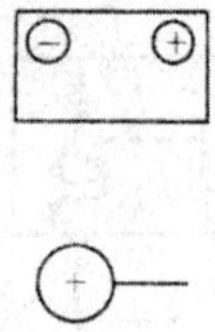	蓄电池	2		搭铁点
3		元件外壳搭铁	4		熔断丝
5		电磁线圈	6	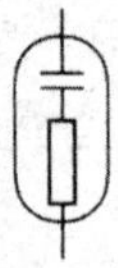	点烟器
7		电阻	8	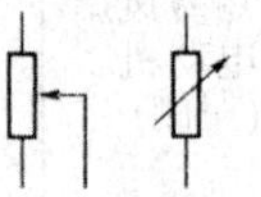	可变电阻
9		热敏电阻	10	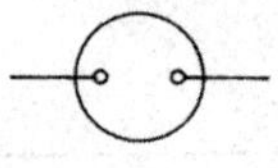	点火开关

续表

序号	图形符号	说明	序号	图形符号	说明
11		灯泡	12		加热器
13		电动机	14		泵
15		断电器	16	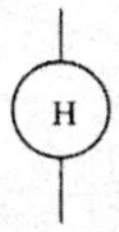	喇叭
17		二极管	18	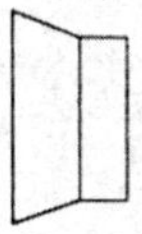	扬声器
19	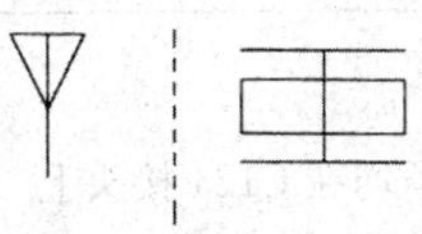	桅杆式、窗式天线	20	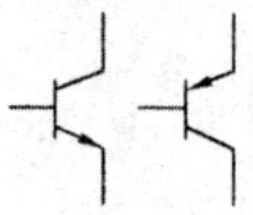	三极管
21	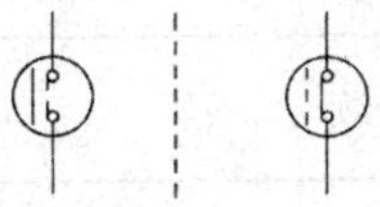	常开式、常闭式开关	22	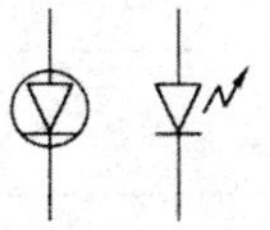	发光二极管
23	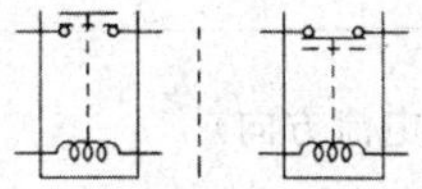	常开式、常闭式继电器	24		电容器
25	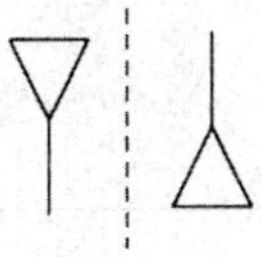	输入、输出	26	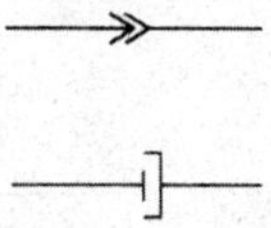	插接器
27		舌簧开关			

表 9.13 电路图中其他符号含义

序号	电路符号	说明
		1. 线路符号
1	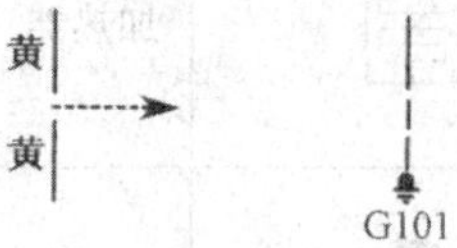 黄→ 黄 G101	虚线表示图中只显示了部分电路(完整的电路参见箭头所指的系统和元件电路)
2	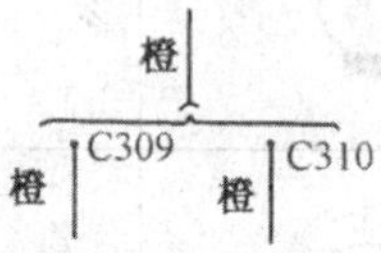 橙 C309 橙 C310 橙	根据不同的车型或选装件来选择不同的线路(左边或右边)
3	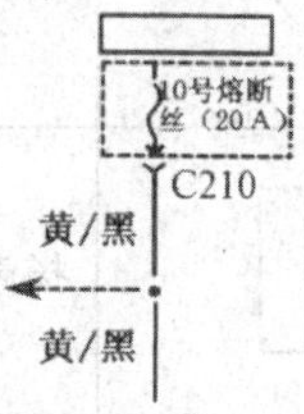 10号熔丝(20 A) C210 黄/黑 ←黄/黑	在导线的连接处只标出了线接头,接线的详情参见箭头所指的系统或元件的电路
4	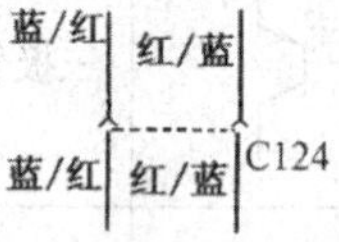 蓝/红 红/蓝 蓝/红 红/蓝 C124	虚线表示蓝/红和红/蓝导线端子均在 C124 接头上
5	 黑〜	线端的波浪表示该导线在下页继续
6	 黄/红	导线的绝缘皮可为单色或一种颜色配上不同颜色的条纹
7	 红/黑 →至705 参见第2部分	表示导线接至另一侧(箭头表示电流方向)
8	 橙↓ 电路名	表示导线与另一电路相接
		2. 接头、搭铁线连接符号
1	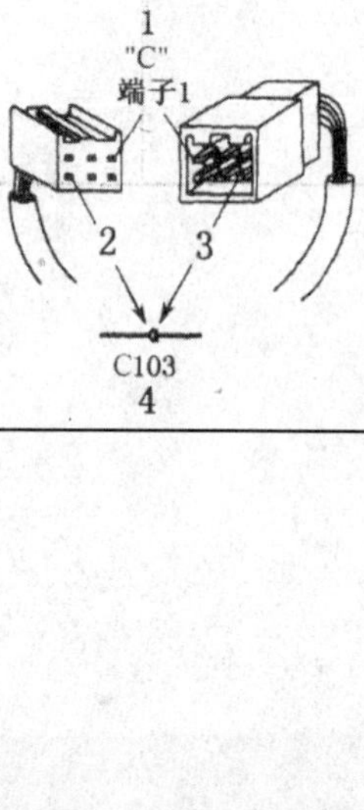 1 "C"端子1 2 3 C103 4	1——表示接头"C"; 2——插孔; 3——插头; 4——每个接头都标有接头号(以字母"C"开头)以备在元件位置索引中查找,从左上开始,对每个接头的插孔和插头进行编号,使对应的插孔和插头号相同。在电路图上,接头端子标在每个端子旁

续表

序号	电路符号	说明
2	 灰	表示接头直接与元件连接
3		表示接头与元件的引线连接
4	 黑 黑 "S" 黑	导线连接,线路图上的"S"圆点表示线接头
5		实线表示显示了整个元件
6		虚线表示只显示了元件的一部分
7		元件名称出现在符号的右上角,下面是有关元件功能的说明
8	 G101	表示接线端子与汽车的车身连接(每根导线的搭铁都标有以字母"G"开头的搭铁符号,以备在元件位置索引中查找)
9		表示元件的外壳直接与汽车的车身连接搭铁

3. 开关、熔断器符号

序号	电路符号	说明
1	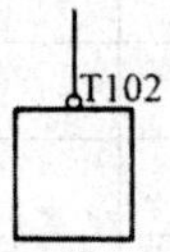 T102	螺纹连接(每个端子都标有以字母"T"开头的端子号,以备在元件位置索引中查找,端子"T"是一种采用螺钉或螺丝连接的接头而不是采用推拉型的插接连接)
2	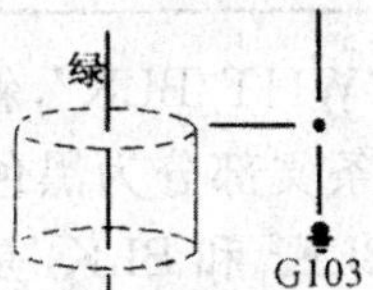 绿 G103	屏蔽(代表导线周围的无线电频率干涉屏蔽,该屏蔽总是搭铁)
3		联动开关(虚线表示开关之间的机械连接)

续表

序号	电路符号	说明
4	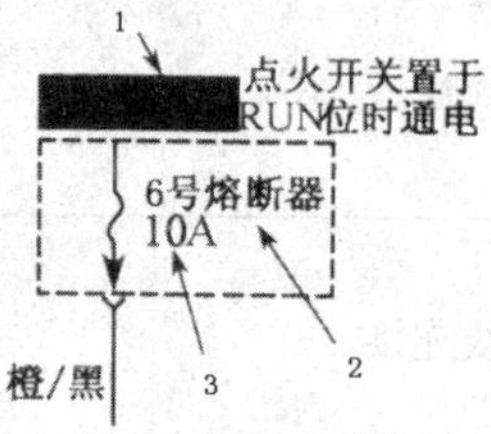 (点火开关置于RUN位时通电 6号熔断器 10A 橙/黑)	1——表示点火开关处在接通位置时通电； 2——熔断器编号； 3——熔断器的额定电流
5	 二极管符号	二极管
6	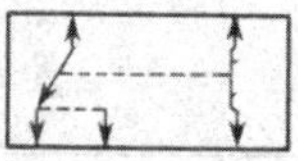 继电器符号	继电器

2. 本田轿车导线标注

在本田轿车电路图中，线路部分都是以粗实线画出，每条导线上都有颜色，有单色线和双色线之分，以英文缩写来表示，对应关系如表9.14所示。

表9.14 本田轿车导线标注

代号	颜色	代号	颜色
BLK	黑色	WHT	白色
RED	红色	YEL	黄色
BLU	蓝色	GRN	绿色
ORN	橙色	PNK	粉红色
BRN	棕色	GRY	灰色
PUR	紫色	LTBLU	淡蓝色
LTGRN	淡绿色		

如果颜色是双色，则以两种颜色英文缩写共同组成，例如"WHT/BLK"，斜杠"/"前面的"WHT"指导线颜色的本色或底色，斜杠"/"后面的"BLK"指条文部分为黑色，称为白黑导线。同一电气系统中颜色相同的导线用上角标以示区别，如BLK^2和BLK^3是不同的导线。本田轿车的电路图导线没有标出导线的截面积，根据和导线相连接的熔断丝的通电电流大小判断导线的截面积大小。

3. 本田轿车电路识图范例

本田轿车电路识图范例如图9.35所示。

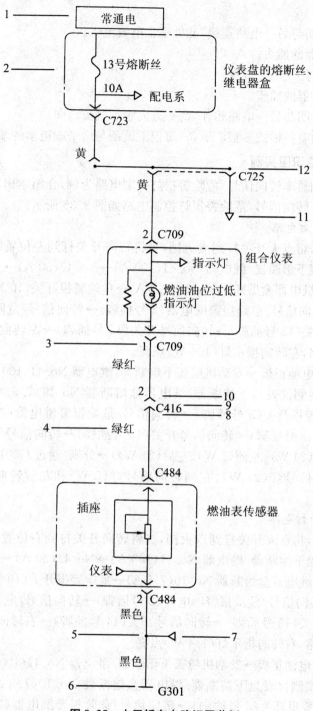

图9.35 本田轿车电路识图范例

1——黑线框内指示电源的通断情况。
2——三角箭头指示该电路将接往的电路。
3——端子编号。
4——导线颜色。
5——分叉电路连接点。

6——搭铁点。
7——此箭头表明与另一电路连接,此处表示电流流入。
8——表示插接器的插头。
9——插接器编号。
10——表示插接器的插座。
11——此箭头表明与另一电路相连,箭头方向表示电流流向。
12——插接器内有一根或多根汇流条,每根汇流条与两个或更多的端子相连。

4. 本田轿车电路识图实例

下面以本田雅阁轿车转向信号/危险警报灯控制电路为例,介绍本田车系电路图的分析方法。本田雅阁轿车转向信号/危险警报灯控制电路如图9.36所示。

(1) 左转向信号灯电路

如图9.36所示,将点火开关打到点火挡,当将转向开关打到左位置时,其电路为:蓄电池正极→发动机舱盖下熔断器/继电器No.41(100 A)→No.42(50 A)→点火开关→驾驶席侧仪表盘下熔断器/继电器盒熔断器No.10(7.5 A)→危险警报开关(10号插脚)→危险警报开关(5号插脚)→转向信号/危险报警继电器(2号插脚)→转向信号/危险报警继电器(3号插脚)→转向信号开关(13号插脚)→转向信号开关(12号插脚)→左转向指示灯(1.4 W)→G501搭铁,形成回路,左转向指示灯(1.4 W)点亮。

同时,电流经蓄电池正极→发动机舱盖下熔断器/继电器No.41(100 A)→No.42(50 A)→点火开关→驾驶席侧仪表盘下熔断器/继电器盒熔断器No.10(7.5 A)→危险警报开关(10号插脚)→危险警报开关(5号插脚)→转向信号/危险报警继电器(2号插脚)→转向信号/危险报警继电器(3号插脚)→转向信号开关(13号插脚)→转向信号开关(12号插脚)→左转向信号灯(左前(24 W)、左侧(5 W)、左后(21 W))→分别(通过G301、G301、G601)搭铁形成回路,左前转向信号灯(24 W)、左侧转向信号灯(5 W)和左后转向信号灯(21 W)均点亮。

(2) 右转向信号灯电路

如图9.36所示,将点火开关打到点火挡,当将转向开关打到右位置时,其电路为:蓄电池正极→发动机舱盖下熔断器/继电器No.41(100 A)→No.42(50 A)→点火开关→驾驶席侧仪表盘下熔断器/继电器盒熔断器No.10(7.5 A)→危险警报开关(10号插脚)→危险警报开关(5号插脚)→转向信号/危险报警继电器(2号插脚)→转向信号/危险报警继电器(3号插脚)→转向信号开关(13号插脚)→转向信号开关(14号插脚)→右转向指示灯(1.4 W)→G501搭铁,形成回路,右转向指示灯(1.4 W)点亮。

同时,电流经蓄电池正极→发动机舱盖下熔断器/继电器No.41(100 A)→No.42(50 A)→点火开关→驾驶席侧仪表盘下熔断器/继电器盒熔断器No.10(7.5 A)→危险警报开关(10号插脚)→危险警报开关(5号插脚)→转向信号/危险报警继电器(2号插脚)→转向信号/危险报警继电器(3号插脚)→转向信号开关(13号插脚)→转向信号开关(14号插脚)→右转向信号灯(右前(24 W)、右侧(5 W)、右后(21 W))→分别(通过G201、G201、G601)搭铁,形成回路,右前转向信号灯(24 W)、右侧转向信号灯(5 W)和右后转向信号灯(21 W)均点亮。

(3) 危险警报信号电路

如图9.36所示,当按下危险警报开关时,接通危险报警电路。其电路为:蓄电池正极→

发动机舱盖下熔断器/继电器No.49(15 A)→危险警报开关(9号插脚)→危险警报开关(5号插脚)→转向信号/危险报警继电器(2号插脚)→转向信号/危险报警继电器(3号插脚)→危险警报开关(1号插脚)→危险警报开关(2、3、4号插脚),同时将左、右转向信号灯及指示灯和危险报警灯点亮,发出警报信号,警示其他车辆和行人注意安全。

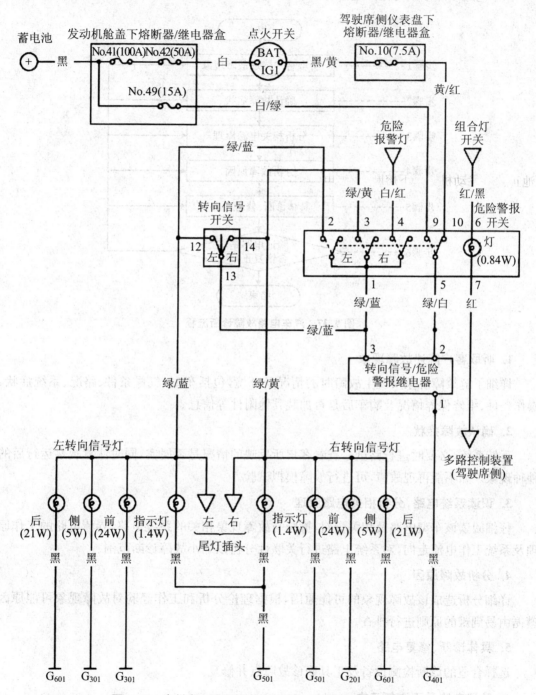

图9.36 广州本田雅阁轿车转向信号/危险警报灯控制电路

二、汽车电路检修常识

(一) 汽车电路故障诊断与检修流程

汽车电路故障诊断与检修通常有以下六个步骤,其流程如图9.37所示。

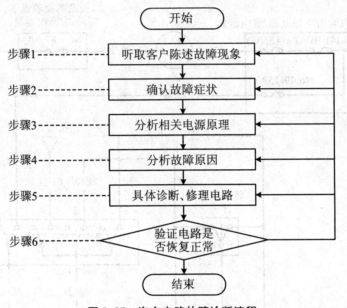

图9.37 汽车电路故障诊断流程

1. 听取客户陈述故障现象

详细了解故障现象及发生故障时的情况及环境,包括车型、气候条件、路况、系统症状、操作条件、维修保养情况及购车后是否加装其他附件等信息。

2. 确认故障症状

运转系统,必要时进行路试。查看客户所反映的情况是否属实,同时注意观察运行后的种种现象。如不能再现故障,可进行故障模拟试验。

3. 识读系统电路,分析相关电路原理

仔细阅读该车型电路及相关资料,拆画与故障现象相关的系统电路,弄清电路的工作原理及系统工作电流走向,对系统电路进行关联性分析以缩小故障诊断范围。

4. 分析故障原因

详细分析造成该故障现象的可能原因,根据理论分析和工作经验对故障现象可能原因遵循由易到难的原则进行排查。

5. 具体诊断、修复电路

选择合适的诊断检测设备及工具确诊故障点并修复。

6. 验证电路是否恢复正常

对电路进行系统检修之后,在所有模式下运转系统,确认系统在所有工况下运转正常,保证在诊断和修理过程中没有造成新的故障。

（二）汽车电路故障检修注意事项

汽车电气系统检修的首要原则是：不要随意更换导线、电器设备和换接线路，这些操作可能会损坏汽车或因短路、过载而引起火灾。同时应注意以下事项：

① 拆卸蓄电池时，应首先拆下蓄电池负极电缆；安装蓄电池时，最后连接蓄电池负极电缆。拆卸或安装蓄电池电缆时，应确保点火开关或其他开关都已关闭，否则可能会导致半导体元器件的损坏。切勿将蓄电池极性接反。

② 为避免电流过载损坏晶体三极管，应使用欧姆表及万用表的 $R \times 100$ 以下低阻欧姆挡进行检测。

③ 拆卸或安装元件时，应切断电源。

④ 熔断器熔断后，必须真正找到故障原因，彻底排除故障。更换烧坏的熔断器时，一定要参阅维修手册或用户手册，以确认更换的电路保护装置符合规定。若使用比规定容量大的熔断器可能导致电器设备的损坏甚至引发火灾。

⑤ 靠近振动部件（如发动机）的线束应用卡子固定，将松弛部分拉紧，以免由于振动造成线束与其他部件接触。

⑥ 电器设备应轻拿轻放，以避免过大的冲击载荷造成电器设备的损坏。

⑦ 与尖锐边缘摩擦的线束部分应使用胶带缠绕，以免损坏。安装固定装置时，应确保线束不被夹住或损坏，同时应确保插接件连接牢固。

⑧ 进行维护保养时，若温度超过 80 ℃（如进行焊接时），应先拆下对温度敏感的元件（如ECU）；焊接时，如无特殊说明，元件引脚距焊点应在 10 mm 以上，以免电烙铁烫坏元件，且宜使用恒温或功率小于 75 W 的电烙铁。

⑨ 通导性测试笔不能接在一个带电的电路中，否则测试笔中的灯泡会被烧坏。

⑩ 要定期用欧姆表对跨接导线本身进行通导性的测试。导线自身接头产生的电阻将影响故障诊断的正确性。

⑪ 绝对不允许换用比规定容量大的易熔线。易熔线熔断，可能是主要电路发生短路等故障，因此需要仔细检查，彻底排除隐患。不能和其他导线绞合在一起。

项目小结

汽车电路图全面地反映了汽车电路的原理、连接关系和位置等信息，是现代汽车维修不可缺少的维修技术资料，为维修技术人员提供了当汽车电气系统出现故障时如何进行故障诊断的逻辑思路，正确读识汽车电路图是维修技术人员进行电气系统故障诊断与排除的一项基本技能。

汽车电路图种类繁多，自成体系，都有各自的规范，给维修技术人员正确的电路识图带来了一定的难度和挑战。但是，只要掌握了汽车电路识图的规律，并选择一些典型的汽车全车电路进行全面深入的分析，便可做到举一反三，全面掌握汽车电路识图的基本技能。

本项目对汽车电路图的种类及各种电路图的特点及识图要领进行了全面的概括。选取了解放 CA1092 型汽车的全车电路作为范本，并对其各电气系统的电路组成及电流走向进行了详细的分析。对一些典型车系的电路识图方法进行了概括。

思考练习

1. 电路原理图的识读要点有哪些?
2. 线路图的识读要点有哪些?
3. 线束图的识读要点有哪些?
4. 如何进行汽车电路故障的诊断与检修?
5. 汽车电路故障检修注意事项有哪些?

参 考 文 献

[1] 安宗权. 汽车电气系统检修[M]. 北京:人民邮电出版社,2009.
[2] 姚道如,安宗权. 汽车电器设备构造与维修[M]. 合肥:中国科学技术大学出版社,2014.
[3] 张军,安宗权. 汽车电气系统故障诊断与维修[M]. 北京:高等教育出版社,2015.
[4] Fischer. 汽车维修技能学习工作页(5—8)[M]. 房大川,译. 北京:机械工业出版社,2010.
[5] Wilfried. 汽车机电技术(二)[M]. 华晨宝马汽车有限公司,组译. 北京:机械工业出版社,2009.
[6] Fischer. 汽车维修技能学习工作页(9—14)[M]. 房大川,译. 北京:机械工业出版社,2012.